KB044283

민주주의는 가능한가

Is Democracy Possible Here?

Ronald Dworkin

현대의 지성 146

새로운 정치 토론을 위한 원칙

민주주의는 가능한가

로널드 드워킨 지음 · 홍한별 옮김 · 박상훈 해제

문학과지성사

2012

민주주의는 가능한가

새로운 정치 토론을 위한 원칙

제1판 제1쇄 2012년 8월 24일
제1판 제3쇄 2021년 11월 15일

지은이 로널드 드워킨
옮긴이 홍한별
펴낸이 이광호
펴낸곳 ㈜문학과지성사
등록번호 제1993-000098호
주소 04034 서울 마포구 잔다리로7길 18(서교동 377-20)
전화 02)338-7224
팩스 02)323-4180(편집) 02)338-7221(영업)
전자우편 moonji@moonji.com
홈페이지 www.moonji.com

ISBN 978-89-320-2305-2

서문

　이 책은 미국이 특별한 정치적 위험을 겪던 시기에 썼고, 그래서 내가 든 사례와 인용구들도 이 시기에 나왔다. 그러니까 21세기 초 미국의 정치적 논쟁(혹은 정치적 논쟁의 부족)에 대한 책이다. 그렇지만 이 책의 주제는 본문에서 든 사례나 실례가 보여주는 것보다 훨씬 영속적이며 한 나라의 정치문화에만 국한되지 않는다. 경제적으로 발전되고 문화적으로 다원적인 정치사회는 어디나 (신흥 민주국과 민주국가로 열렬히 발돋움하고 있는 나라도 포함하여) 인권의 본질과 힘, 정치에서 종교의 역할, 경제적 부의 분배, 이러한 결정이 이루어지는 정치체제의 성격과 형태에 대한, 서로 겨루는 신념들 가운데 하나의 선택을 내릴 방법을 찾아야 한다. 이 책의 주제는 세계 어디서나 통용되는 것이며 특정 시기에만 국한되지 않는다.

　정치에서 격투기를 하듯 이런 쟁점들을 두고 서로 다투기 위해서도 합당한 선택 방법을 찾아야 하겠지만, 누구나 다 존중할 수 있는 개인적·정치적 도덕성이라는 심오한 원칙에 따라 쟁점을 논하기 위해서도 필요하다. 나는 이런 원칙을 찾아내고, 오늘날 극복할 수 없을 정도로 분열되었다고들 하는 정치적 차이를 넘어 토론이 이루어질 수 있도록 만드는 방식으로 이 원칙들을 설명하고자 한다. 나는 이 원칙들에 비추어 미국 정치의 자유주의* 전통을 새로이 공식화함으로써, 이 원칙을 한층 자세히 설명하려고 한다. 최근 수십 년 동안 이 전통을 반대 측에서 왜곡해왔고 옹호하는 측에서도 어느 정도는 잘못 전달해온 면이 있다고 생각한다. 물론 나는 더 많은 독자가 이 자유주의적 공식에 공감하게 만들고 싶다. 그렇지만 그보다 더 근본적인 목표는, 공감하지 않는 사람들도 답해야 할 문제가 있다는 것만은 납득하게 만드는 것이다. 곧 우리 모두를 포괄하는 자치의 협력 관계라는 민주주의의 전통을 최선으로 수호하려면, 반드시 답해야 하고 답할 수 있는 문제가 있다는 사실 말이다.

여기에서 언급한 쟁점 몇 가지는 다른 책에서 좀더 학술적이고 철학적으로 논한 적이 있다. 특히 경제적 정의는 『자유주의적 평등 *Sovereign Virtue: The Theory and Practice of Equality*』(한길사, 2005)에서 자세히 논했다. 그렇지만 지금 이 책에서는 이런 문제들에 대한 내 생각(예를 들면 분배 정의에 대한 보험적 접근 같은 것)을 일반 대중이 좀더 쉽게 받아들일 수 있도록, 일반적 정치 토론에 더 적합하게 전달하려고 애썼다. 오늘

---

* (옮긴이) 드워킨은 미국의 대립적인 정치적 입장을 자유주의liberalism-보수주의conservatism라는 용어로 표현하고 있다. 근대 이후 서구 사회에서는 자유주의가 당면한 역사적 문제를 해결하려는 움직임으로 발전해왔으므로 역사적 진보의 맥락을 지니고 있으나, 우리나라는 이와 다른 역사적 과정을 겪은 탓에 자유주의라는 말과 진보주의의 어감이 완전히 일치하지 않는 문제가 있긴 하다. 그러나 이 책에서는 개인의 자유와 평등을 존중하는 서양 사상인 liberalism을 가리키는 말로 이해하길 바란다.

날 아주 중요한 정치적 이슈들 가운데 여기에서 다루지 않은 것들도 많은데, 내가 주목하는 인간 존엄의 특정 원칙과 직접적 연관성은 없다고 여겼기 때문이다. 예를 들면 지구온난화에 대한 시각은 크게 갈리고 이 문제는 인류가 직면한 급박하고 중대한 문제 가운데 하나일 수 있다. 그렇지만 지구온난화 문제의 핵심 쟁점은 도구적인 문제일 뿐 정의나 공정성의 문제가 아니다. 이와 같은 위험은 모두 똑같이 겪는 것이기 때문이다. 나는 사람들의 이해관계나 신념이 서로 부딪치는 쟁점에 집중한다. 이 점에서 그저 싸움만 부추기는 게 아니라 토론이 이루어지도록 만드는 한층 더 심오한 이해나 헌신을 사람들이 공유하고 있는가 하는 의문이 제기된다.

2006년 3월

차례

일러두기

이 책은 2005년 봄 프린스턴 대학교 출판부의 후원으로 프린스턴 대학교에서 한 스크리브너 강연 내용을 바탕으로 했다. 강연 기회를 준 출판부와 대학교 측에 감사하고, 강연과 이어진 세미나에 참석한 프린스턴 대학교 직원과 학생을 비롯한 여러분께 감사한다. 또한 편집자 이언 맬컴과 패트리셔 윌리엄스의 도움에도 감사한다.

제1장

공통 기반

논쟁을 찾아서

미국 정치는 끔찍한 상태다. 거의 모든 것에 대해 극렬하게 의견이 갈린다. 테러와 안보, 사회정의, 정치와 종교, 어떤 사람한테 판사 자격이 있는가, 민주주의는 무엇인가. 그냥 의견 충돌 정도가 아니라 양쪽이 상대를 전혀 존중하지 않는다. 더 이상 자치의 협력자라고 할 수도 없는 상황이다. 미국 정치는 전쟁의 양상에 가깝다.

2004년 대선은 무서울 정도로 분열적이었다. 공화당에서는 민주당 후보의 승리는 국가의 존립, 더 나아가 구원에 위협이 되리라고 했다. 체니 부통령은 존 케리의 승리는 오사마 빈 라덴을 비롯한 미국 정적들의 승리라고 말했다. 일부 가톨릭 주교들은 케리에게 표를 던지는 것은 가톨릭교도라면 이튿날 바로 고해해야 할 정도로 중한 죄악이라고 선언했다. 자유주의자들도 마찬가지로 위기 상황이라고 했지만, 위험은 그 반대쪽에 있다고 목소리를 높였다. 그들은 부시가 대통령으로서 역사상 최악이고 가장 무능하다고 했고, 가난한 사람들을 우려내는 무분별한 전시戰時 감세와 처참한 적자 예산이 수십 년 동안 경제에 타격을 입힐 것이며, 이라크 전쟁은 부도덕하고 비인간적이고 실패한 호도책일 뿐이고 그 때문에 테러로부터 안전해지기는커녕 오히려 훨씬 위험해졌다고 했다. 이들은 선거 결과에 실망한 정도가 아니라 역겨움을 느꼈다고 선언했다.

투표 결과는 박빙이었다. 한 개 주의 얼마 안 되는 표 차이가 승부를 갈랐다. 승리한 주들은 지리적으로 모여 있었다. 공화당이 시골 지역인 중서부, 남부, 남서부 대부분에서 이겼고, 민주당은 동부 도시 지역, 서부 해안 지역, 북부 산업 지역을 가져갔다. 선거일 밤, 텔레비전 방송에서는 공화당 주를 붉은색으로, 민주당 주를 파란색으로 칠한 전자지도를 보여주었는데, 미국이 커다랗고 죽 이어진 두 가지 색의 덩어리로 나뉜 모양새였다. 시사평론가들은 이 색깔이 미국의 깊이 갈라진 간극을 상징한다고 말했다. 양립할 수 없는, 두 '포괄적 문화' 사이의 분리를 보여준다는 것이다. 붉은 문화는 공공 생활에서 종교가 차지하는 비중이 커져야 한다고 하고, 파란 문화는 줄어야 한다고 한다. 파란 문화는 부를 더욱 균등하게 분배하기를 바라고 부유층에 세금을 더 물리기를 바란다. 붉은 문화는 높은 세금을 물리는 것은 성공한 사람들에게 성공에 대한 벌칙을 주는 것이나 다름없어 경제를 망친다며 세금을 더 낮추기를 바란다. 파란 문화는 기업의 자유는 제한하되 성의 자유는 확대해야 한다고 한다. 붉은 문화는 그 반대를 바란다. 파란 문화는 지구온난화가 심각한 위협이며, 황무지가 사라질 위기에 처해 있고, 사라지면 복원이 불가능하니 보물처럼 보호해야 한다고 호소한다. 붉은 문화는 나무를 보호하자고 경제성장에 고삐를 물리는 것은 말도 안 된다고 믿는다. 붉은 문화는 테러리스트들에 맞서는 정부의 힘을 제한하는 것은 미친 짓이라고 생각하며, 국제기구를 신뢰하지 않고, 테러 혐의자의 인권을 내세우는 반대자들을 비난한다. 파란 문화는 테러리스트들이 예전 어느 때보다 국가에 위협이 되는 것은 사실이지만, 국제법을 준수하고 국제기구를 지지해야 한다고 한다. 범죄 혐의로 기소되어 끔찍한 처벌의 위험에 처한 사람들을 보호하는 법과 전통을 저버리느니 차라리 안보 위험을 무릅쓰는 편이 낫다고 믿는다.

어떤 시사평론가들은 미국이 이런 정치적 견해차가 암시하는 것 이상으로 더 뿌리 깊이 본능적으로 나뉘어 있다고 주장한다. 이와 같은 극명한 정치적 분열은 사실은 더욱 깊은 층위에 있고 좀더 불분명한 대립에서, 곧 대조적인 개성과 자아상을 지닌 서로를 경멸하는 두 세계의 대립에서 나온 것이라고 한다. 파란 문화 미국인은 세련됨을 추구한다. 수입 와인 취향을 기르고, 글자 많은 신문을 읽고, 종교적 신념이 있더라도 철학적이고 약화되고 보편화된 모습이다. 붉은 문화 미국인은 투박한 진실성을 추구한다. 맥주를 마시고 텔레비전에서 카레이싱을 보고 종교는 단순하고 복음주의적이고 전투적인 편을 좋아한다. 이 맥락에 따르면, 부시의 첫 임기가 별반 인상적이지 못했음에도 2004년 대선에서 승리를 거둘 수 있었던 것은 그 시점에 붉은 문화가 파란 문화보다 수적으로 약간 우세했으며, 부시가 붉은 문화의 정치적 취향뿐 아니라 도덕성과 미학까지도 끌어안았기 때문이다.

현재 미국의 정치적 분리가 유례없이 깊고 과격하고, 이 분리선이 붉은 정치세계와 파란 정치세계를 편리하게 나누는 단층선을 따라 존재한다는 사실을 부인하기는 어려울 것이다. 그렇지만 모든 것을 포괄하는 두 문화가 있다는 가설이 일반적 통념이 되어간다는 말은 과장이라고 할 수밖에 없다. 2004년 대선 결과가 지리적으로 나뉜 모습을 보면 지역적 차이가 큰 영향을 미쳤음은 짐작할 수 있다. 그렇지만 두 문화 가설은 그 이상을 주장한다. 두 종류의 정치적 입장과 태도 밑바닥에는 무언가 뿌리 깊은 성향이나 세계관이 있다는 주장으로, 이러한 심오한 차이 때문에 같은 신념, 취향, 태도를 지닌 통합된 문화가 이루어진다고 본다. 이런 통합적인 성향이 무엇인지 파악하기는 쉽지 않다. 예를 들어 공동체의 공적 삶에서 기독교적 행사가 늘어야 한다고 생각하는 사람들이라면 마땅히 부유층 감세를 옹호하고, 테러 혐의자들의 인권침해에 상대적으로 무감하고, 환경오염을 늦추기 위한 규제에 반대할 가능성이 높을 당연한 이유가 있을 리 없다. 케리 후보에게 표를 던진 사람들 대부분이 슐리츠 맥주보다 샤르도네 와인을 더 좋아할 법 싶지도 않다. 어쩌면 두 문화 명제는 미국의 정치현실을 설명해주는 것이 아니라 미국 정치의 산물일지 모르겠다. 최근 몇몇 선거에 지배적인 영향력을 미친 요인 가운데 하나는 복음주의적 종교와 강력한 상업적 이해 사이의 결탁이었는데, 이런 결탁은 근본적이고 심오한 문화적 정체성의 결과라기보다는 정치적 꼼수의 소산인 듯하다. 동성결혼을 싫어하는 사람들에게, 그렇다면 누진소득세도 싫어해야 한다고 설득하는 것이다.*

아무튼 두 문화론이 시사평론가들이 생각하듯 국가 패권을 두고 경쟁하는 두 시대정신Zeitgeist 사이의 깊고도 진정한 분열을 드러내는 것이든, 아니면 놀라울 정도로 잘 먹히는 정치적 발명품에 불과하든 간

---

* *The New York Review of Books*, 2004년 11월 4일자에 실린 내 글 「선거와 미국의 미래」를 보라.

에 지금 나름의 정치적 생명을 가지고 있는 이론임은 분명하다. 보수주의자들이나 자유주의자들이나 마찬가지로 논쟁적 효과를 노리고 이 구도를 이용해왔다. 강력한 영향력을 지닌 전前 하원의장 뉴트 깅리치는 이렇게 표현했다.

지난 40여 년 동안 미국은 이 두 진영으로 나뉘어왔다. 첫번째 진영은 공공 생활에서 신을 몰아내도 괜찮다고 생각하는 엘리트들인데, 대체로 미국 역사를 경시하고 자유경쟁보다 경제제재를 옹호하고 유엔이 주도하는 '세련된' 외교 정책을 선호하며 『뉴욕 타임스』의 논조에 동조하는 사람들이다. 그러나 우리 역사를 자랑스러워하는 다른 진영의 미국인들은 미국의 예외주의*를 이해하는 데 신이 필수 요소임을 알고 창의적이고 경쟁적인 정신이 미국다움의 핵심이며 우리와 가치를 공유하지 않는 외국인들의 신경을 거스르는 한이 있더라도 이런 미국을 수호할 가치가 있다고 생각하는 이들이다.**

두 진영으로 나뉜 미국인들에 대한 이런 터무니없는 해설에서 드러나는 미국민 절반을 향한 증오는 안타깝지만 예외적이라고 할 수는 없다. 자유주의자들도 이에 상당하는 터무니없는 모습을 보이는 경우가 드물지 않다. 부시에게 투표한 사람들을 어리석고 망상에 빠져 있으며, 우중을 조작하는 탐욕스러운 금권정치가들에게 놀아나는 꼭두각시라고

---

* (옮긴이) American exceptionalism. 미국은 혁명에서 태어났고 독특한 미국적 이데올로기를 발전시켜온 역사를 지닌, 다른 나라들과 다른 특별한 국가라는 이론으로 알렉시스 드 토크빌에게서 기원한 개념이다.
** 뉴트 깅리치, *Winning the Future*(Regnery, 2005), xiv.

덧칠한다. 그렇지만 포괄적이고 가로지를 수 없는 문화적 간극이 있다고 가정할 때 발생하는 심각한 문제는 정형화나 상호 경멸에 그치지 않는다. 바로 미국 정치생활에서 제대로 된 논쟁이 이루어질 수 없다는 문제가 생기는 것이다.

여기에서 '논쟁'이라고 한 것은 해묵은 개념으로 쓴 말이다. 곧 아주 기본적인 정치 원칙에 대해 공통 기반을 가진 사람들이 이 공통의 원칙을 더 잘 반영하는 구체적 정책이 어떤 것이냐에 대해 토론하는 것을 가리킨다. 2004년 대선 때 후보 지명대회 연설에서나 수많은 텔레비전 광고에서나 공식 선거운동의 수사에서는 이런 논쟁을 전혀 찾아볼 수 없었다. 세 차례 대선 토론이 유례없이 많은 것을 알려주었다고 치켜세운 언론인들도 있었지만, 사실은 전혀 그렇지 않았다. 늘 그렇듯 토론 규칙 때문에 여러 이슈에 대해 논쟁이 이어지지 못했고, 기자들은 논쟁에 대해서는 거의 언급하지 않고 대선 후보들의 태도나 몸짓에 대해서만 떠들어댔을 뿐이다.

미국 선거 유세 수사는 아주 오래전부터 별 볼 일 없었다. 아마 링컨-더글러스 토론* 이후로 별로 나아진 것이 없을 듯싶다. 그렇지만 선거 유세 말고 지식인들이나 다른 논평가들의 글을 보아도 별반 다를 것이 없다. 양 진영의 지식인들은 자기들의 신념을 때로 매우 명료하고 유려하게 펼쳐놓았고 상대편 시각이 극단적으로 비인간적이고 위험하다고 주장했다. 그렇지만 어느 쪽도 서로에 대한 존중을 바탕으로 진정한 토론이 이루어지게 하고 분열을 치유할 수 있게 해주는 공통 토

---

* (옮긴이) 1858년 일리노이 주 공화당 상원의원 후보 링컨과 민주당 상원의원 스티븐 더글러스가 노예제 문제를 놓고 벌인 토론.

대를 찾으려는 노력을 제대로 보이지 않았다.

　여기에 현재 미국 정치의 논쟁 부족을 보여주는 아주 대표적인 한 가지 예가 있다. 동성결혼은 후보들 사이에서나 매체에서 많이 논의되었고 투표 출구조사에서도 일반인들이 아주 중요한 문제로 생각한다는 결과가 나왔다. 그런데 양쪽 후보 모두 동성결혼을 옹호하는 발언은 하지 않으려고 했다. 둘 다 진정한 결혼은 남녀 간에 이루어지는 것이라는 점에서는 생각이 같았고, 의견 차이를 보인 점은 개헌을 통해 동성결혼을 금지하는 것이 적절한가 하는 부분뿐이었다. 사실상 양쪽 다 그런 개헌은 실질적으로 불가능하리라고 보면서도. 그래도 그것이 정치적 쟁점이 되었고, 동성결혼이 혐오스럽다고 생각하는 사람들 대부분은 부시에게 투표한 것으로 보인다. 이 주제가 관심의 초점이 되었는데도 양쪽 후보 가운데 누구도 매사추세츠 주 대법원장 마거릿 마셜이 내린 신중한 판결에 의견을 표명하기는커녕 관심조차 보이지 않는 것 같았다. 마셜 판사는 매사추세츠 주 헌법의 널리 공유된 원칙에 따라, 얼마나 많은 사람이 동성결혼을 불쾌하게 생각하든 상관없이 동성결혼을 허가해야 한다는 판단을 내렸다. 마셜 판사의 판결은 한쪽에게는 유리하게 이용할 수 있는 사건으로, 다른 쪽에게는 당혹스러운 사건으로 받아들여졌을 뿐이다. 기존의 원칙에 따라 이런 판결을 내릴 수밖에 없었다는 마셜의 주장에 대해서는 별 관심이 없었다. 마구 소리 지르고 비난하고 난 뒤에 그러한 법적 토론이 과연 무엇에 관한 것이었는지 어렴풋하게라도 이해한 사람이 거의 없을 지경이다.

　앞서 말한 두 문화론이 옳다면, 미국 정치에 논쟁이 부족한 것은 당연하고 불가피한 일일 것이다. 두 문화 사이의 틈은 포괄적이고 전반적으로 충돌하는 세계관을 지닌 두 편으로 미국을 갈라놓는, 곧 넘어설 수 없는 간극이다. 만약에 정말로 두 문화 사이의 틈이 바닥을 모를 정도로 깊다면 공통 기반도 찾을 수 없고 진정한 토론도 이루어질 수 없을 것이다. 정치는 현재 모습처럼 전쟁일 수밖에 없다. 미국 정치를 연구하는 사람들 다수가 현재 상황이 그렇다고 생각하니 옳은 생각일지도 모른다. 그렇다면 걱정스럽고 비극적인 일일 것이다. 민주주의는 무엇을 해야 할지에 대한 너른 합의만 있다면 심각한 정치적 논쟁 없이도 건강할 수 있다. 또 합의가 없더라도 논쟁 문화가 있다면 건강할 수 있다. 그러나 깊고 쓰라린 분열만 있고 진정한 논쟁이 없다면, 다수의 횡포가 될 수밖에 없기 때문에 건강한 상태를 유지할 수 없다.

이런 우울한 진단이 옳은가? 적대적인 정치세력의 참호들 사이에 공통 기반은 전혀 없는가? 진정한 논쟁은 불가능한가?

나의 의제

이 책에서 나는 두 가지 과제를 추구하려고 한다. 둘로 나눈 까닭은, 두번째 과제의 출발점에 동의하기 어려운 독자들이라고 할지라도 첫번째 과제에는 동의하리라고 기대하기 때문이다. 먼저 나는 정치에 관한 일반적 통념이 방금 묘사한 바대로라고 하더라도, 유익한 정치 토론을 이루기에 충분한 공통 원칙을 찾을 수 있음을 주장할 것이다. 이 원칙은 인간 삶의 가치와 핵심 책임에 관한 매우 추상적이고 철학적인 원칙들이다. 모든 미국인이 이 원칙을 즉각적으로 받아들일 수 있으리라고 생각하지는 않지만, 화해할 수 없이 분리되었다고 여겨지는 양쪽 진영 모두에서 이해하려고 들기만 하면 충분히 많은 사람이 받아들일 수 있는 원칙들이라고 생각한다. 그다음에는, 이 공통 원칙들이 우리를 갈라놓는 중대한 쟁점에 미치는 힘과 영향력을 드러내려고 할 것이다. 인권, 공공 생활 내 종교의 지위, 사회정의, 민주주의의 성격과 가치 등에 관한 쟁점들이다. 이 책에서는 주로 미국 정치를 다룰 것이기 때문에 대체로 이 원칙들을 미국인들의 공유자산으로 거론할 테지만, 물론 전 세계 다른 많은 나라에서도 공유하는 가치들이다. 특히 미국이 정치적 형제로 여기는 성숙한 민주주의 국가들이 그렇다.

이 두번째 실질적인 과제를 추구하면서 내가 이른바 붉은 문화와 파란 문화 사이의 차이를 쪼개어 양쪽 신념 중 한쪽 편을 지지하는 결론을 내릴 수 있으면 편리하고 논쟁에도 유용할 것 같지만, 그렇지는 않다. 내가 이 공통 원칙을 바탕으로 도출하는 정치적 의견은 독자들에게는 실상 아주 진한 파란색으로 느껴질 것이다. 그것이 전통적인 자유주의 입장이라는 뜻은 아니다. 그 가운데 일부는 심지어 아주 낯설게 느껴지기도 할 것이다. 자유주의자들은 아직 자유주의의 기본 원칙을 현대적으로 기술해내지 못하고 있으며, 그래서 최근 선거에서 불필요하게 수세적인 입장을 취해야 했다. 이 책의 목표 가운데 하나는, 단순히 부정적인 태도를 취하기보다 내가 미국인들의 공통 기반이라고 보는 원칙에 확고한 기반을 두고 긍정적인 프로그램으로 펼쳐질 수 있는 자유주의의 형태를 기술하는 것이다. 나는 내가 제시하는 자유주의가 오늘날 자유주의가 뜻하고 요구하는 바라고 생각한다.

내 신념이 모두 한결같은 정치적 색채를 띤다고 하더라도 놀라운 일은 아니다. 그 사실이 우리 모두가 공유하는 원칙에서 논의를 시작했다는 내 말의 근거를 무너뜨리는 것도 아니다. 오히려, 우리가 공유하는 원칙이라는 것이 얼마나 심오한 부분인지를 말해준다고 할 수 있다.

아주 기초적이기 때문에 이 원칙을 자유주의적으로 해석하느냐 보수주의적으로 해석하느냐에 따라 아주 다양한 정치적 태도로 분산되어 나타날 수 있다. 나는 내 의견에 동의하지 않는 독자들이 (아마도 대부분의 독자가 그러할 것이다) 내 말을 도전으로 받아들이기를 바란다. 만약에 여러분이 내가 곧 제안하려는 전제는 받아들이지만 좀더 구체적인 정치적 신념에는 동의하지 않는다면, 왜 내가 틀렸는지를 입증하는 방식으로도 이 전제들을 해석할 수 있는지 스스로 확인해야 할 것이다. 만약 그렇게 할 수 있다면 진정한 정치적 토론의 기반을 갖게 되는 셈이다. 공통 전제에 대해 누구의 해석이 논리적인지 논할 수 있을 것이고, 만약 양쪽 모두 옳다면 더욱 잘된 일이다.

물론, 이런 기본적 쟁점에 대해 실제로 논쟁할 수 있다는 것을 우선 밝혀야 한다. 내가 공통 기반이라고 전제한 인간의 가치에 대한 심오한 원칙에 실체가 있어, 이 원칙에서 도출되는 사회·외교·경제 정책에 관한 주장을 뒷받침할 수 있음을 밝혀야 할 것이다. 사실 이런 심오한 가치에 대한 철학적 토론에 많은 사람을 끌어들일 수 있으리라고 생각하지는 않는다. 양쪽 진영 사람들 대부분 상대와 논쟁하거나 이해하려고 시도해보아야 소용없다고 믿는 것처럼 보인다. 예를 들면 복음주의 기독교인들은 세속적 인본주의자라 구제 불가능한 오류에 빠져 있다고 믿는 이들과는 논쟁할 생각조차 하지 않는다. 내 목표는 소박하지만, 그래도 매우 야심찬 것이다. 두 문화라는 일반적 통념이 옳지 않다는 사실, 과열된 정치적 논란을 좀더 철학적인 층위에서 탐구하는 게 보람 있으리라는 사실을 최대한 많은 사람에게 설득하고 싶다. 이후에 미국 정치의 논쟁에 다시 활기를 불어넣을 과정을 시작하기 위해서 말이다.

우리가 공유하는 기본 원칙에 대한 내 해석이 어떤 법이나 제도를 지지하는지 구체적으로 설명하지는 않겠지만, 일부를 일반적 사례로서 들기는 할 것이다. 예를 들면 이야기를 풀어나가면서 '구금에 관한 법적·군사적 절차에서 시민과 외국인을 구분해서는 안 된다, 전국 선거 전 몇 달 동안에는 텔레비전에서 정치 광고를 금지해야 한다, 극빈층은 사회적 약자인 인종적 소수와 마찬가지로 특별한 헌법적 보호 대상자로 간주되어야 한다'는 것 등을 제안할 것이다. 이런 사례들을 비롯한 나의 인기 없는 제안들이 정치적으로 실현 가능한지에 대해서 자세히 고찰하지는 않겠다. 이 가운데 일부는 정치적으로 유토피아적인 생각들이고 (적어도 앞으로 꽤 오랫동안 미국인 다수가 그것을 받아들이도록 설득하기가 거의 불가능할 것이다) 일부는 개헌을 해야 이룰 수 있다. 나는 법률가이므로 특히 마지막 장에서는 헌법에 대해서도 이야기할 것이다. 그렇지만 내 주된 관심사는 법률이 아니라 정치적 원칙이다. 유토피아도 쓸모가 있다. 무엇이 가능한가에 대한 실질적 한계에 생각을 집중시키기 때문이다. 아무튼 간에 지금은 국가의 삶에서(나의 삶에서도 마찬가지고) 신중을 기해야 할 시기는 아니다.

인간 존엄의 두 차원

미국인 대부분이 어떤 구체적인 정치 원칙들에 공감한다는 것은 의심할 바 없다. 예를 들면 정부를 비난했다는 이유로 신문 기자를 감옥에 가두는 것은 잘못이라는 데 누구나 동의한다. 그렇지만 무엇이 미국인들을 나누어놓는가라는 주제로 진정한 대규모 논쟁을 이루기 위해 필요한 공통 기반은 이런 구체적 수준의 원칙에서는 찾을 수 없다. 그보다 훨씬 안쪽을 들여다보아야 한다. 뚜렷이 정치적이거나 도덕적인 원칙이 아니라 인간 조건의 더욱 추상적인 가치를 확인하는 원칙을 바라보아야 한다. 대부분의 사람은 아무리 다른 가치관을 지녔더라도 앞으로 말할 아주 기본적인 두 가지 원칙은 공유한다고 생각한다. 둘 다보기보다는 훨씬 복잡하기 때문에 그것이 정치 정책과 어떻게 연관되는지에 대해 책 전체에 걸쳐 논하면서 상술할 것이다. 하지만 일단은 가장 추상적인 형태로 진술하겠다.

첫번째 원칙은 '본질적 가치의 원칙'이라 부르려고 하는데, 모든 인간의 삶은 특별한 객관적 가치를 지니고 있다는 것이다. 인간의 삶은 잠재성으로서의 가치를 지니고 있다. 일단 인간의 삶이 시작되면 그것이 어떻게 전개되는지가 중요하다. 삶이 성공적이고 잠재성이 실현되면 좋은 것이고, 실패하고 잠재성이 낭비되면 나쁜 것이다. 이것은 단순히 주관적 가치가 아니라 객관적 가치의 문제다. 곧 인간 삶의 성공과 실패는 당사자에게만 중요한 것이거나 오로지 그 사람이 성공을 원하기 때문에 중요한 것만도 아니다. 모든 인간 삶의 성공과 실패는 그 자체로 중요하며, 누구나 바라거나 아쉬워할 **이유**가 있는 어떠한 것이다.

우리는 이 밖에도 많은 가치를 이런 식으로 객관적인 가치로 간주한다. 예를 들면 부당함이 있으면 그 자체로 나쁜 것으로 보고 안타깝게 생각한다. 그러니 첫번째 원칙에 따르면, 우리는 낭비된 삶에 대해 그것이 우리 삶이든 다른 누군가의 삶이든 그 자체로 나쁜 것으로 보고 안타깝게 여겨야 한다는 말이다.

두번째 원칙은 '개인적 책임의 원칙'으로 누구나 자기 삶을 성공적으로 실현할 특별한 책임, 어떤 종류의 삶이 자신에게 성공적인 삶인지에 대한 판단을 포함하는 책임이 있다는 것이다. 자기 자신이 아닌 다른 누군가가 이런 개인적 가치를 지시하거나 동의 없이 강요할 권리를 인정해서는 안 된다. 특정 종교적 전통의 명문화된 판단, 종교 지도자나 경전, 혹은 비종교적인 도덕적·윤리적 가르침을 따를 수는 있다. 그렇지만 판단을 맡기는 것 자체는 자발적인 결정이어야 한다. 자기 삶의 독립적 책임을 어떻게 수행할 것인가에 대해 본인 스스로가 결정한 깊이 있는 판단을 따라야 한다는 말이다.

이 두 가지 원칙, 곧 모든 인간의 삶에는 본질적인 잠재 가치가 있다는 첫번째 원칙과 누구나 그 가치를 자기 삶에서 실현할 책임이 있다는 두번째 원칙이 결합하여 인간 존엄의 토대와 조건을 정의한다. 그래서 나는 이 둘을 존엄의 원칙 혹은 조건이라고 칭한다. 이 원칙들은 개개의 인간에게 가치를 부여하고 책임을 부과한다는 면에서 개인주의적이다. 그렇다고 해서 개인주의라는 말이 형식적인 차원 이상을 의미한다고 볼 수는 없다. 이 원칙에서는 개인 삶의 성공이 개인이 속한 공동체나 전통의 성공과 무관하게 성취되거나 구상될 수 있다고 보지 않는다. 또한 개인이 공동체나 전통의 가치를 거부해야만 자신의 가치를 발견할 책임을 행사하는 것이라고도 보지 않는다. 두 원칙이 만약 이런 식으로 더 구체적인 의미에서 개인주의적이라면, 모든 사람이 공감하는 공통 기반으로는 적절하지 않을 것이다.

존엄성의 이런 두 측면은 서구 정치 이론에서 중요하게 자리매김해온 두 가지 정치적 가치와 비슷하게 느껴질 것이다. 첫번째 원칙은 평등의 이상을, 두번째는 자유를 추상적으로 언급하는 것으로 보인다. 이 이야기를 하는 까닭은 정치철학자들이 종종 평등과 자유가 동시에 충족될 수 없는 서로 경쟁하는 가치라서, 정치사회는 언제 어떤 것을 희생해야 할지를 선택해야 한다고 말하기 때문이다. 만약 그게 사실이라면 앞서 말한 두 원칙도 상충할 것이 당연하다. 그렇지만 나는 평등과 자유가 상충한다는 가정을 받아들이지 않는다. 오히려 나는 정치사회에서 이 두 가치가 양립 가능하며, 실질적으로 서로가 서로의 또 다른 면임을 이해하는 길을 찾아야 한다고 생각한다.＊ 내가 말한 인간 존엄의 두 가지 원칙도 마찬가지로 그렇게 만들고자 한다.

말했듯이 나는 이 두 원칙에 대해 두 가지를 주장한다. 첫번째는 두 원칙이 충분히 심층적이고 일반적이어서 두 진영으로 나뉜 것처럼 보이는 모든 미국인들에게 논의의 공통 기반이 될 수 있다는 것이다. 이 장에서 앞으로 이 주장을 더욱 자세히 옹호하려고 한다. 두번째는 이 원칙들이 근본적이고 일반적임에도 충분히 실질적이라서, 이 원칙이 어떻게 해석되고 어떻게 구체적 정치 제도와 정책에 영향을 미치는가에 대해 분별해서 논할 수 있다는 주장이다. 두번째 주장은 앞으로 이 책에서 내내 해결해야 할 과제다.

인간 삶의 본질적 가치

모든 인간의 삶은 본질적인 가치를 지니고 있으며, 따라서 어떤 삶을 사느냐가 객관적으로 중요하다는 인간 존엄의 첫번째 원칙은 나의 주장대로 일반적이라고 보기에는 지나치게 경건하고 숭고하게 느껴질

＊ 자유와 평등의 관계에 대한 이 개념은 내 책 *Sovereign Virtue*(Harvard University Press, 2000)
와 *Justice in Robes*(Harvard University Press, 2006), 제4장에서 자세히 논했다.

지 모르겠다. 그렇지만 숙고해보면 대부분의 사람이 받아들일 수 있는 원칙임을 납득시키고자 한다. 우선 대부분의 사람이 어떤 삶을 살 것인가에 대해 본질적·객관적으로 중요하게 생각한다는 것을 보여줄 것이다. 그다음으로 다른 사람이 어떤 삶을 사느냐가 자기 일보다 객관적으로 덜 중요하다고 생각할 근거가 없음을 보일 것이다.

먼저 여러분 자신부터 생각해보자. 내 삶을 잘 사는 것, 삶에서 무언가를 이루는 것이 중요하다고 생각하지 않는가? 잘 살고 있다면 만족감과 자부심을 느끼고, 잘 살지 못하고 있다면 후회와 심지어 부끄러움까지 느끼게 되지 않는가? 풍요로운 삶처럼 뭐 좀 있어 보이는 것을 이루고 싶은 생각은 없고 그저 그럭저럭 오래 살고 재미있게 살기만 하면 된다고 말할 사람도 있을 것이다. 그렇다고 하더라도 그 말이 실제로 무엇을 의미하는지 결정해야 한다. 우선, 쾌락으로 가득한 긴 삶이 최선의 삶이라고 생각한다는 뜻일 수 있다. 만약 그렇다면 잘 산다는 의미를 상당히 쾌락주의적인 맥락에서 생각하고 있을지언정 어쨌거나 잘 사는 게 중요하다고 생각한다는 뜻이다. 아니면, 정말로 자신의 삶 전체가 좋든 말든 상관이 없고 그저 지금 현재와 앞날에 쾌락만을 바란다는 뜻일 수도 있다.

사실상 후자의 생각을 가지고 있는 사람은 거의 없다. 삶에서 쾌락만을 바란다고 말하는 사람은 사실 딱 지금이나 앞으로 누릴 수 있는 만큼의 쾌락만을 바라지 않는다. 지금까지의 자기 삶도 쾌락으로 가득 찼더라면 하고 바란다. 놓치거나 지나가버린 쾌락을 아쉬워하고, 과거에 섹스를 더 많이 했어야 했다거나 여행을 더 많이 다녔어야 했다거나 그 밖에 다른 재미를 더 많이 누렸어야 했다고 투덜댄다. 이렇게 후회한다는 것은, 단순히 지나간 쾌락의 기억에서 현재 즐거움을 느끼려고 그러는 것이라고 설명할 수는 없는 일이다. 이런 기억이 즐겁다고 느끼는 것은 그 기억이 과거에 그들이 잘 살았다는 사실을 확인시켜주기 때문이다. 물론 잘 사는 게 어떤 것인지에 대해 이렇게 지극히 쾌락주의적인 생각을 가진 사람은 드물다. 대부분의 사람은 삶에서 즐거움이 중요하기는 하나 그게 전부가 아니며, 인간관계와 성취도 그만큼 중요하다고 생각한다. 그렇지만 쾌락만이 중요하다고 생각하는 사람이라고 할지라도 존엄의 첫번째 원칙은 받아들이고 있다. 전체적으로 보아 성공적인 삶을 이끌어가는 것이 중요하다고 생각하기 때문에, 앞으로 올 쾌락뿐 아니라 지나간 쾌락에도 연연하는 것이다.

그러니 둘로 나뉘었다고 하는 정치문화 어느 쪽에 속한 사람이건 대부분은 한순간 한순간을 즐기는 것뿐 아니라 전체적으로 좋은 삶을 영위해가는 것이 중요하다는 사실을 받아들인다고 할 수 있다. 대부분의 사람은 또 좋은 삶의 기준이란 객관적인 것이라고 생각한다. 왜냐하면 누군가는 자기가 좋은 삶을 살고 있다고 생각하더라도 다른 사람은 그렇지 않다고 생각할 수도 있고, 이 아주 중요한 문제에 대해서 착각할 수도 있다고 보기 때문이다. 날마다 즐겁게 사는 삶이 좋은 삶이라고 생각하는 사람도 나중에는 생각이 짧았다고 느낄 수 있다. 좀더 일반적인 생각, 곧 만족스러운 삶에는 친밀한 인간관계나 중요한 성취, 종교적인 면, 다양성, 그런 것들이 어느 정도 있어야 한다는 생각을 받아들이게 되는 것이다. 그러면 전에 했던 생각이 잘못되었다고 깨닫게 된다. 톨스토이의 『이반 일리치의 죽음』을 비롯한 감동적인 문학작품 가운데는 바로 이런 깨달음을 얻는 순간의 고통을 다룬 것이 많다. 아니면 정반대의 깨달음을 얻을 수도 있다. (적어도 자기는 그런 깨달음을 얻었다고 생각한다.) 어떤 사람들은 자기가 지겹도록 일만 하는 척박한 삶을 산다고 생각하다가도, 나중에 문득 자기가 해낸 일, 자기가 살아온 삶에 대해 자부심을 느끼게 되기도 한다.*

　성공적인 삶에 대한 객관적 기준이 있고, 잘 산다는 게 무엇인지 착각할 수도 있다는 것, 그런 실수를 하지 않는 것이 아주 중요하다는 생각을 저버리기는 무척 힘들고 거의 불가능해 보인다. 그런 가정조차 저버린다면, 성공적인 삶을 이루기 위해 상식적이고 중대한 결정을 내리기가 어려워질 것이다. 이런 결정은 단순히 무엇이 즐거울 것인가를 예측해서 내린다거나 할 수가 없다. 우리가 무언가를 즐기느냐 아니냐는, 우리가 그것을 즐기는 것이 잘 사는 일의 일부라고 생각하느냐 아니냐와 큰 상관이 있기 때문이다. 몇몇 철학자는 객관적 가치에 대해 회의적인 것도 사실이다. 어떻게 살 것인가에 관한 생각은 객관적 사실에서 나오는 것이 아니라 우리의 깊은 감정을 투사한 것일 뿐이라고 말한다. 나는 이런 회의적 입장은 철학적 혼돈임을 다른 곳에서 설명하려고 한 적이 있다.** 어쨌든 회의적인 철학자들조차도 잘 사는 방법과 못 사는 방법이 있으며, 더 잘 사는 것이 중요하다는 가정은 받아들인다. 확신이라기보다 인간의 정서적 투사물로서 이를 설명하고자 할 뿐, 그렇더라도 이런 생각이 삶에 미치는 근본적 역할은 달라지지 않는다. 일부 회의주의자들은 자리에 누워 어떤 결정도 내리지 않으려고 할지 모른다. 그렇지만 대부분은 대다수 사람들이 믿는 사실을 믿고, 어떻게 해야 잘 사는 것인가에 대해 잘못 생각할 수 있으며, 이런 착각이 아주 큰 후회거리라는 사실을 받아들이며 계속 살아나간다.

---

* 이런 현상은 *Life's Dominion*(Knopf, 1993)이라는 내 책에서 길게 설명했다.
** "You'd Better Believe It," *Philosophy & Public Affairs*(1991).

대부분의 사람은 붉은 문화와 파란 문화 가운데 어느 쪽에 속하건, 이와 관련된 또 다른 신념을 공유한다. 삶을 낭비하지 않고 성공적으로 사는 것이 중요한 까닭은 그저 우리가 그러길 바라기 때문만이 아니라는 점이다. 곧, 잘 사는 것의 중요성을 알기 때문에 잘 살고 싶은 것이지 그 반대가 아니라는 얘기다. 세상에는 이유를 설명할 수는 없지만, 단지 우리가 그걸 원하기 때문에 중요한 일도 있다. 나는 2004년 보스턴 레드삭스가 월드시리즈에서 우승하기를 바랐다. 그게 나에게 얼마나 중요한 일이었는지 나 자신조차 놀랄 정도였다. 그렇지만 내가 레드삭스의 우승이 **객관적** 중요성을 가진 문제이고, 그것을 중요하게 여기지 **않는다면** 실수한 것이라고 생각한다면 우스운 일일 것이다. 어떤 사람들은 높은 산에 오르고 싶어 하고, 어떤 사람들은 모차르트 소나타를 어설프게나마 전부 연주하고 싶어 하고, 어떤 사람들은 인쇄된 모든 우표를 수집하고 싶어 한다. 이런 성취가 이들에게는 막대하게 중요해서 그것에 모든 삶을 바치기도 한다. 그렇지만 아무리 열렬히 추구하더라도 이런 성취 자체에 객관적 중요성이 있는 것은 아니다. 물론 스스로 중요하다고 생각하는 것을 이루지 못하면 삶이 비참해질 수 있다. 그렇지만 그것은 그 사람이 그것을 중요하게 생각하고, 그것을 원하기 때문에 그러하다. 성공적인 삶을 사는 것은 이와 다르다. 자기 삶이 어떻든 상관하지 않고 그저 죽음을 향해 하루하루 나아가는 사람들과 그렇지 않은 사람들의 차이는, 레드삭스가 이기든 말든 상관없는 사람과 그렇지 않은 사람들의 차이와는 다르다고 본다. 우리는 자기 삶에 대해 신경 쓰지 않는 사람들에게는 특히 모멸적인 의미에서 결함이 있다고 생각한다. 그 사람들에게 존엄성이 없다고 보는 것이다.

　이제 한 걸음 더 나아간 질문을 던져야겠다. 만약 여러분이 (내가 가정한 것처럼) 어떻게 사는가가 객관적으로 중요한 문제라고 생각한다면, 이렇게 믿는 이유는 무엇인가? 이 믿음을 설명하고 정당화하는 신념은 어떤 것인가? 사람은 태어나는 순간 죽음을 향해 나아가고 죽기까지 걸리는 시간은 그다지 길지 않다. 이토록 끔찍하게도 짧은 삶을 어떻게 살든 그게 왜 중요한가? 만약 신의 존재를 믿고 신의 목적에 헌신하는 사람이라면, 신이 원하는 삶의 방식이 있으므로 어떻게 사느냐가 중요하다고 답할 수 있을 것이다. 그렇지만 이런 가정 없이도 이 질문에 답할 수 있어야 한다. 곧 우리가 어떻게 사느냐가 왜 중요한지를 초월적 존재의 뜻 말고 다른 이유로 설명할 수 있어야 한다는 것이다. 그럴 수 있을 것 같지는 않다. 어떤 국가나 민족, 혹은 인류의 힘과 번영처럼 아주 중요하다고들 생각하는 대의를 드는 것으로는 충분치 않을 것이다. 이런 대의가 중요하기 때문에 우리가 대의 실현을 아주 중요하게 여겨야 한다고 설명할 수는 있겠지만, 거기에 이바지할 사람이 왜 굳이 자기 자신이어야만 하는가는 설명하지 못한다. 삶의 중요성에 종교적 기반이 있다고 믿지 않는다면, 잘 사는 것의 중요성은 그 자체로 자명하고 근본적인 것이라고 말할 수밖에 없다. 살아야 할 삶이 있다는 것 말고 다른 어떤 이유 없이도 중요하다는 것이다.

잘 사는 것의 중요성이 신의 뜻에 달려 있다고 생각하건 아니면 그 중요성이 그저 자명한 것이라고 생각하건 간에, 앞서 제기한 두번째 문제가 다시 떠오른다. 자기 자신의 삶이 어떻게 펼쳐지는가가 다른 사람의 삶보다 객관적·우주적으로 더 중요한 문제라고 볼 만한 근거가 있는가? 과거에는 자기들의 신이 자기 민족이나 지파를 다른 사람들보다 더 소중히 여긴다고 믿는 사람들이 많았다. 그래서 자기네 목숨은 중요하지만, 다른 이들의 목숨은 그렇지 않다고 지속적으로 주장할 수 있었다. 아직도 꽤 많은 사람이 그런 믿음을 가지고 있는 것 같다. 자기네 신이 진정한 신앙을 받아들이지 않는 사람들을 죽이기를 바란다고 생각한다. 그렇지만 스스로를 복음주의자나 근본주의자라고 부르는 미국인들조차도 자기네들이 섬기는 신이 자기들만 보우한다고 생각하지는 않을 것 같다. 미국 종교는 인본주의적 종교이고, 모든 사람을 자기 자식으로 대하고 똑같이 소중히 여기는 유일신이 있다고 가르친다. 개인적 예외주의에 신학적 근거가 있다고 주장할 미국인은 드물 것이다.

이런 예외주의에 그 외의 다른 근거가 있다고 대놓고 주장할 수 있는 사람도 많지 않다. 물론 플랜태저넷 왕가의 후손이라거나 메이플라워호를 타고 온 선조들의 자손들이 자신들과 대등한 혈통이라고 생각하는 사람들과 어울리고자 할 수도 있고, 안타깝게도 자기 동네에 흑인이나 다른 소수 인종이 들어오는 것을 원하지 않는 인종주의자들도 많다. 그렇더라도 이런 성향은 공적으로는 부끄러워해야 할 일로 분류되고 그런 생각을 공공연하게 인정할 사람은 거의 없을 것이다. 아무튼 간에 이러한 사회적 우월감이나 편견의 구태는 지금 논의와는 상관이 없다. 사교의 취향일 뿐 서로 다른 인간의 본질적 중요성에 대한 객관적 판단의 근거는 될 수 없다.

자기 삶의 성공이 특별히 객관적으로 중요하다고 할 만한 까닭이 있다고 믿지 않는다면, 인간 존엄의 첫번째 원칙을 받아들일 수밖에 없게 된다. 일단 인간의 삶이 시작되면, 그 삶이 낭비되지 않고 잘 펼쳐지는 것이 객관적으로 중요하다는 사실을 받아들여야 한다. 또 사회적 배제에 근거가 없듯 인간 삶의 급을 구분할 근거도 없으니 모든 사람에게 똑같이 중요한 문제임을 받아들여야 한다. 이렇듯 자기 삶의 성공에 대한 1인칭적인 관심에서부터, 모든 사람의 삶이 동등한 객관적 중요성을 지녔음을 인정하는 단계로 한 걸음 나아가는 것은 아주 중요한 도덕적·정치적 의미를 지닌다. 그렇지만 지금은 다른 것을 강조하고자 한다. 이 한 걸음이 도덕적 책임감과 관련해 어떤 의미를 지니느냐가 아니라 자기 존중에 어떤 의미가 있느냐 하는 문제다.

좀 전에 나는 잘 사는 것의 중요성을 제대로 인지하지 못하는 사람은 개인적 존엄성이 부족하다고 볼 수 있다고 했다. 단지 어떤 취향이 부족한 것이 아니라, 성공적인 삶의 중요성이라는 객관적 가치를 지닌 무언가의 소중함을 알지 못하는 것이다. 만약 인간의 삶에 이런 객관적 중요성이 있고 모든 사람에게 동등하게 적용되어야 한다면, 다른 사람의 삶의 중요성에 대한 존중과 자기 존중을 분리할 수는 없다. 다시 말해 다른 사람의 삶의 본질적 중요성을 부인한다면, 이는 자기 자신의 존엄성을 모독하는 일이 된다. 이런 관점은 도덕철학에서 흔히 볼 수 있는 통찰이다. 우리 자신의 인간성 존중은 인간성 자체의 존중을 의미한다는 임마누엘 칸트의 주장의 핵심에도 이런 생각이 있다. 칸트는 다른 사람의 삶을 본질적 중요성이 없는 단순한 수단으로 취급한다는 것은 자기 자신의 삶 또한 멸시하는 것과 다를 바 없다고 했다.

그러니 자신의 행동이 다른 사람의 삶의 가치에 대한 경멸이 되는 때가 언제인지를 판단하는 것은 아주 중요하다. 이 문제는 이 책 전체에서 다룰 것이다. 그 해답은 명료할 수 없다. 책임감 있는 미국인들 사이에서도 의견이 갈릴 수 있는 문제다. 또한 이러한 본질적 문제에 대한 의견 차이를 탐구하다 보면, 더 구체적인 정치 쟁점에 대해 의견이 갈리는 이유를 설명할 수 있다. 따라서 진지한 논쟁을 벌일 수 있는 문제이기도 하다.

삶에 대한 개인적 책임

앞서 언급한 인간 존엄의 두번째 원칙은 누구나 자기 삶의 통제에 대한 개인적 책임을 지며, 이 책임에는 어떤 삶이 좋은 삶이냐에 대해 궁극적 결정을 내리고 실행해야 할 책임도 포함된다는 것이다. 우리는 이런 결정을 내릴 때 다른 사람의 의지에 종속되지 않을 수 있다. 강요가 없었더라면 자발적으로 선택하지 않았을 성공관을 강제할 권리를 다른 사람에게 부여하면 안 된다. 우리는 이런 강요된 종속을 종속 관계에 의해서가 아닌, 존엄의 원칙에 어긋나지 않는 여러 방식으로 영향을 받아 따르는 것과는 신중하게 구분해야 한다. 다른 사람이 충고를 할 수도 있고 우리는 이런저런 이유로 그 충고를 받아들일 수도 있다. 다른 사람이 받아들인 가치나 결정을 존경해서 모방하고 싶을 수도 있다. 의식적으로 모방하거나 따를 수도 있고 별 생각 없이 습관적으로 따를 수도 있다.

다른 사람의 가치와 행동이 한층 더 폭넓고 상호적인 방식으로 영향을 미칠 수도 있다. 우리가 누리는 문화에 영향을 미친다든가 하는 방식으로. 어떤 비평가들은 자유주의자들이 인간을 개개인의 내적인 지적 자원을 통해 가치문제를 완벽하게 해결하는 독립적 원자인 것처럼 여긴다고 비난하기도 한다. 말도 안 되는 생각일뿐더러 자유주의자건 아니건 실제로 그렇게 생각하는 제대로 된 철학자는 본 일이 없다. 누구나 문화의 영향을 벗어날 수 없고, 그러고자 하는 사람도 없다. 예를 들면 미국 문화의 많은 부분은 물질적 부가 좋은 삶의 아주 중요한 요소라는 생각에 젖어 있다. 여러분이 거기에 동의하느냐 아니냐와 무관하게 여러분 자녀는 직업이나 생활 방식을 선택할 때 그런 생각에 영향을 받을 가능성이 매우 높다. 어딜 보든 부가 성공의 상징으로 제시된다면, 더 많은 사람이 부를 원할 것이다. 이런 식으로 우리는 다른 사람들의 가치나 행동에 영향을 받지만, 그것이 다른 사람의 의지에 종속되는 일은 아니다. 그렇지만 정부나 다른 어떤 집단에게 처벌로 강제하여 특정 가치 체계를 따를 것을 요구할 권리, 혹은 결혼 배우자나 직업을 할당할 권리를 부여한다면 그런 것이 바로 종속이다. 두번째 원칙이 거부하는 바가 바로 이런 것이다.

미국인들 가운데는 앞에서 이야기한 강한 의미에서의 개인주의적인 사람들이 있다. 이들은 다른 누구도 따르지 않고 자기만의 길을 가고 뭐든 자기 방식대로 하는 것에 자부심을 느낀다. 한편 어떤 사람들은 특정 종교적, 민족적, 혹은 친족적 전통 안에서 사는 것이 잘 사는 것의 핵심이라고 믿는다. 삶의 형태를 결정짓는 이런 전통을 재검토해볼 필요를 전혀 느끼지 않는다. 이들은 자기가 다른 사람의 의지에 종속되었다고 생각하지 않는다. 누군가가 그것이 옳은 삶의 방식이라고 강요했다고 생각하지 않기 때문이다. 그럴 가능성이 희박할지는 모르지만, 그 생각이 잘못되었다고 판단되면 언제라도 재검토하고 재평가할 수 있다고 느낀다. 어떻게 살아야 할지에 관한 근본적 결정에 책임을 지닌 사람은 다른 누구도 아닌 자기 자신이라고 생각한다. 예를 들어 만약 다른 믿음을 갖게 되었을 때, 자기에게 벌을 줄 권한을 다른 사람에게 넘기라거나 이런 재검토를 불가능하게 만들어야 한다고 누군가가 말한다면 아마 경악할 것이다. 자신의 영구한 책임을 이렇게 저버리는 데에 동의하는 것은 자기 존엄을 배신하는 일이라고 생각한다.

미국의 주요 종교나 전통 가운데 존엄의 두번째 원칙을 받아들이지 못하는 집단이 있는가? 만약 있다면, 이 원칙이 공통 기반이 되지 못할 것이다. 어떤 종교는 고위 성직자에게 교의를 넘어서는 특별한 권위를 부여하기도 한다. 예를 들어 가톨릭은 종교적 문제에서 교황의 무오류 원칙을 인정한다. 그러나 이런 권위는 강압적이라기보다는 인식론적인 것에 가깝다. 이런 권위를 누리는 성직자들은 신의 뜻을 특별히 가까이 접하거나 이해할 수 있다고 간주하기 때문에, 교인들이 이들의 말을 의심할 여지없는 진실로 받아들이고 특별한 권위를 인정한다. 그렇다고 해서 이것이 모든 사람에게 특별한 책임이 있다는 원칙에 위배되는 종속이라고 볼 수는 없다. 이런 인식론적 권위를 인정하는 사람이라고 하더라도, 존경하는 성직자가 자기에게 세속적 제재를 행사하여 존경을 강요할 권위까지 부여하지는 않기 때문이다. 이런 존경이 마땅하다는 자신의 판단에 따라 종교적 권위와 교회의 가르침을 받아들일 뿐이다. 과거에 유럽과 미국이 그랬고 오늘날에도 여러 지역에서 여전히 그러하듯이, 가르침을 따르기를 거부하는 이들에게 육체적·재산적 처벌을 가할 권능이 성직자들에게 있다면 그건 다른 차원의 문제일 것이다. 이런 권위는 물론 개인적 책임의 원칙과 양립할 수 없다. 그렇지만 미국의 종교에서는 어느 보수적 종교학자의 말을 빌리자면, 신념에 어긋나는 신앙 행위를 강요하는 것은 "종교적 행위와 선택에서 종교적 행위와 선택으로서의 가치를 박탈할 뿐 아니라, 아예 종교적 행위와 선택이 **되지** 못하게 한다"고 믿는다. *

---

* Robert P. George, *Making Men Moral: Civil Liberties and Public Morality*(Oxford University Press, 1993), p. 106. 조지는 사람들을 '허수아비' 취급하며 기도하라고 강요하면 사람들 삶이 더 나아질 것이라고 생각하는 간섭주의자를 묘사한다. "하느님이 이런 흉내만 내는 기도에 속거나 만족할 만큼 어리석을 리 없고 요즘 사람들이 이런 신을 믿을 만큼 어리석을 리도 없다."

개인적 책임의 원칙은 종교적 신념이나 종교적 생활 방식을 신앙이나 계시로 받아들이는 것 또한 금지하지 않는다. 개인적 책임이란 과학주의나 합리주의를 의미하는 게 아니다. 아주 많은 미국인이 종교적 신념은 신이 내려준 선물이라 믿고, 영적 순간에 이런 신념에 대한 확신을 얻을 뿐 다른 증거가 필요하다고 생각하지 않는다. 그렇지만 이렇게 받아들이는 신앙은 개인적인 것이다. 위협이나 세뇌나 으름장으로 강요된 것이 아니다. 물론 그런 방식으로 신앙을 강요할 권한이 있다고 주장하는 종교도 있다. 인간은 존엄하므로 개인적 책임이 있다는 것을 인정하지 않는 문화도 많고, 여자를 제외한 남자에게만 혹은 종교적·사회적 원로나 사회적 지위가 높은 사람에게만 개인적 책임을 인정하는 문화도 있다. 미국에도 이런 문화의 자취가 일부 남아 있다. 그렇지만 내가 생각하듯이 아주 일부 종교적인 미국인들만 그러하다면, 개인적 책임의 원칙이 정치적 논쟁의 공통 기반으로 적절하다고 할 수 있을 것이다.

다시 말하지만 자기 자신에게만 그런 책임이 있고 다른 사람은 그렇지 않다고 생각할 근거는 누구에게도 없다. 그런 차이를 정당화할 근거는 어디에서도 찾을 수 없다. 미국에서 영향력 있는 어떤 종교도 지도자를 제외한 모두가 다른 사람의 의지에 종속되어야 한다고 말하지 않는다. 스스로 중대한 문제를 결정할 능력이 없다고 여겨지는 사람들이 있기는 하다. 그러나 이것은 지위의 문제가 아니라 능력의 문제이며, 문제시되는 능력이라는 것도 정상적 기량이 아니라 기초적인 사고력을 말한다. 어린아이들의 경우, 기초 사고력을 갖췄다고 할지라도 교육 등에 대한 중요한 결정을 보호자가 대신 내려주는데, 그렇더라도 아이들이 성장했을 때 원칙적으로 재검토할 수 있는 결정들이다. 기초 사고력을 지닌 성인이라면, 아무리 형편없는 판단을 내리는 것처럼 보이더라도 가치판단의 기본 자유를 빼앗지 않는다. 나쁜 판단을 내릴 것 같은 사람일지라도 스스로 선택한 사람과 결혼하거나 스스로 고른 책을 읽지 못하게 금지하지 않는다. 원하지 않는 일을 떠맡기거나 원하지 않는 종교 행위를 강요하지도 않는다.

어쨌거나 이제 두번째 존엄 원칙에서 나오는 특별한 문제를, 다시 뒤로 미루더라도 일단은 언급해야겠다. 이 원칙이 개개인에게 어떻게 살 것인가에 대한 결정을 내릴 개인적 책임을 부과한다고 말했다. 어떤 결정을 말하는가? 그 가운데 일부에 대해서는 얼른 동의할 수 있다. 예를 들면 우리에게는 종교, 결혼, 직업을 스스로 결정할 권리와 책임이 있다. 사람들이 스스로 내릴 권리가 없는 결정이 어떤 것인지에 대해서도 쉽게 동의할 수 있을 것이다. 나에게는 어떤 것이 내 재산인지, 다른 사람을 육체적으로 다치게 하거나 가두어도 되는지를 내 마음대로 결정할 권리가 없다. 심지어 운전할 때 안전벨트를 할지 말지도 결정할 수 없다. 국가에서 이런 결정을 모두 내리고 그 결정을 따르도록 강제한다. 이 두 종류의 결정 사이의 차이는, 윤리와 도덕 사이의 차이와 같다. 우리의 윤리적 신념은 우리가 어떤 삶을 좋은 삶으로 여겨야 하는지를 정의한다. 도덕적 원칙은 다른 사람에 대한 우리의 의무와 책임을 정의한다. 개인적 책임의 원칙에 따르면, 국가는 우리가 도덕적 원칙에 의거한 집단적 결정에 따르도록 강제할 수는 있으나 윤리적 신념을 강요할 수는 없다. 여기에서는 간단하게 요약했지만 이 중대한 구분이 한층 복잡한 것이며, 구체적으로 들어가면 논란의 여지가 더 많아진다는 점에 대해서는 제3장에서 살펴볼 것이다. 아무튼 이 요약을 통해 구분의 요체는 알 수 있다.

공통 기반과 논란

이제 여러분이 정치적 스펙트럼 어디에 속해 있든 예외 없이 지금까지 설명한 인간 존엄의 개념을 공유한다는 사실에 동의하고 싶은 생각을 갖게 되었기를 바란다. 하지만 이 사실을 인정할 수 있는 까닭은, 존엄 개념을 정의하는 두 원칙에서 파생되는 정치적인 원칙과 정책이 구체적으로 어떤 것이냐에 대해서 적어도 1차적으로는 서로 다르게 생각하는 것이 가능하기 때문이다. 예를 들면 모든 사람의 삶이 동등한 본질적 중요성을 지닌다는 원칙에 들어맞는 세율이 어떤 것이냐에 대해서는 의견이 갈릴 가능성이 높다. 이 문제는 제4장에서 다룰 것이다. 사람이 자기 삶에 대한 특별한 책임을 지닌다는 원칙에 의거해, 낙태와 동성결혼에 어떤 입장을 취할 것이냐에 대해서도 의견 차이가 있을 것이다. 이것은 제3장에서 다룰 주제 가운데 하나다. 일반적으로 말해 소위 붉은 문화에 속하는 사람들은 파란 문화에 속하는 사람들보다 다른 사람의 삶의 가치를 경멸하는 행동이 어떤 것인지, 개인적 책임의 개념에 따라 어떤 결정을 개인의 양심에 맡겨야 하는지에 대한 문제에 상대적으로 제한된 답을 할 가능성이 높다. 이 책에서 논하는 특정 정치적 논란들만이 두 원칙에 의거한 최선의 해석이 무엇인지에 대한 의견 차이를 적절히 드러내는 쟁점이라고 말하려는 것은 아니다. 논의를 위해 오늘날 가장 중요하고 의견이 크게 갈리고 까다롭게 보이는 쟁점들을 고르긴 했으나 다른 주제를 고를 수도 있었다.

머지않아 미국 내의 극단적인 정치적 의견차가 사라지리라고 기대하는 것은 어리석다고 이미 경고한 바 있다. 그렇더라도 타협 불가능한 완전히 갈린 세계관의 충돌로서 우리 사회의 계속되는 불화를 바라보기보다는, 모두가 공유하는 근본적 가치에 대한 최선의 해석을 두고 펼쳐지는 논란이라고 바라볼 수 있게 되는 정도로도 엄청난 발전이라 생각한다. 그럴 경우 시민들은 공유하는 원칙에 대한 특정하면서도 보편적인 해석을 바탕으로 (근거를 제시함으로써) 인권, 과세, 낙태에 대한 자신의 구체적인 신념을 옹호할 수 있게 될 것이다. 그러면 익숙한 모습의 토론이 이루어질 수 있게 된다. 바로 서로 다른 입장을 가진 사람들이 각자가 근거로 삼는 해석에 대해 상대편의 해석보다 더욱 논란의 여지가 적게 일반 원칙을 적용했음을 보여주려고 애쓰는 토론이다. 혹은 자기들의 해석이 토론 대상인 상대편도 공감하리라고 기대하는 다른 가치들이나 상대편도 알고 있을 사실(예를 들면 가난의 결과에 대한 사회적 사실이나, 배아 연구에 관한 생물학적 사실 같은 것들)에 더 잘 들어맞는다는 것을 보여주려고 할 수 있다. 아니면 적어도 미국의 분열을 다르게 바라봄으로써 서로가 상대를 좀더 존중하게 될 수도 있다. 그러면 상대방을 모두가 공유하는 목표를 달성하기 위한 협력자로, 상대방 측에서 충분히 검토해보지 않았을 전략을 탐구함으로써 공통 목표에 기여하는 존재로 바라볼 수 있을 것이다.

지금은 대책 없이 비현실적인 희망으로 보일지 모른다. 나는 오늘날 대부분의 사람이 자신과 다른 종교적·정치적 문화에 속한다고 여기는 사람들과는 토론도 논쟁도 벌이고 싶어 하지 않는다는 것을 인정한다. 그저 몇몇 사람이 논쟁에 우호적인 시각을 갖게 되고, 우리가 너무 성급하게 받아들인 무기력한 '가로지를 수 없는 두 문화론'을 천천히 무너뜨리는 유용한 토론에 의해 이런 시각이 널리 퍼지길 바라는 게 현실적일 듯싶다. 나는 아직 그런 출발이 가능하다는 것조차 보여주지 않았다. 과연 내가 주장하듯이 충분한 합의가 이루어져 방금 말한 것과 같은 논쟁을 이룰 수 있을지는 알 수 없기 때문이다. 우리가 모든 사람에게 본질적인 잠재 가치가 있고 모든 사람은 각자의 삶에서 그 가치를 인식하고 실현할 책임이 있다는 사실을, 진정한 논쟁을 시작할 수 있을 만큼 충분히 깊이 받아들이는가? 아니면 어떤 중요한 것도 이끌어 낼 수 없는 공허한 구호에 불과하다고 여기는가?

제2장

테러와 인권

테러, 권리, 안보

전 세계에 걸쳐 서구인, 특히 미국인을 죽일 수 있다면 기꺼이 목숨을 바칠 광신도들이 무수히 많다. 이들이 2001년 9월 믿기 어려운 재앙을 초래했고, 이 끔찍한 파괴는 저리 가라 할 파국적 대량학살을 일으킬 무기를 이미 가지고 있을지도 모른다. 미국인들은 분노했고 또 겁에 질렸다. 정보가 미국인들의 유일한 방어책이다. 테러리스트들의 자금원, 정체, 지도자, 계획에 대해 많이 알면 알수록 더 안전해진다. 정보원 가운데 하나는 사람이다. 테러리스트이거나 아니면 적어도 테러리스트들에 관한 유용한 정보를 알고 있다고 미군과 경찰이 생각하는 사람들. 그런데 이들이 가지고 있을지도 모르는 정보를 캐내기 위한 미국 정부의 행위가 어디까지 허용되는가에 대해 미국인들 사이에서 의견이 갈린다. 논란은 주로 감시, 강압적 심문, 무기한 구금의 세

가지 관행에 집중되었다.

2001년 9월 직후 의회에서 새로운 감시 방법을 허용하는 법이 채택되었다. 어찌나 신속하게 통과되었던지 상하원 의원 가운데 법안을 제대로 읽기나 할 시간이 있었던 사람이 드물 정도였다. 미국 애국법으로 불리는 이 법은 연방기관들 사이의 연락 체계를 개선하기도 했지만, 프라이버시를 침해할 수 있는 새롭고도 (자유주의자들에게는) 무시무시한 권한을 정부에 부여했다. 예를 들면 정부에서 사람들의 집을 몰래 수색할 수 있게 되었고, 사후에조차 집을 수색했다는 사실을 통보할 의무도 없게 되었다. 또 도서관에서 사람들이 대출한 책의 목록을 강제로 보고받을 수 있게 되었다. 2006년 이 법을 개정할 때 민주당의원들과 공화당 온건파 의원들이 연합하여 이 법안에서 가장 문제가되는 조항의 삭제를 요구했지만, 개인의 프라이버시를 위협하는 강력한 일부 감시 수단은 여전히 남아 있다. 2006년 초『뉴욕 타임스』는 부시 대통령이 연방법이 요구하는 바대로 영장을 확보하지 않고 시민과외국인들을 도청한다는 광범위한 계획을 수립했다는 보도를 했다. 대통령도 그 사실을 시인했다. 대통령과 보좌관들은 합법적인 일이라고주장했다. 특히 대통령이 최고통수권자로서 일반 법률에 우선하는 헌법적 권한을 지닌다는 근거를 댔다. 그러나 이에 동의하는 법률가는거의 없었다. *

부시 행정부는 미국 포로수용소에서 테러 용의자들을 고문할 것을명령하거나 다른 나라에 고문하라고 '위임'하기도 했다는 사실을 공식

---

* 대통령의 주장에 반대하는 진술을 보려면 국가안보국의 염탐에 대해 전직 공무원과 헌법학자 열네 명이 의원들에게 보낸 편지를 보라. *The New York Review of Books*, 2006년 2월 9일.

적으로 인정하지는 않았다. 그렇지만 대체적으로 두 가지 모두 사실이라고 보는 편이다. 콘돌리자 라이스 국무장관이 유럽 영토 안에 미국이 수용소를 설치했다는 보도 이후 쏟아진 유럽 정상들의 비난에 대해 답하면서 사실임을 거의 인정했다. 법무부에서는 고문이 불법이지만, 대통령에게는 고문을 명할 법적 권한이 있음을 주장하는 회람을 준비해 돌렸다. 이 주장 역시 대통령이 최고통수권자라는 헌법의 선언에 근거한다. 어쨌거나 어떤 행위를 고문이라고 보느냐에 대해서도 논란이 있다. 부시 행정부에서는 몇몇 가혹 행위, 예를 들면 눈을 가린 죄수의 머리 위에 계속 물을 부어 익사당할 것 같은 느낌을 주는 행위는 고문이 아니라고 말한다.

현재 미국은 관타나모를 비롯해 세계 각국의 수용소에 수백 명의 포로를 기소나 재판 없이 무기한 구금하고 있다. 부시 행정부는 구금된 죄수들은 적 전투원이지만, 재판을 하지도 않을 것이고 그런 결론을 내리게 된 근거를 죄수들에게 알리거나 외부에 공개하지도 않을 것이라고 말한다. 미국 내에서 일반 범죄자는 연쇄살인 용의자나 마약조직 두목 등 아무리 위험한 범죄자라고 할지라도 그렇게 다루지 않는다. 누군가가 위험하다거나 살인을 비롯한 범죄를 방지하는 데 도움이 될 정보를 가지고 있다는 이유만으로 감금하는 것은 헌법상 금지되어 있다. 경찰에서 체포했더라도 기소할 수 없거나 하지 않을 사람은 곧바로 풀어주어야 한다는 내용의 여러 세기에 걸쳐 발전해온 형사법 제도가 존재한다. 또한 부당한 유죄판결을 방지하기 위해 재판을 받는 사람도 현실적으로 실행 가능한 한도 안에서 절차에 따라 보호받게끔 되어 있다. 억울한 한 사람이 처벌받느니 차라리 1천 명의 범죄자를 풀어주는 편이 낫다고 말한다. 그러나 부시 행정부는 잠재적 테러리스트들로부터 미국 국민을 효과적으로 보호하기 위해서라는 미명 아래 이런 제한이나 보호 같은 것은 다 내팽개쳤다.

감시, 강압적 심문, 구금에 관한 이런 정책은 새로 도입된 것이고 누가 보기에도 극단적이다. 논란의 여지가 분명히 있으며, 이런 의견 분열은 얼추 우리가 탐구하고 있는 자유주의-보수주의로 나뉜 궤적과 일치한다. 많은 미국인이 부시 행정부의 새롭고 과격한 정책에 찬성한다. 미국의 안전이 이전 어느 때보다 심각한 위협을 겪고 있으며, 안보와 자유 사이의 새로운 균형점을 찾아야 한다는 표현이 흔히 통용된다. 이에 반대하는 미국인들도 많다. 정부에서 내놓은 새로운 균형점은 자유를 지나치게 억압하는 것이며, 현재 미국이 정부가 해왔고 여전히 하고 있는 행위를 정당화할 만큼 급박한 위기 상황도 아니라고 말한다.

이런 의견 충돌은 미국 법률과 미국이 조인하고 비준한 국제조약에 대한 최선의 해석이 무엇인가와 일부 연관이 있다. 일부 자유주의자들은 미국 애국법 가운데 극단적인 조항들은 위헌이라고 주장하며, 대부분의 법률가 또한 대통령이 영장 없는 도청을 명령한 것은 불법이라고 본다. 외국인들에게도 일반 국내범들에게 보장해주는 전통적 절차에 따라 보호받을 헌법적 권리가 있기 때문에 테러 용의자들의 무기한 구금은 위헌이라고 비판하는 사람들이 많다. 2004년 대법원에서 중요한 판결이 내려졌는데, 관타나모 만 수용소의 외국인들에게 제대로 된 법정에서 구금에 대해 이의를 제기할 기회를 주지 않은 것은 위헌이라는 판결이었다. •

• 내가 쓴 글 "What the Court Really Said"를 보라. *The New York Review of Books*, 2006년 8월 12일.

그렇지만 이런 논란의 핵심이 법률문제라고 볼 수는 없다. 부시 지지자들은 법이란 구시대의 산물이며 바꿔어야 한다고 생각한다. 이들은 여러 세기에 걸쳐 발전해온 미국 헌법, 법률적 권리 체계는 9·11 공격 이후 시대에 맞지 않는 것이 되었으며, 앞서 말한 표현의 맥락에서 안보와 피의자 권리 사이의 새로운 법적 균형점이 필요하다고 말한다. 그러니 진정한 논점은 법이 아니라 도덕에 있다.

새로운 균형점을 찾는다는 이미지가 널리 받아들여지고 있지만, 사실은 매우 부적절한 개념이다. '우리'(미국인 전체)가 안보와 개인적 자유 사이의 적절한 균형점을 스스로 결정해야 한다고들 말하는데, 마치 도로 건설비용과 시골 지역에 미치는 영향을 고려할 때 도시 간 도로망을 얼마나 조밀하게 구축할지를 결정한다는 식이다. 우리가 직면한 문제는 전혀 다른 종류인데도 균형을 잡는다는 비유 때문에 논점이 흐려지고 있다. 결정해야 할 문제는 어느 균형점에 우리의 이득이 있느냐가 아니다. 우리의 이득을 희생하는 한이 있더라도 도덕성이 요구하는 바에 따라 어떤 선택을 해야 하는가는 전혀 다른 문제다. 다시 말해 이런 정책으로 인한 이득이 비용보다 더 크냐 아니냐를 가지고 답할 수 있는 문제가 아니다.

보수주의자들은 유례없는 위협에 대항할 유례없는 무기를 갖출 만한 도덕적 정당성이 미국에 있다고 믿는다. 테러리스트들은 야만적인 행동을 저질렀거나 그럴 의도를 품었으니 이미 신경 써줘야 할 만한 권리를 박탈당했으며, 따라서 대통령에게는 미국의 안전을 최우선으로 하고 안전을 이루기 위해 필요하다고 여겨지는 어떤 일이라도 할 의무와 권리가 있다고 생각한다. 그런데 이들의 생각은 어느 정도 사실이 아니거나 의심스러운 주장에 근거하고 있다. 예를 들면 이라크에 대량

살상무기가 잔뜩 있다는 대통령의 주장(지금은 사실이 아닌 것으로 밝혀졌다)과 이라크가 2001년 테러 공격을 사주했다는 대통령의 주장(역시 사실이 아니지만 많은 사람이 여전히 믿고 있다)을 받아들여 이라크 전쟁을 지지했다. 그렇다고 해서 미국의 반테러 정책에 대한 깊은 논란의 핵심이 사실에 관한 의견 차이라고 볼 수도 없다. 중요한 것은 이런 정책이 인권을 침해했느냐의 문제다. 만약 그렇다면, 설령 그 정책이 합법적이고 미국인들을 더 안전하게 만들어준다고 하더라도 옹호할 수 없는 것이다.

인권이라는 개념은 모든 권리 가운데 가장 기초적이고 보편적이다. 정부에 대해 제기할 수 있는 항의 가운데 인권을 침해했다는 것보다 더 막중한 것은 있을 수 없다. 미국을 비롯한 몇몇 나라가 인권이라는 개념을 들어 극단적인 제재를 정당화한다. 인권을 침해했다고 보는 나라들에 대해 재정적 지원을 중단하거나 경제적 편의 제공을 거부하고, 다른 나라들이나 단체들도 구호를 중단하도록 만든다. 어떤 상황에서는 심지어 인권침해를 막기 위해 이런 나라를 침략하는 것이 정당하다고 믿기도 한다. 우리는 그러한 인권이 영구한 개념이라고 믿기 때문에, 9·11 공격으로 인해 인권이 시대착오적이 되었다고 주장할 수는 없다. 국가는 이유를 불문하고 이런 권리를 존중해야 한다고 믿기 때문에, 안전이 위협받고 있다고 생각한다고 해서 인권을 무시해도 될 특권이 있다고 주장할 수는 없다. 그러니 대부분의 사람이 법적 권리에 무관심한 것처럼 보이는 이때, 정부를 비판하는 사람들이 인권에 호소하는 것은 당연한 일이다.

그렇지만 정부를 비판하는 두 가지 다른 주장을 조심스레 구분해야 한다. 제2차 세계대전 뒤 많은 국가가 특정 인권을 명시하고 이 권리들을 존중하도록 합의하게 하는 여러 국제조약, 헌장, 규약에 조인했다. 이 가운데에는 유엔 인권 선언, 유럽 인권 협약, 전쟁 포로의 정의와 대우를 규정한 제네바 협약 등이 있다. 일부 비판자들은 미국에서 테러 피의자를 다루는 행태가 이런 조약들의 의무사항을 위반했다고 비난한다. 이런 비난이 정당한가에 대해 국제법 전문가들 사이에서 많은 논란이 있다. 이를테면 부시 행정부는 아프가니스탄의 탈레반이나 알카에다를 위해 싸운 죄목으로 기소된 죄수들은 '불법 전투원'이기 때문에 제네바 협약의 보호 대상에 들어가지 않는다고 주장한다. 미연방 고등법원은 이 주장을 받아들였지만, 여러 대표적인 국제법 학자들은 그 주장에 반대하고 내 생각도 그렇다.*

　인권에 관한 이런 논란은 국제조약 등의 문서를 어떻게 해석하는 것이 정확한가 하는 문제에 달려 있으니 본질적으로 법률적이다. 다른 비판자들은 이와 달리 더 근본적인 문제 제기를 한다. 미국의 구금 정책이 '진정한 인권'이라고 할 수 있는 것을 위반한다는 점이다. 모든 인간이 단지 인간이기 때문에 갖는 권리, 조약이 보호해야만 하며 아무리 안보를 위해서라고 할지라도 어떤 국가도 침해할 수 없는 권리가 그것이다. 국제조약을 맺는 목적은 이런 아주 기본적 인권이 어떤 것인지 확인하여 보호하는 것이다. 그렇지만 국제조약이란 서로 다른 전통과 이해관계를 지닌 여러 국가 사이에서 절충할 수밖에 없고, 그래서 진정한 인권을 오롯이 정확하게 담고 있지 못하다는 비판을 받곤 한다. 특히 제3세계 국가와 집단들의 입장에서는 조약 대부분이 경제적 권리 같은 것을 간과하기 때문에, 또 조약에서 말하는 인권이라는 것이 몇몇 서

---

* *Hamdan vs. Rumsfeld*, 415 F. 3d 33(2005).

구 열강의 전통에서 비롯된 국지적인 개념이기 때문에(제3세계 시각에 따르면 표현 자유의 권리 같은 것) 한계가 있다고 느낀다. 따라서 제네바 협약 등의 조약이 엄밀히 말해 관타나모 수감자들과는 무관하다는 부시 행정부의 법적 의견이 설령 옳다고 하더라도, 관타나모 등지의 미국 정책이 억류자의 기본 인권을 침해하는지 아닌지의 도덕적 문제는 여전히 남아 있다. 미국이 그 권리를 침해하는 것이 불법은 아닐지라도 부도덕하지 않느냐는 문제다.

이 두번째 도덕적 질문이 우리가 답해야 할 문제다. 이 질문에 대한 대답에서 미국인들은 겉보기에 극명하게 엇갈리고, 그 갈라지는 점이 대략 붉은/파란 문화 분기점을 따르는 것처럼 보인다. 자유주의자들은 구금을 비롯한 반테러 정책을 공격하고, 보수주의자들은 이를 옹호한다. 논평가들이 미국이 양극화된 국가라고 말하는 까닭 가운데 하나가 이 깊은 간극이다. 이렇게 의견이 갈리는데도 아무도 논쟁하지 않는다. 수감자들이 어떤 인권을 지니는지, 혹은 인권이란 무엇인지에 대한 전국적 토론이 전혀 존재하지 않는다.

인권이란 무엇인가?

정치의식을 지닌 사람들은 인권이라는 개념을 자유롭게 쓴다. 앞에서 말했듯이 아주 중대한 정치적 비난을 할 때나, 전쟁까지도 포함하는 막중한 정치적 제재를 정당화하기 위해서 사용하곤 한다. 그러면서도 많은 사람이 인권이 무엇인지 이야기하기는 어려워할 것이다. 인권이라는 것에 무엇이 포함되어야 하는가에 대해 의견이 나뉠 뿐 아니라

(예를 들면 경제적 권리나 표현 자유 권리 같은 것을 포함해야 하는지), 자기 판단의 기준을 정의하거나 어떤 권리를 포함시킬지 결정한 이유를 설명하기도 어려워한다. 이런 질문은 인권이란 무엇인가에 대해 깊이 반추해보게 만드는 중요한 질문들이다. 반테러 정책의 도덕성에 대한 전국적 토론을 이루어내는 방향으로 나아가려고 한다면, 먼저 이 철학적 문제를 직접 대면해야 한다. 그러고 난 다음에 정치적 논쟁으로 다시 돌아갈 수 있다.

법적·정치적 권리. 인권이란 무엇인가? 인권이 법적 권리 혹은 인권에 비해 덜 근본적인 도덕적 권리와는 어떻게 다른가? 법적 권리라는 개념은 비교적 명확하다. 정부에서는 여러 이유로 법적 권리를 수립해 시행한다. 이를테면 법률로 재산권을 인정하고 보호해서 사람들이 노동이나 상업을 통해 획득한 것을 보유할 수 있게 하지 않는다면, 국가 경제가 제대로 돌아갈 수 없다. 또 헌법적 권리라고 부르는 일부 법적 권리는 특별한 힘과 역할을 갖는다. 그래서 정부가 겉보기에 매력적인 법이나 정책이라도 함부로 채택하지 못하게 막을 수 있다. 미국 수정헌법 제1조에서 그런 법적 권리가 창설되었다. 수정헌법은 시민들에게 표현의 권리를 부여하는데, 이것은 정부가 공동선을 위해서라고 할지라도 함부로 제약할 수 없는 권리다. 이런 헌법적 권리를 정당화할 때 우리는 인간에게는 원래 헌법이 보장하는 법적 권리에 대한 도덕적 권리가 있다고 말하곤 한다. 이때 말하는 도덕적 권리는 개인으로서 다른 사람에 대한 권리가 아니라 정부에 대한 권리이기 때문에 특수한 것이다. 따라서 이런 특수한 도덕적 권리를 '정치적 권리'라고 지칭하겠다.

정부가 합법적으로 하는 행위 대부분은 다수의 이해를 절충하는 것일 수밖에 없다. 공동체 전체의 복리를 증진시키기 위해 어떤 시민들에게는 이득을 주는 반면, 다른 시민들에게 손해를 입히는 행위들이다. 의회에서 특정 수입품에 대한 관세, 특정 사치재에 대한 세금, 혹은 특정 작물을 재배하는 농부들에 대한 보조금 따위를 승인할 때, 혹은 지자체에서 공항, 경기장, 고속도로 따위를 특정 위치에 건설하겠다는 결정을 내릴 때, 이런 결정은 누군가에게는 도움이 되고 누군가에게는 해가 된다. 누군가가 얻은 이득과 누군가가 입은 손해를 고려하여 전체적 영향이 유익하다면 정당하다고 본다. 우리 집 근처에 공항을 짓는 것이 전체적으로 보아 정말 모두에게 최선이라면, 그 결정에 항의할 정당한 근거가 없는 것이다.

　그러나 어떤 사람들의 특정 이익은 너무나 중요해서 전체적 이득을 위해 그 이익을 희생하게 하는 것은 잘못(도덕적으로 잘못)이다. 정치적 권리는 이런 특별히 중요한 이익을 구분해 보호한다. 정치적 권리란 정치적 행위를 정당화할 때 쓰는 이해 절충 논리를 넘어서는 **으뜸패**라고 할 수 있다. 미국 수정헌법 제1조는 정치적 검열을 받지 않을 법적 권리를 보장한다. 왜 이런 법적 권리가 필요한지에 대해 인간은 자기 생각을 말할 정치적 권리를 가지며, 그것은 법적으로 보호해야 할 만큼 중요하기 때문이라고 설명한다. (인간에게 그런 정치적 권리가 있다고 생각하는 몇몇 이유에 대해서는 제5장에서 다시 논한다.) 미국 헌법은 또한 범죄 혐의로 기소되었을 때 공정한 재판을 받을 법적 권리를 보장한다. 이런 법적 권리 역시 공정한 재판 없이 투옥되지 않을 정치적 권리를 누구나 본래 지니고 있다는 말로 정당화한다. 설사 기소자 감금이 공동체 전체의 이득에 기여한다고 할지라도 지켜야 할 권리다. 이런 식으로 법적 권리를 설명하고 정당화하기 위해서 정치적 권리에 호소하기도 하지만, 정부가 마땅히 인정해야 할 법적 권리를 인정하지 않는다고 비판할 때도 정치적 권리를 언급한다. 차별 철폐 조항(대학 입학이나 고용에서 소수자를 우대하는 것)이 잘못되었다고 생각하는 사람들은 그 주장을 뒷받침하기 위해 정치적 권리에 호소하는 경우가 많다. 이 조항이 공동체 전체에 이익을 가져다준다고 할지라도, 다수 집단에 속하는 학생이나 입사지원자 또한 불이익을 당하지 않을 권리가 있다고 주장한다. 차별 철폐 조항이 불공평하지 않다고 생각하는 사람들은 그런 정치적 권리는 존재하지 않는다고 반박한다.*

정치적 권리를 주장한다는 것은 아주 강한 주장이다. 정부가 공동체 전체의 최선의 이익에 따라 행동하는 것을 막는 주장이니 말이다. 따라서 자기가 들먹이는 개인적 이익이 왜 이런 강한 주장을 정당화할 만큼 중요한지를 입증해야 한다. 지난 장에서 설명한 인간 존엄의 두 원칙을 받아들인다면, 이 원칙에 기대어 정당화할 수 있을 것이다. 인간에게는 누구나 똑같은 삶의 중요성이 있고, 자기 삶에서 가치를 찾아내고 창출할 궁극의 책임을 존중하기 위해 필요한 모든 보호조처에 대한 정치적 권리가 있다고 말할 수 있다. 그런 맥락에서 인간이라면 누구나 멸시받는 인종이라는 이유로 차별받지 않을 정치적 권리, 사회적 논란이 있는 문제에 대해 자기 생각을 말할 정치적 권리가 있다고 주장할 수 있다. 그러니 나머지 공동체 구성원들에게 설사 이득이 되는 일이라고 할지라도 정부가 인종을 문제 삼아 차별하거나 정치적 발언을 규제하는 것은 옳지 않다. 내가 보기에 미국 헌법에 명시된 헌법적 권리와 이것들이 지난 수십 년 동안 법정에서 해석되어온 과정을 보면,

---

* 이건 나의 생각이다. *Sovereign Virtue*, 제11장, 제12장을 보라.

존엄의 두 원칙에서 나오는 정치적 권리를 확인·보호하고 이런 정치적 권리를 법적 권리로 변환하는 일이 꽤 잘 이루어진 것 같다. 다른 여러 국가의 경우도 그러하며, 국제사회의 헌법이나 국제조약도 마찬가지다. 미국 헌법과 서로 영향을 주고받으며 발전했기 때문이다.

그럼에도 불구하고 나라마다 인지하는 정치적 권리가 놀라울 정도로 다르다는 사실에 주목하지 않을 수 없다. 미국과 유사한 정치문화에 속하는 국가들도 중요한 문제에서 서로 차이를 보인다. 이를테면 영국을 비롯한 유럽 여러 나라에서는 인종 때문에 공개적으로 모욕당하지 않을 법적 권리가 있다. 이 권리는 '혐오 발언'을 범죄로 규정하는 법률로써 보호된다. 반면 미국인들은 누구든지 원한다면 공개적으로 모욕할 수 있는 헌법적 권리가 있다. 폭동을 유발하거나 범죄적 행위를 선동하지만 않으면, 상대방의 인종이나 소속집단을 모욕해도 상관없다. 이런 차이는 존엄의 두 원칙을 이해하는 데 있어 선의의 차이가 발생할 수 있음을 보여준다. 미국에서는 자신의 가치 체계에 대한 개인의 책임을 존중한다면, (누구의 삶이나 동등한 본질적 가치와 중요성을 가진다는 가정을 포함한) 민주사회의 가장 기본적인 가정에 도전하는 것까지도 허용해야 한다는 생각이 지배적이고, 유럽은 그렇지 않다.

물론 도덕적·종교적 문화의 배경이 크게 다른 국가들 사이에서 나타나는 정치적 권리의 차이는 훨씬 더 크다. 여성이 여러 자격 박탈과 제약을 겪는 정치사회도 많은데, 미국인들이 보기에 이런 모습은 여성이 남성과 동등한 중요성을 지닌 존재로 취급받지 않는다는 뜻으로 비춰진다. 우리가 자명하게 받아들이는 참정권이 없는 사회도 많다. 민주주의의 형식조차 갖추지 않은 국가도 많고, 민주국가라 자처하는 나라이면서도 단일 정당만을 허가하고, 미국인들이 진정한 민주주의에 반드시 필요하다고 여기는 언론과 표현의 자유를 부인하기도 한다. 한편, 앞에서 말했듯이 미국이 다른 여러 나라(특히 신생국) 헌법에는 확고히 명시되어 있는 권리를 인정하지 않는다는 비판도 있다. 주거, 의료, 직업 등에 대한 사회·경제적 권리들이 그러하다.

인권. 이제 인권이 방금 살펴본 중요한 정치적 권리와 어떻게 다른가 하는 질문을 던져야겠다. 어떤 특정 권리를 인권이라고 해야 하는지에 대한 질문을 던지기에는 아직 시기가 이르고, 그보다는 어떻게 이해해야 인권이 정치적 권리이면서도 그 이상의 특별하고도 아주 중요한 정치적 권리라는 공통 가정을 정당화할 수 있느냐 하는 질문을 던지려고 한다. 어떤 나라에서 중대한 정치적 권리가 침해되는 일이 발생했다 하더라도 일반적으로 다른 나라가 그 나라를 침공하거나 의도적으로 경제를 파괴하는 것을 정당화하지는 않는다. 예를 들어 독일에는 유대인들이 홀로코스트를 만들어냈다는 주장을 해서 감옥에 갇힌 작가들이 있다. 미국인들이 아주 중요한 정치적 권리로 생각하는 표현 자유권을 제한한다며 독일을 비난할 수야 있겠지만, 그렇다고 미국이 독일을 침략하거나 무역 제재를 가할 근거가 생긴다고 보는 사람은 없을 것이다. 반면 다른 정부에서 정치적 권리일 뿐 아니라 인권이라고 생각하는 것을 침해한다면 (비판 세력을 투옥하고 고문하거나 소수 종교인이나 소수 인종을 조직적으로 잡아 살해한다면) 이런 범죄를 막기 위한 중대한 제재를 고려해볼 수도 있다.

따라서 정치적 권리와 인권의 구분은 실질적으로 아주 중요하며, 어떻게 구분해야 할지에 대한 견해도 정치철학자들마다 다르다. 어떤 사람들은 판단보다 경험을 기준으로 삼아야 한다고 주장한다. 모든 주요 종교·정치적 문화에 속한 국가들에서 실제로 널리 받아들이는 정치적 권리만을 인권으로 지정하자는 것이다. 이런 입장이 설득력이 있는 까닭은 분명하다. 우리의 인권 개념이 국지적이라거나 단일문화 전통에서 비롯된 것이라는 비난을 면할 수 있다. 반면 한계도 분명하다. 일부 문화의 전통인 소수 인종이나 여성에 대한 도매금 차별과 같은 명백한 부당함도 인권침해라고 주장할 수 없게 되는 것이다. 그러면 인권 개념에서 비판적 힘이 크게 빠지게 된다.

인권 개념이 국내·국제 정치에서 행사하는 특별한 역할을 정당화하려면 인권 개념을 한층 더 비판적으로 정의해야 한다. 어떤 정치철학자들은 인권이 사람들에게 (다른 정치적 권리에 비해) 더욱 중요한 측면이 있으며, 따라서 보통의 정치적 권리와는 다르다고 말한다. 이런 생각에도 난점이 있다. 우리는 정치적 논쟁에서 거론되는 모든 권리를 아주 중요한 것으로 취급하고, 다른 정치적 정당화를 능가하는 으뜸패라고 주장하며, 이런 권리침해는 인간 존엄을 정의하는 원칙들 중 하나에 위배되기 때문에 중요하다고 설명한다. 그것보다 더 중요한 게 무엇이 있겠는가? 표현 자유권을 제한하는 독일 법률이 시민의 존엄을 침해한다고 생각한다면, 왜 그것을 인권침해라고 보지 않는가? 이런 행위를 멈추기 위해 독일을 침략하는 게 왜 정당화되지 않는가?

나는 인권의 개념에 대해 이렇게 말하고 싶다. 정부가 시민들의 도덕적 권리를 보장하려다 저지른 선의의 실수가 어느 정도의 위해를 가했는지를 판별해서 설명할 것이 아니라, 원칙적으로 인간 존엄을 존중하는 정부의 선의의 실수를 존엄에 대한 경멸이나 무관심만을 보이는 행위와는 구분해서 설명하는 게 좋다고 말이다. 기본 인권이란 어떤 '태도'로 취급받을 권리다. 곧 개개인을 중요한 존엄성을 지닌 인간으로 보는 이해를 표현하는 태도를 말한다. 정부가 구체적으로 어떤 정치적 권리를 존중해야 하는가를 판별하는 데에서 잘못을 저지른다고 할지라도, 선의의 실수라면 인권을 존중하는 정부일 수 있다. 앞서 말한 두 원칙이 이런 일반적 사고의 최소한의 내용이 된다. 다른 인권의 토대가 되는 가장 기본적인 인권이란, 권력자들로부터 개인의 삶에 본질적 중요성이 있고 삶에서 그 가치를 실현할 개인적 책임이 있다는 인정에 따라 취급받을 권리를 말한다. 물론, 이런 원칙을 받아들인다는 것은 상식적으로 받아들일 수 있는 범위의 한계 또한 이해한다는 의미다. 사람들을 학살하는 국가 지도자들이 설사 희생자들이 천국에서 진정한 신앙을 받아들일 수 있게 될 테니 죽는 게 잘된 일이라고 믿는다고 하더라도 인종 학살이 정당화될 수는 없다. 인간이라면 누구나 자기 삶에 대한 책임이 있다는 말의 의미를 이해하는 사람이라면, 인종 학살이 그 원칙을 존중하는 정책이라고 여길 수는 없을 것이다.

지금까지는 인권에 대한 설명이 매우 추상적이었지만, 이제 좀더 구체적인 사례를 들어 설명해보겠다. 정부가 인간 존엄을 존중해야 한다는 기본 요건은 두 가지 방식으로 작용하는데, 이 둘 사이의 구분이 실질적으로 무척 중요하다. 첫째로, 이 기본 요건은 우리가 '기준' 인권이라고 부르는 것의 원천이 된다. 고문받지 않을 권리 등과 같은 구체적 권리는 정부가 어떻게 행동해야 하는가에 대해 한계를 정한다. 이런 권리는 인간 삶이 동등한 본질적 가치를 지녔고 각자가 자기 삶에 책임이 있다는 생각을 상식적으로 해석해서, 이 원칙에 의거해 정당화할 수 없는 행위를 금지한다. 인권 규약과 조약이 확정하고자 하는 구체적 권리가 이런 것들이다.

둘째로, 기본 요건에는 그 이상의 지속적이고 분명한 힘이 있다. 기본 요건은 정부가 존엄의 가치에 대한 스스로의 이해(정부의 법과 관행에 깃든 이해)에 반하는 방식으로 행동하는 것을 금지한다. 그런 행동으로 인해 피해를 입은 사람의 인간성에 대한 존중을 극명히 거부하는 것이나 다름없기 때문이다.

기준이 되는 위반

사람이나 국가나 아무리 좋은 의도라고 하더라도 인간 존엄의 두 원칙에 대한 최선의 해석이 어떤 것인가 하는 의견은 크게 다를 수 있다. 그래서 나라마다 법적·헌법적 권리로 제정한 권리가 다를 수 있는 것이다. 미국 연방대법원에서 선언한 바에 따르면, 개인 책임의 기본 요건에 대한 미국의 이해는 유럽과도 다르고 미국과 동떨어진 다른 문화와는 더 크게 다르다. 독일이 홀로코스트를 부인하는 사람을 처벌하는 것은 자기네 전통을 받아들이는 미국인들이 보기에는 잘못된 일이지만, 독일 입장에서는 신념에 따른 일이다. 미국 법률가라면 독일이 정치적 권리를 잘못 이해했다고 생각할 수 있지만, 그렇더라도 독일이 인간의 동등한 중요성과 책임의 존중에 대한 상식적 이해를 기반으로 하여 행동했음을 부인하는 건 어불성설이다.

그러나 정부의 어떤 행동은 인간 존엄 원칙에 명백하게 어긋나서 이 원칙에 대한 상식적 이해로 정당화되지 않는다. 이런 종류의 침해를 제한하기 위해 인권의 핵심 리스트를 대략적으로나마 작성할 필요가 있다. 물론 어디에 선을 그어야 할 것이냐에 대한 의견차가 있을 수 있다. 기계적 기준은 없다. 그래서 인권에 경제권이 포함되느냐 등에 대한 의견차가 발생하는 것이다. 그런 한편 적어도 몇몇 행위는 명백한 인권침해로 확인하면서 많은 사람이 동의하는 합의에 도달할 수 있다.

먼저 존엄의 첫번째 원칙, 모든 인간 삶의 본질적이며 동등한 중요성을 선언하는 원칙에서 시작해 쉬운 사례부터 들어보자. 첫번째 원칙을 경멸하는 가장 확연한 사례는 노골적인 편견이나 차별이다. 특정계급이 더 우월하다거나, 신교가 이교도보다, 아리안족이 셈족보다, 백인이 흑인보다 우월하다는 등의 가정이 그러하다. 인종 청소가 가장 끔찍한 예다. 이런 경멸이 개인적 차원에서 나타날 때도 있다. 권력을 쥔 사람이 오직 경멸감을 드러내기 위해, 혹은 결국 같은 얘기지만 단순히 재미로 희생자를 모욕하고, 강간하고, 고문한다. 이게 바로 아부그라이브 수용소에서 일어난 일이다. 어떤 사람들을 열등하다고 간주하고 재미로 모욕하고 고문하는 것을 용납하는 국가는 인간 존엄의 개념을 받아들인다고 주장할 수조차 없다.

이제 개인에게 자기 삶의 성공을 정의하는 가치를 결정할 책임이 있다는 두번째 원칙을 간단히 살펴보자. 이 원칙은 대부분 인권 문서에 들어 있는 전통적인 자유주의적 권리인 발화, 표현, 양심, 정치 활동, 종교의 자유권을 지지한다. 이런 자유주의적 권리를 어떻게 정의하고 보호할 것인가에 대해서는 국가와 문화마다 다른 관점이 있다고 앞에서 말했다. 사회마다 무엇을 '외면적 간섭주의'로 부를지에 대한 생각도 다르다. 대부분의 사람은 청소년기까지의 의무교육이나 안전벨트 의무 착용은 용인할 수 있는 간섭주의라고 본다. 의무교육은 개인이 자기 삶을 책임질 능력을 저해하는 게 아니라 절대적으로 증진시킨다고 보고, 안전벨트 강제는 일시적으로 판단 능력 부족을 인정하는 것처럼 보이기는 하지만 실질적으로 사람들이 원하는 것을 이룰 수 있게 도와주는 것이다. 어떤 사회는 좀더 간섭주의적이지만, 이런 식으로 간섭이 타당하게 이해될 수 있다면 인권을 침해하는 것은 아니다. 이렇듯 서로 다른 정치문화는 개인의 책임을 어떻게 보호할 것이냐에 대해 각기 다른 입장을 취한다고 말할 수 있다.

그렇지만 정부의 어떤 행동은 이런 책임을 정의하고 강화하는 노력을 표현하는 것이 아니라 개인의 책임을 전적으로 부인하는 것일 수 있다. 지정된 종교 외의 다른 종교를 금지하거나 이단이나 신성모독을 처벌하는 등 원칙적으로 언론과 표현의 자유권을 부인하는 정부는 개인의 책임을 부인하는 것으로 인권을 침해한다고 본다. 또 정치적 견해를 바꾸기 위해 사람을 위협하고 고문하고 죽이는 정부도 마찬가지다. 조지 오웰의 소설 『1984』는 삶을 정의하는 가치가 무엇인지 개인 스스로 판단할 권리를 박탈하고 모든 사람에게 하나의 공통된 윤리적 판단을 강요하는 정부를 그려낸 고전이다. 오웰이 악몽을 예언한 해에서 30년 가까이 지났지만 몇몇 국가는 여전히 그런 권위를 주장한다. 국민들의 인권을 부정하는 것이다.

고문당하지 않을 권리는 오래전부터 누구나 가장 먼저 꼽는 인권의 전형적 예로 여겨져왔다. 고통 자체도 끔찍하지만, 고문은 단순히 고통에 한정된 문제가 아니다. 권력과 지배의 기괴한 상징으로 고문을 가하기도 하는데, 그렇기 때문에 인권에 대한 침해다. 하지만 고문은 안보 유지 전략으로 쓰이기도 하는데, 이런 경우에는 반박하기가 더 까다롭다. 부시 대통령의 법무장관 앨버토 곤잘레스는 인사 청문회에서 여러 단계의 고문을 포함하는 강제적 심문이 미국인들의 목숨을 구하기 위해 필요한 정보를 알아내는 특히 효과적인 수단이라고 주장했다. 이 주장 자체의 신빙성도 논란의 대상이다. 여러 심문 관련 전문가들이 고문으로 얻어낸 정보는 대개 거의 쓸모가 없다고 말한다. 그러나 곤잘레스의 말이 옳다고 하더라도 여전히 고문이 인권을 침해하는 지 아닌지에 대한 질문은 던져야 한다. 물론 인권침해다. 고문의 목적이 다름 아닌 상해를 가함으로써 인간이 자기 충성심과 신념에 따른 행동이 무엇인지에 대해 스스로 결정할 힘을 무너뜨리는 것이기 때문이다. 피의자에게 정보 제공의 대가로 형기 감량과 같은 회유책을 내놓는 것은 어떤 면에서 비난할 만한 일일 수는 있지만, 그래도 비용과 결과를 스스로 저울질해볼 능력을 빼앗지는 않는다. 고문은 그런 힘을 말살시키고 스스로 결정을 내릴 수 없는 울부짖는 짐승으로 전락시킨다. 인간성에 대한 가장 심대한 모욕이며 인권에 대한 가장 지대한 잔학 행위다.

한층 더 논란이 많은 예를 살펴보자. 미국 절반 이상의 주에서 사형제가 시행된다. 나는 사형제는 도덕적으로 옳지 않다고 생각한다. 또한 (미국 헌법학자 대부분이 내 생각에 반대하리라고 생각하지만) 나중에 번복하긴 했지만, 대법원이 사형제가 위헌이라고 애초에 내린 판결이 옳다고 생각한다. 사형제는 잔인하고 통상적이지 않은 처벌이며, 따라서 수정헌법 제8조에 어긋난다는 판결이었다. 사형제는 도덕적으로 옳지 않고 위헌일 뿐 아니라 인권 침해이기도 할까? 많은 사람이 그렇다고 생각한다. 사형제를 금하는 헌법이 많고 유럽연합법도 자국에서 사형당할 수 있는 피의자를 송환하는 것을 금하고 있다.

아무튼 사형제가 기준 인권 위반이냐 아니냐는 검증에서는 결론이 확실하게 나오지 않는다. 인간 존엄이 사형제와 양립할 수 있다고 보는 두 가지 종류의 믿음이 있기 때문이다. 첫번째는 사형제가 살인을 저지하는 상당한 효과가 있다는 주장이다. 만약 그렇다면 사형제로 범죄자를 죽이는 것은 무고한 사람을 구하기 위한 것이므로 인간 삶의 평등한 본질적 중요성을 부인하는 일이 아니라고 주장할 수 있다. 그렇지만 사형제에 중대한 범죄 억지력이 있다는 주장을 뒷받침할 만한 증거가 없다는 반론이 있을 수 있다. 나도 그렇게 생각한다. 물론 그렇다고 해서 사형제가 살인을 억지한다고 생각하는 사람이 허튼소리를 한다고 볼 수는 없다. 두번째는 억지 효과가 있건 없건 간에 사형제가 정당화될 수 있다고 보는 것으로, 공동체는 살인에 대해 보복할 자격이 있으며 살인자를 죽임으로써 희생자의 일가나 사회 전체에 끔찍한 표현이지만 '마무리'를 해줄 수 있다는 주장이다. 존엄성 문제에 민감한 몇몇 저명한 도덕주의자도 이런 논지를 지지했다. 나한테는 아주 비위에 맞지 않는 명제지만, 그것을 받아들이는 사람이라고 해서 인간 존엄과 삶의 본질적 가치에 대한 감춰진 경멸을 드러낸다고 말할 수는 없다. 아무튼 사형제를 반대하는 쪽에도 중요한 주장이 있다. 아무리 공정하고 신중한 사법관이라 하더라도 무고한 사람에게 유죄판결을 내릴 가능성을 완전히 배제할 수는 없다. 그런 위험을 무릅쓴다는 것은 인간 생명에 대한 경시일 수 있다. 더군다나 미국에서는 상대적으로 흑인 피고들이 사형선고를 더 많이 받으니, 이런 결정에 인종주의가 개입한다는 의심을 떨쳐버리기 힘들다. 그렇지만 사형제가 인권을 침해한다는 주장은 말했듯이 명료한 기준을 통과하지 못한다. 인권침해라고 생각하는 사람의 의견을 이해할 수는 있으나, 그렇게 생각하는 사람이라도 사형제 실시를 막기 위해 다른 나라가 텍사스나 플로리다 주에 쳐들어온다는 건 아무리 승산이 있어도 말도 안 되는 일이라고 할 것이다.

　이제 우리가 당면한 쟁점으로 돌아가 보자. 테러의 위협과 싸우는 미국의 정책이 기준 인권, 곧 어떤 전통과 관행을 지닌 국가라도 반드시 존중해야 하는 인권을 침해하는가? 분명히 고문은 부시 행정부 법률가들이 뭐라 말하건 간에 기준 인권을 침해한다. 대부분의 미국인이 그 판단에 동의할 것이고 정부에서도 공식적으로는 수감자 고문을 부인하고 있다. 이제 정부에서 인정했고 상당수의 미국인이 옹호하는 구금 정책에 주목해보자. 미국은 수감자들이 위험한 적이라는 당국자의 결정 하나에 근거해 기소나 재판 절차 없이 수백 명을 무기한 구금한다. 이런 결정은 일반적인 사법부의 심리를 받지 않는다. 이런 정책이 수감자들의 기준 인권을 침해하는가?

그렇지 않다고 생각하는 미국인들의 입장에서 주장을 펼쳐보겠다. 미국의 구금 정책은 어떤 가정된 사실을 근거로 하는데, 그 가정이 옳다면 구금 정책이 정당하다고 보고 또한 합리적인 사람이 받아들이기 힘들 정도로 빤한 거짓은 아니라고 보는 입장이다. 미국은 테러리스트들의 대규모 파괴 공격의 위협을 지속적으로 받고 있으며, 포로들을 풀어주면 이런 위험이 증대되거나 혹은 이 포로들이 위협을 감소시키는 데 도움이 될 만한 정보를 지니고 있다는 가정이다. 모든 포로가 여기에 해당되지 않을 수도 있다. 전혀 위협이 되지 않는 무고한 사람일 수도 있다. 그렇지만 통상적인 형사재판을 거쳐 판사들이 합당한 판결을 내리게 하는 것은 너무 위험하다. 그럴 경우 위험인물을 놓아주게 될 가능성이 있기 때문이다.

이런 주장을 하는 사람들도 어쨌든 간에 억류된 사람들의 존엄을 존중해야 한다는 데는 동의한다. 그러니 군대에서 관타나모 수감자들의 상황을 검토하는 절차를 거치지 않는가. 군장교가 각 수감자에 대해 실제로 적 전투원인지 아닌지, 만약 그렇다면 미국에 위협이 되는지 아닌지를 검토하는 심리를 했다. 몇몇 수감자가 이런 절차를 거쳐 유리한 판결을 받아 실제로 석방되었다. 일반적 국내 형사재판에서 미국 시민들이 받는 만큼의 대우나 보호가 주어지지 않는 것은 사실이다. 수감자들이 변호사를 선임할 수도 없다. 자기에게 불리한 증거를 알려주지 않기 때문에 그 증거를 반박할 기회도 없다. 조사위원회의 결정을 판사 등 정부 당국자가 아닌 사람이 검토하지도 않는다. 실질적으로 군이 검사, 판사, 배심원 역할을 다 하는 것이다. 그럼에도 불구하고 이런 주장을 하는 입장에서는 이와 같은 최소한의 절차가 기준 인권을 충족시킨다고 본다. 안보를 위협한다고 여겨지는 수감자들을 인간으로 인식하고 존엄을 보호할 책임을 받아들이지 않았다면, 이런 종류의 심리조차 제공하지 않았을 테니 말이다.

이런 주장이 일리 있다고 생각하는 미국인들이 많다. 모든 국가가 포로 구금에 대해 도덕적 정언명령으로 준수해야 하는 기준 인권을 미국이 침해하지 않았다는 결론을 내린다. 구금 정책이 제네바 협약을 비롯한 국제조약에 법적으로 저촉되느냐 아니냐만 문제시된다는 정부의 주장을 받아들이고, 또 법적 문제가 없다는 정부의 확언도 받아들인다. 말했듯이 나는 법을 위반하지 않았다는 판단에 동의하지 않는다. 부시 행정부의 구금 정책은 국제법상 의무를 위반했다고 본다. 그렇다면 더 깊은 도덕적 질문은 어떤가? 방금 내가 반대편 입장에서 펼쳐놓은 주장을 받아들여야 하는가? 아니면 구금 정책이 어떤 역사를 지닌 국가든 존중해야 하는 기준 인권을 침해했다고 생각하는가?

일반 형사 피고인들에게 미국만큼 안전한 재판 절차를 제공하지 않는 나라라고 해서, 피고인들의 삶을 경시한다고 말할 수는 없는 일이다. 나라마다 각기 다른 형사 절차가 있다. 몇몇 국가는 무고한 사람을 미국에서만큼 잘 보호하지 못하지만, 그런 이유만으로 기준 인권이 침해된다고 말할 수는 없다. 그렇지만 관타나모 수용소의 심리는 존중할 만한 범위에서 가장 느슨한 형사 절차를 지닌 다른 어느 국가보다도 안전하지 못하고, 여러 국제 인권 조약이 요구하는 형사 절차보다도 안전하지 못하다. 2006년 초 유엔 인권위원회의 조사관 다섯 명이 관타나모 수용소는 인권을 침해했으므로 폐쇄해야 한다고 선언했다. 이라크 전쟁에서 미국의 최대 동맹국이었던 영국 수상 토니 블레어는 관타나모 수용소가 '비정상'이라고 했고, 영국 법무장관 골드스미스 경은 테러 활동에 대처하는 적절한 방법은 '공정한 재판'이며 미국 정부가 제안하는 군사 법정은 '우리가 받아들일 수 있는 기준에서 공정한 재판'을 제공하지 않는다고 했다. 그러니 미국의 구금 절차가 기준 인권을 만족시키기에 충분히 인간 존엄에 대한 존중을 보인다는 주장은 좋게 보아도 근거가 적고 논리적으로도 허약하다. 어쨌든 간에 구금 정책이 인권을 침해한다는 비판은 여기에서 그치지 않는다.

고의적 위반

말했듯이 인권의 가장 기본은 인간 존재에 걸맞은 존중하는 태도로 정부에게 취급받을 권리다. 지금까지 기준 인권, 곧 문화와 전통을 막론하고 모든 국가가 존중해야 하는 구체적인 권리들을 살펴보았다. 그러나 근본적인 인권에는 이런 기준 인권만 있는 것은 아니다. 국가마다 면밀히 살펴보아야 하는데, 그러다 보면 어떤 국가에서는 자연스러운 처우가 다른 국가에서는 관행을 살펴보았을 때 실질적으로 인권 경시로 여긴다는 것을 알게 되기 때문이다. 그런 경우에 이 국가가 누군가를 그런 식으로 대한다면, 그 사람의 인권을 존중하지 않는 것이 된다. 예를 들어 어떤 국가가 특별히 강력하게 표현의 자유를 보장한다고 해보자. 이런 신조는 인간 존엄이 요구하는 바가 무엇인가에 대한 그 국가의 생각을 대변하는 것으로, 만약 국가 안의 어떤 하위 집단에 (혹은 외국인에게) 같은 자유를 부여하지 않는다면 그에 대해 인권을 존중하려는 시도라고 옹호할 수 없다. 어떤 나라가 존중하는 근본 원칙이 무고한 사람들에 대한 투옥을 다른 나라에 비해 더 적극적으로 보호할 것을 요구한다면, 자기 권한 안에 있는 모든 사람을 같은 신념에 따라 대해야 한다. 그러지 않는다면 예외가 되는 사람들을 온전한 인간으로 대우하지 않는 것이 된다.

따라서 인권 개념에 따른 두번째 판단 기준, 누구에게나 일관되게 존엄을 존중하느냐가 첫번째 기준보다 미국에는 더욱 까다로운 시험대가 된다. 두번째 기준은 정부가 그동안 받아들여온 존엄의 개념에 비추어 정당화될 수 없는 방식으로 행동하는 것을 금지한다. 미국의 일반적인 형사재판 절차는 인간 존엄에 대한 존중에 따라 범죄 피의자들을 어떻게 취급해야 하는지에 대한 미국인들의 집단적 생각을 제도화한 것이다. 따라서 테러 용의자들을 같은 방식으로 취급하지 않는다는 것은 이들을 멸시하는 일이다. 만약 경찰이 다른 사람의 안전에 위협이 된다고 여겨지는 시민들을 재판 따위처럼 돈 들고 시간 들고 골치 아픈 절차 없이 일상적으로 잡아들일 수 있다면, 매우 편리할 것이고 아마 틀림없이 전반적인 치안 상태가 매우 좋아질 것이다. 범죄를 저질렀다고 볼 만한 이유는 전혀 없지만, 마약 거래에 대한 중요한 정보를 가지고 있다고 생각되는 사람을 감금할 수 있다면 마약과의 전쟁에 큰 도움이 될 것이다. 그러나 아무리 유용하다고 하더라도 경찰에 이런 권한을 주지 않는다. 그러면 더 안전해지고 마약과 같은 사회 위험 요소를 제거할 수 있게 된다고 할지라도, 인간에게는 그런 중대한 피해를 당하지 않을 권리가 있다고 믿기 때문이다.

누군가를 가두어 자유를 박탈하는 것은 본질적 가치와 자기 삶에 대한 책임을 지닌 인간으로서의 지위를 함부로 침해하는 것이기 때문에, 안전을 증대시키고자 함부로 자유를 박탈하지 않는다. 감금은 극단적인 형태의 노예화다. 다른 사람들의 안전을 좀더 증대시키기 위해 누군가를 이렇듯 끔찍하게 노예화한다는 것은, 그 사람의 삶이 덜 중요하다고 생각하지 않는 한 있을 수 없는 일이다. 따라서 범죄 용의자를 기소나 재판 없이 투옥하거나, 범죄를 저지르지 않았는데도 경찰이 위험하다고 판단하는 사람을 가둬두는 정책은 인간 존엄의 요구를 위반하는 것이다.

물론 우리는 범죄를 저지른 사람을 가두고, 심지어 죽이기도 한다. 오직 나머지 사람들을 더 안전하게 만들고자 그렇게 하는 것이다. 공정한 재판 뒤 유죄판결이 내려지면 그런 식으로 처벌을 한다. 그렇게 하더라도 인간 존엄의 개념에 어긋나지 않는 까닭은, 재판이 정말 공정했다면 그 범죄자의 삶이 다른 누군가의 삶보다 덜 중요하다고 판단하지는 않았다고 볼 수 있기 때문이다. 나머지 사람들의 이익을 위해 우리가 그 사람을 해치려고 선택한 것이 아니다. 그 사람 자신이 자기 이익이나 목적을 위해 다른 사람을 해치려고 결정을 내림으로써 그 자리를 선택한 것이다. 유죄가 확정된 범죄자 처벌이 정당화될 수 있느냐 없느냐는, 전적으로 그 범죄자가 진정 스스로 그 길을 선택했느냐를 판단하는 절차가 얼마나 공정하고 적절했느냐에 달려 있다. 그래서 현실적으로 가능한 한 최대로 공정한 절차를 만들기 위해 노력을 기울이는 것이다. 또한 무고한 사람을 처벌하는 것보다 아무리 위험하더라도 죄가 있는 사람을 놓아주는 편이 훨씬 낫다는 오래된 가정도 이런 이유로 설명할 수 있다. 사실, 미국의 형사소송 절차가 지금과 다르게 공정함을 더 적게 요구하는 방식으로 발전했을 수도 있다. 살인 사건의 경우라면, 경찰이 체포한 용의자에게 불리한 증거를 알려주지 않은 채로 직접 심리하는 편이, 즉 판결을 사법부에 맡기지 않는 편이 공정한 절차라고 생각할 수도 있다. 이런 관점을 따랐더라면 미국 사회가 더 안전해졌을 수도 있다. 그렇지만 그러지 않았다. 오히려 미국이라는 국가는 이런 절차가 감금이라는 엄청난 상해와 모욕을 정당화할 만큼 충분히 공정하지 않다고 본다.

다른 상황에서는 재판 없이 사람을 억류하기도 한다. 전쟁 중이고 적이라는 사실 외에는 범죄를 저지르지 않은 적군 병사를 체포했을 때다. 이런 상황에서는 적대 행위가 중단될 때까지 억류할 수 있다는 국제법을 따른다. 그렇지만 제네바 협약에 명기된 바에 따라, 포로를 감시하는 군인과 동등한 주거를 보장하고 강압적 심문은 어떤 형태로도 금지하는 등 상대적으로 우호적인 조건을 지켜야 한다. 미국은 관타나모 등지에 억류한 테러 용의자들에 대해 그들이 불법적으로 행동했기 때문에 이런 취급을 받을 자격이 없고, 미국이 테러의 위험에서 벗어날 때까지(아마 이들이 죽을 때까지일 것이다) 억류할 수 있다고 주장한다. 이들을 범죄자로 취급하면서도, 기소와 재판의 권리 같은 가장 기본적인 권리를 포함한 범죄자의 권리는 부인한다. 다시 말하지만 미국 일반 형사법이 우리가 피고인의 본질적 권리로 받아들이는 것을 명시한다면, 이런 행위는 정당화될 수 없다. 테러 용의자들의 본질적 권리를 모두 존중해주었다고 진실하게 주장할 수 없기 때문이다. 이들을 온전한 인간으로 취급하지 않았음을 보여줄 뿐이다.

안전과 명예

방금 테러 용의자를 무기한 감금하는 미국의 정책이 인권을 침해했다는 주장을 했다. 이 주장은 존엄의 두 기본 원칙을 기반으로 한 인권 개념에서 출발한다. 이 두 원칙은 첫째로 어떤 전통과 현실을 지닌 정부든 인간 삶의 평등한 본질적 가치와 자기 삶에 대한 개인적 책임에 대한 진실한 이해에 따라 행동할 것을 요구한다. 둘째로, 이 기준들이 요구하는 바에 대해 특유의 해석을 발달시킨 나라들은 그 해석에 따른 혜택을 누구에게도 배제하지 않을 것을 요구한다. 미국의 경우에는 두 번째 요구가 특히 많은 것을 요구하는데, 그에 따르면 재판 없는 무기한 구금 정책이 수감자의 인권을 침해했다는 뜻이 되기 때문이다.

이런 주장은 아주 많은 미국인의 생각과 어긋날 테니, 이들이 어떻게 반대할지에 대해 생각해보아야겠다. 이와 정반대의 결론에 이르는 주장을 어떻게 펼쳐나갈까? 무엇보다도 먼저 내 주장의 기본 출발점이었던 인권 이론을 거부할 수 있다. 일부 나라와 운동조직들에서는 인권 이론의 기반인 인간 존엄 원칙이 보편적으로 받아들여지지 않고 있어서 실제로 이 이론을 거부할지도 모른다. 그렇지만 이 원칙을 거부한다는 것이 어떤 의미인지 생각해보라. 보스니아의 세르비아인들은 이슬람교도들은 인간이 아니며, 따라서 자기들이 벌인 인종 청소가 인권침해가 아니라고 말한다. 후투족도 투치족을 대량학살*하면서 비슷한 주장을 했다. 인권 개념을 받아들인다면, 누가 인간이며 누구를 존엄한 존재로 대한다는 것이 어떤 의미인지에 대해 나름의 입장을 취해야 한다. 그 입장이 전 세계를 통틀어 보편적일 수는 없다. 그래서 이 문구에 내용을 부여해야 하고, 그러기 위해서는 우리 자신의 신념에 기댈 수밖에 없다.

내가 정의하는 대로 존엄 개념을 고집하는 것은 윤리와 도덕의 영역에 객관적 진실이 있다고 가정하는 것이라고 반박할 사람도 있을 것이다. 동의한다. 그래도 그런 가정을 해야만 하는 것이, 그와 반대되는 회의주의적인 주장은 철학적으로 옹호가 불가능하기 때문이다. 다른 책[**]에서 그 까닭을 설명하려고 노력했다. 나는 이런 회의주의를 거부하는 것이 우리가 공유하는 공통 기반의 일부라고 본다. 보수주의자들은 때로 자유주의자들이 도덕적 회의론자라고 말한다. 교황 베네딕토 16세는 즉위 직후 자유주의자들이 도덕적 상대주의를 받아들인다고 말하기도 했다. 이것은 옳지 않다. 이른바 미국의 두 문화라 불리는 양쪽 모두에서 마찬가지로, 몇몇 철학자를 제외하면 다들 상대주의를 확고히 거부한다.

그러니 내 주장을 거부하는 수많은 미국인도 내 주장이 기반하고 있는 인권 이론은 거부하지 않으리라고 가정한다. 그러면 다른 어떤 주장을 펼칠 수 있을까? 미국이 국내 형사 범죄자들에게 어떤 절차를 보장한다는 이유로, 이 절차가 인간 존엄을 보호하는 데 필수적이라고 본다는 내 주장을 반박할 수도 있을 것이다. 물론 미국 형사소송 절차

• (옮긴이) 르완다 내전(1959~1996)에서 갈등 관계이던 후투족과 투치족이 전쟁을 일으켜 끔찍한 인종 청소가 벌어졌다.
•• 내 책 *Justice for Hedgehogs*(Harvard University Press, 2011)를 참조하라.

의 어떤 면들은 그런 의미를 담고 있다고 보기 어렵다. 연방대법원은 한동안 경찰이 불법적으로 얻은 증거는 재판에서 범죄 기소자에게 불리하게 적용될 수 없다고 했다. 그 증거가 결정적인 유죄의 증거라고 할지라도 말이다. 나중에 철회되기는 했지만, 경찰의 변칙적 활동을 억제하는 유용한 방법이라는 인식 아래 정당화되었던 규정이다. 그렇지만 설령 증거가 불법적으로 수집되었다고 하더라도, 형사 피고인의 유죄를 입증하는 진짜 증거를 제시하는 것이 피고인의 삶을 다른 사람과 마찬가지로 중요하게 여기지 않는 일이라고 생각하는 사람은 없다.

하지만 재판 없는 구금을 금지하고 피고인이 기소 내용과 자기에게 불리한 증거를 알 수 있어야 한다고 명시한 규정은 이와는 전혀 다른 범주에 속한다. 2차적·도구적 목적을 지닌 규정이 아니라 우리가 중대한 부당함이라고 보는 것을 방지하기 위한 장치다. 앞으로 파괴적 범죄를 저지를 가능성이 있다고 여겨지는 사람을 예방 차원에서 억류하는 것을 포기하거나, 이런 범죄를 저지른 것으로 보이는 사람들이 유능한 변호사의 도움을 받아 스스로를 변호하고 유죄를 예단한 적이 없는 판사에 의해 재판을 받도록 하는 것은 다수의 안전에 상당한 손해를 감수하는 것이라고 할 수 있다. 중대한 부당함을 방지하기 위해서가 아니라면, 이런 손해를 감수할 이유가 없을 것이다.

다른 한편으로, 국적이 다르니까 다른 처우가 당연하다고 정부를 옹호할 수도 있다. 일반 형사소송 절차는 미국 시민에게만 해당되는 신념을 반영한 것이며, 외국인의 존엄을 존중하기 위해 경찰과 군 권력을 제한할 필요는 적다고 진지하게 주장할 수 있다. 제2차 세계대전 뒤 나치 전범을 심판한 뉘른베르크 재판의 검사였던 저명한 대법관 로버트 잭슨 판사는 적국민이 미국 시민과 똑같이 미국 헌법이 보장하는 권리를 가진다고 보는 것은 어리석다고 말한 적이 있다. 그렇지만 한 나라가 외국인들에게 어떤 의무도 지지 않는다고 한다면, 인권이라는 개념의 의미가 바랠 것이다. 한 나라가 시민들에게 할 수 있는 것과 없는 것, 그리고 외국인들에게 할 수 있는 것과 없는 것을 절차상 당연하게 구분하려면, 시민권 이론이 필요하다. 당장 그런 이론을 세울 수는 없지만, 기초는 설명할 수 있겠다.

시민은 물론 참정권(투표권과 공무담임권)이라는 고유한 특권을 갖는다. 그렇지 않다면 시민과 외국인의 구분이 무의미할 것이다. 시민은 또한 거주권을 갖는다. 예를 들면 시민은 외국에 나갔다가 다시 돌아올 수 있는 권리가 있지만, 외국인은 비자를 얻지 못하면 그런 권리를 가질 수 없다. 또 정부는 시민과 국내 거주자를 보살피고 배려할 의무를 갖는다. 이 의무는 제4장에서 더 자세히 살펴볼 것이다. 국가의 경제 정책은 1차적으로 거주민들에게 이롭게끔 계획된다. 다른 나라에 사는 사람에게 제공하지 않는 복지나 혜택을 제공할 수 있다. 이렇듯 한 국가는 자국 시민을 그렇지 않은 사람에 비해 우대할 수 있고, 어느 정도는 반드시 그래야만 한다. 그렇지만 의도적으로 위해를 가하는 것은 다른 경우고, 국가에는 자국 시민들에게는 허락되지 않는 이유나 방식으로 외국인들에게 위해를 가할 권리도 권위도 없다. 그 위해가 심각할 때는 단연코 더욱 그러하다. 인권의 영역에는 여권이 없다.

마지막으로, 부시 행정부를 옹호하기 위해 구금 정책이 수감자의 인권을 침해하기는 하지만, 그래도 외국인의 인권과 테러로부터 안전을 추구할 미국인의 권리 사이에서 '균형'을 잡아야 하니 어쩔 수 없다고 주장할 수 있다. 외국인들이 제기하는 위협이 상당히 크다고 생각될 때는 그들의 권리를 경시할 수 있다는 말이다. 어떤 권리도 절대적일 수 없고 불가피한 상황에서는 정부가 정당하게 권리를 절충하거나 무시할 수 있다는 얘기를 많이 한다. 유럽 인권 협약을 비롯한 주요 인권 헌장들도 이런 점을 인정해서 헌장에 명시된 권리에 중대한 조건을 붙인다. 예를 들어 유럽 인권 협약은 표현의 자유를 기본 인권으로 규정하지만, 공공질서와 도덕을 보호하기 위해 반드시 필요하다면 정부가 이 권리를 제한할 수 있다고 덧붙인다. 이런 조건들은 협약에 조인하기를 망설이는 국가들을 설득하기 위해 넣은 정치적 타협의 결과다. 그렇기는 해도 인권이 절대적이지 않다고 말하는 것으로 보이긴 한다. 또한 인권만 문제되지 않았더라면 다른 면에서는 정당성을 지녔다고 볼 수 있는 정부의 목적을 저지할 강력한 으뜸패가 인권이라는 내 주장에 대한 도전이 될 수 있다.

그러나 인권이 절대적이지 않다는 주장에는 불분명한 구석이 있다. 인권이 절대적이지 않다는 말은 때때로 (어떤 문서나 흔히 통용되는 문구에 나와 있는) 권리는 추상적인 개념일 뿐이며, 구체적 정황에서 어떤 의미인지 정확히 알기 위해서는 정제 과정을 거쳐야 한다는 의미로 쓰인다. 표현의 자유는 인권이지만, 시위나 가두행진을 할 수 있는 때와 장소를 적정하게 제한한다고 해서 인권이 짓밟혔다고 생각하지는 않는다. 표현의 자유가 권리라고 하지만, 그 권리가 무엇인지는 좀더 명확하게 설명할 수 있어야 한다. 이를테면 정치적 견해가 옳지 않다거나 위험하다는 이유로 그런 견해 표명을 검열당하지 않을 권리라고 볼 수 있다. 그렇다면 가두시위의 시간 제약을 왜 받아들일 수 있는지 설명할 수 있다. 문제의 인권이 정확히 무엇인지 신중하게 설명하고 나면, 그 권리가 절대적이라고 주장하거나 절대 침해되어서는 안 된다고 말하는 데 무리가 없을 것이다.

그러나 때로는 인권이 절대적이지 않다는 주장이 더 극적이고 정곡을 찌르는 의미를 지닐 때도 있다. 충분히 심각한 위기 상황에서는 정부가 가장 기본적이고 본질적인 인권이라도, 아무리 정확히 표명되었다고 할지라도 정당하게 침해할 수 있다는 주장이다. 하도 자주 들어서 식상하게 들리는 예가 하나 있다. 맨해튼 어딘가에 두 시간 뒤에 폭발하는 시한 핵폭탄을 설치한 테러리스트를 체포했다고 해보자. 고문을 가해서 폭탄이 어디에 있는지 알아내어 너무 늦기 전에 뇌관을 제거할 수만 있다면, 고문을 하지 않는 게 어리석은 일이라고 말할 것이다. 이 논의를 계속하기 위해서 일단 이 정도로 중대한 긴급 상황에서는 인권을 침해하는 게 도덕적으로 허용 가능하다고 인정하기로 하자. 그러면 이런 질문을 하게 된다. 긴급 상황이 얼마나 중대해야 하는가?

우리의 전제를 떠올려보자. 제1장에서 나는 누군가의 인권을 무시하면 그 사람의 본질적 가치를 폄하함으로써 우리 자신의 가치도 폄하되므로 당사자뿐 아니라 우리도 손상을 입는 것이라고 말했다. 다시 말해 우리의 존엄과 자존감을 저버리는 일이다. 그러니 긴급 상황이라는 조건을 아주 높게 책정해야 한다. '긴급 상황'을 단순히 '큰 위험'으로 정의하거나, 조금이라도 우리의 안전을 증대시키는 행동이라면 정당화된다고 가정하지 않도록 신중을 기해야 한다. 여기서 우리는 아주 다른 가치, 용기라는 오래된 미덕을 고수해야 한다. 위험하다고 자기 존중을 포기하는 것은 특히 비겁하고 부끄러운 행동이다. 국내 형사소송법과 절차에서 예방 차원의 감금을 금지하고 모두에게 공정한 재판을 보장함으로써 폭력적 범죄 가능성이 통계적으로 증가하는 위험을 무릅쓰는 용기를 보였으니, 위험이 국외에서 올 때에도 우리의 존엄이 달린 일이므로 마찬가지의 용기를 보여야 한다.

이제 맨해튼에서 똑딱거리는 핵폭탄이라는 상투적 예에서 중대한 점을 살펴보자. 이 예는 위험이 끔찍하며 확실한 경우다. 잡혀온 사람이 이 위험에 책임이 있다는 것을 확실히 알고 있고 고문을 가해 자복하게 한다면 위험을 제거할 수 있다고 본다. 관타나모 등지의 재판 없는 구금 정책에는 전혀 해당되지 않는 점이다. 미국이 엄청나게 파괴적인 또 다른 공격을 당할 위험이 있는 것은 분명하다. 그러나 그 위험성이 확실한 수준이라거나, 미국의 인권 침해가 그 위험을 제거하거나 감소시키기 위해 치밀히 계산된 것이라고 볼 근거는 없다. 미국은 무차별적으로 사람들을 잡아 가두었다. 미국은 확대의 오류를 저질렀다. 위험하거나 유용한 정보를 지니고 있을지 모른다고 짐작되는 사람은 모두 쓸어갔다. 결국 외교적·사법적 압력 때문에 관타나모에 여러 달 동안 감금했던 수감자 여럿을 석방해야 했다. 그러면서 이제 이 사람들을 붙잡아둘 필요가 없음을 충분히 알게 되었기 때문이라고 말했다. 그 동안 심문을 통해 어떤 정보를 얻어냈는지 일반인은 물론 알 수 없다. 그러나 구금 정책에 대한 비판이 국외뿐 아니라 미국 내에서도 아주 격심했으니, 정부에서 구금을 통해 가치 있는 정보를 얻었다면 틀림없이 구체적으로 떠벌리지 않았을까 싶다.

우리는 방금 내가 경고한 함정에 빠질 막중한 위험에 처해 있다. 미국의 안전을 아무리 조금이라도 증대시키는, 혹은 그럴 가능성이 있는 정책은 어떤 것이든 현명한 방책이라고 보는 것 말이다. 겁에 질린 조심성만이 우리가 중요시하는 가치이고, 미국의 안전만이 유일하게 중요하다고 보는 비열하고 비겁한 편견 때문에 용기와 위엄을 저버리는 셈이 된다. 미국인의 삶이나 국내법에서는 그런 착오를 저지르지 않을 뿐 아니라, 테러리즘의 위험이 마약, 연쇄살인범 등의 다른 범죄보다 더 크다고 할 수 있는지도 명백하지 않다. 그러나 인간의 존엄이 처한 위험은 분명히 막대하며 우리는 함께 그 위험에 맞서야 한다. 권리와 안보의 균형이라는 비유는 말했듯이 오해의 소지가 크다. 다른 비유가 훨씬 더 적절할 것이다. 우리는 안전과 명예 사이에서 균형을 잡아야 한다. 우리는 명예 따위는 전혀 중요하지 않다고 생각할 만큼 겁에 질려 있는가?

제3장

종교와 존엄

정치와 종교

미국은 오래전부터 종교적이었다. 건국 이래 죽 종교적인 나라였다. 유럽에 비해 미국에는 내세, 처녀 수태, 성서에 나온 우주와 인류 창조론을 믿는 사람이 훨씬 많다. 이슬람 국가들도 물론 아주 종교적이라, 미국의 '테러와의 전쟁'이 때로는 시대착오적인 종교전쟁처럼 비치기도 한다. 실제로 부시 대통령이 성전聖戰이라는 표현을 쓰기도 했다. 역사가들은 왜 미국에서 종교가 이렇게 중요한지에 대해 토론을 한다. 역설적이지만 많은 사람이 미국에는 다른 여러 민주국가와 달리 국교가 없기 때문에 종교가 번창했다고 생각한다. 국교회는 비주류 종파를 흡수하고 근본주의적이기보다 통합적인 경향을 띠게 마련이다. 국교회가 없으면 근본주의적 종파가 번창하고, 이런 종파는 정치적 목적성을 띠는 경향이 있다.

지금 달라진 것은, 그리고 미국뿐 아니라 전 세계 많은 사람을 놀라게 한 것은, 근본주의적 종교의 정치적 호전성·공격성과 이것이 먹힌다는 사실이다. 과거에는 미국 정치에서 종교가 개탄스러운 역할을 하기도 했지만, 1960년 존 F. 케네디가 당선된 뒤에는 (최초의 가톨릭 당선자였다) 종교를 정치적으로 이용하는 것이 금기시되었다. 레이건 시대에 이런 금기가 사라지기 시작해 지금은 남아 있지 않은 듯하다. 로마 가톨릭과 복음주의 성직자들은 대놓고 존 케리를 당선시키면 안 된다고 했고, 일부 주교단에서는 케리에게 투표한 사람을 파문해야 한다고도 했다. 부시의 선거 캠페인에는 종교적 표현이 가득했고, 재선 취임 연설은 어찌나 노골적으로 종교적이었던지 전 세계를 놀라게 했다.

복음주의 집단에서는 부시의 당선이 자기들 공이라며 노력에 보답을 요구했다. 목사이자 밥 존스 대학교 총장인 밥 존스 3세는 극단적인 인물이지만 그 위풍당당한 어조는 낯설지 않다. 존스 목사는 부시에게 이런 서한을 보냈다. "대통령의 재선을 통해 하느님은 자비롭게도, 미국이 그런 자비를 받을 자격이 없음에도 불구하고, 이교도적 의제들을 취소할 수 있게 해주었습니다. 대통령은 임무를 부여받았습니다. 대통령의 계획을 최우선시하여 추진하시오. 자유주의자들의 눈치를 볼 필요 없습니다. 그들은 주님을 멸시하기 때문에 대통령을 멸시하는 것이오."•

재선이 부시에게 거듭난 기독교 정부를 이끌라는 임무를 주었다는 목사의 주장이 옳은지 아닌지는 분명하지 않다. 종교적 이유로 부시에게 투표한 사람이 얼마나 많은지 알 수 없으니 말이다. 출구조사 설문

• "Bob Jones Ⅲ Retiring from University"라는 기사를 보라. http://www.msnbc.msn.com/id/6850482/from/RL.5/

에서 부시에게 투표한 사람들이 가장 중요하게 생각한 쟁점은 '도덕적
가치'라고 씌어 있는 항목이었는데, 많은 논평가가 그것이 종교적 가치
를 의미한다고 가정했다. 그렇지만 '도덕적 가치'는 아주 애매한 표현
이고, 부시의 신승은 사람들이 그가 테러리스트들에게 더 강경하다고
생각했기 때문이라는 논평가들도 있다. 아직은 알 수 없고 앞으로도
모를 것이다. 아무튼 적어도 종교가 선거에서 중요한 역할을 하긴 했
고, 입신을 하려는 여러 정치가가 (민주당이나 공화당이나 마찬가지로)
민주적·경제적으로 성숙한 다른 나라에서 허용하는 것보다 훨씬 더 노
골적으로 종교적인 호소나 수사를 사용하고자 하는 유혹을 느낀다.*

전국의 학부모들과 교육위원회들이 다윈 진화론의 대안으로, 이른바
지적 설계론을 학생들한테 가르쳐야 한다고 교사들에게 압박을 가한
다. 지적 설계론은 부시 대통령이 임명한 연방법원 판사가 기독교적
가르침의 위장된 형태일 뿐이라고 선언한 이론이다. 플로리다 판사들
이 여러 달 동안 식물인간 상태였던 테리 샤이보의 생명연장장치를 제
거해도 된다는 판결을 내렸을 때, 정치가들은 판사들이 신의 의지를
거역한다고 비난했다. 의회에서 이 문제에 개입하려고 했다. 그때 하원
다수당인 공화당 원내대표였던 톰 덜레이는 (그 뒤에 여러 범죄로 기소
당했다) 하느님이 미국을 위해 "미국에서 벌어지고 있는 현실을 사람들
이 더 잘 볼 수 있도록" 테리 샤이보에게 불행을 안겨주었다는, 충격적
일 정도로 몰상식한 주장을 하기도 했다.** 독실한 사람이라고 해서
모두 정치의 종교화에 뛰어든 것은 아니다. 존 댄포스 목사는 18년 동

* 조지프 로콘티, "Isaiah Was a Democrat," *International Herald Tribune*, 2006년 1월 3일.
** "How Family's Cause Reached the Halls of Congress," *New York Times*, 2005년 3월 22일,
  섹션 A, p. 1.

안 공화당 미주리 주 상원의원이었고 부시 대통령 때 유엔 대사로 복무하기도 했다. 그러나 댄포스 목사는 최근에 공화당이 "지나치게 종파적인 의제를 채택해서 종교운동이 정치적으로 확대된 것처럼 보인다"고 우려했다. 이어서 "상원의원일 때 나는 날마다 연방 예산 적자 규모를 걱정했지, 한순간도 동성애자가 결혼 제도에 미치는 영향을 걱정한 적이 없었다. 지금 상황은 그 반대인 것 같다"*고도 했다. 그러나 댄포스가 한탄하는 이런 현상을 비판하는 현직 정치가는 극히 드물다.

오래전부터 미국의 많은 지역에서 사회적으로 큰 영향력을 행사해온 복음주의를 더 강한 정치세력으로 바꾸는 데 낙태가 큰 영향을 미쳤다. 1973년 로 대 웨이드 사건**에서 연방대법원이 내린 판결은 종교적 우파들이 필사적으로 중요하게 여길 만한 쟁점을 제공했다. 그때까지는 이질적인 소수였던 사람들을 강력한 정치운동으로 조직해낼 정도로 뜨거운 쟁점이었다. 낙태는 다른 모든 쟁점을 압도했다. 줄기세포 연구 자체는 별 파급력이 없는 쟁점이었지만, 낙태 논쟁의 이데올로기적 입장이 하도 확고하여 이른바 '생명옹호운동pro-life movement'(낙태 반대운동) 입장에서는 설사 줄기세포 연구로 많은 사람의 생명을 구할 수 있다고 하더라도 태아조직을 사용하는 것에 전적으로 반대할 수밖에 없었다. 2004년 동성결혼이 이 뜨거운 쟁점들에 더해졌다. 매사추세츠 대법원이 주에서 동성결혼을 막을 수 없다고 판결했을 때, 무수히 많은 사람이 본능적인 혐오감을 느꼈다. 특히 이런 혐오감에 종교적 타

---

* 존 댄포스, "In the Name of Politics," *New York Times*, 2005년 3월 30일, 섹션 A, p. 17.
** (옮긴이) 헌법에 기초한 사생활의 권리에 낙태의 권리가 포함되는지를 다룬 사건으로, 미국 연방대법원에서 여성이 임신 후 6개월까지 임신중절을 선택할 헌법상의 권리를 가진다고 판결하였다.

당성이 있다고 생각한 사람들은 이를 더욱 충격으로 받아들였다.

낙태와 동성결혼이라는 두 쟁점이 복음주의를 정치로 끌어들인 가장 강력한 자석이었다. 그러나 여기에서 훨씬 더 광범위한 스펙트럼의 여러 대의가 발생했고, 종교적 보수주의자들은 기독교를 미국의 공공 생활 전체에 흡수시킨다는 드높은 목표를 품은 것으로 보인다. 이번에도 역시 이런 발전 방향에 대해 진정한 논쟁을 이끌어내려는 노력은 없었다. 종교적 우파는 신앙을 지니지 않은 사람들을 설득하려는 시도는 전혀 하지 않고, 뻔뻔스러울 정도로 신학적인 입장만 고수한다. 이 논쟁에 대한 자유주의 쪽 입장도 마찬가지로 종말론적이다. 게리 윌스는 2004년 대선 이틀 뒤 『뉴욕 타임스』에 「계몽의 빛이 꺼진 날」이라는 글을 실어 부시의 근본주의적 선거 유세를 '지하드'라고 비난했다.*

두 모델

이 문제에 대해 사람들이 나뉘는 충돌 지점은 종교의 진실이나 교리에 관한 부분이 아니다. 종교적 우파의 계획과 전략에 경악하는 사람들 가운데는 댄포스 목사처럼 독실한 신자도 많다. 의견 충돌은 종교가 정치, 종교, 공공 생활에서 어떤 역할을 해야 하느냐는 문제를 두고 일어난다. 이 문제에 대해 완력 다툼만이 아니라 진정한 논쟁을 이루려면 어떻게 해야 할까?

쟁점 하나하나를 짚어나가는 방법이 있겠다. 낙태와 줄기세포 연구

---

* *New York Times*, 2004년 11월 4일, 섹션 A, p. 25.

가 금지되어야 하는가? 동성결혼을 인정해야 하는가? 신의 존재 여부나 의지가 무엇인지에 대해 미국인들의 생각이 다를 때에도 정치 지도자들이 정책을 정당화하는 데 신과 신의 의지에 호소하는 것을 용인할 수 있는가? 공립학교에서 기도하는 것을 허락하거나 아니면 강제해도 되는가? 국기에 대한 맹세에 '하느님의 보호 아래 한 국가'라는 표현을 계속 넣어야 하는가? 미국 학부모들이 자녀들을 공립학교가 아니라 사립학교에 보내기 위해 사용하는 정부 발행 교육 바우처를 주로 종교계 사립학교를 지원하기 위해 쓰리라는 걸 알면서도 계속 발행해야 하는가? 공공건물에 크리스마스트리나 유대교의 장식 촛대 같은 종교적 상징물을 전시해도 되는가? 판사가 법정에 십계명이 적힌 현판을 걸어놓아도 되는가? 다윈 이론과 빅뱅 우주론을 공립학교에서 가르쳐야 하는가? 그렇다면 명망 있는 일부 과학자들이 이런 이론을 거부하며 지적 주체가 우주와 인간을 설계했다는, 과학적 증거 또한 충분하다고 주장한 내용도 교사들이 함께 가르치도록 해야 하는가? 종교적 이유로 법적인 의무를 할 수 없거나 법적으로 금지된 일을 해야만 하는 사람들에게 일반적 의무나 규제를 면제해주어야 하는가? 전쟁을 싫어하는 무신론자가 양심적 병역 거부자가 될 수 있는가? 페요테 마약을 의식에 사용하는 인디언 부족들은 페요테가 환각물질이라고 금지하는 법에 제재받지 않을 수 있는가? 의사가 식물인간 상태에 있는 환자의 생명연장 장치를 제거하는 것을 법적으로 허가할 수 있는가? 의사가 죽을병에 걸렸고 엄청난 통증에 시달리는 환자가 자살하는 것을 돕는 행위를 법적으로 허가할 수 있는가? 지금까지 열거한 사례는 종교와 정치에 관한 현재의 논란 가운데 일부분일 뿐이고, 또 이것들도 머지않아 시대에 뒤떨어진 일이 될 것이다. 앞으로 교회와 국가 사이의 최신 쟁점이

뭐가 될지는 알 수 없다.

이 쟁점들을 하나하나 차례로 논하면서 다른 쟁점을 예측해볼 수도 있다. 실제로 몇몇은 논하려고 한다. 그렇지만 먼저 일반적 문제를 정의하는 두 가지 대립되는 태도를 구분하면 이해에 도움이 될 것이다. 이 두 모델이 구체적 쟁점을 하나씩 다룰 때마다 이상적 유형으로 쓰일 수 있다. 미국인들은 아주 중요한 한 가지 원칙에 공감한다. 정부가 평화로운 종교라면 어떤 것이든 관용해야 하고 무신앙에 대해서도 마찬가지여야 한다는 점이다. 그러나 이런 관용의 근간은 무엇인가? 미국이 신앙과 숭배의 가치에 다 같이 헌신하지만, 종교적 소수자나 무신앙자를 허용하는 종교적 국가가 되어야 하는가? 아니면 철저히 세속적인 정부지만, 신앙을 가진 사람들을 관용하고 받아들이는 국가가 되어야 하는가? 곧 비신앙을 관용하는 종교적 국가가 될 것이냐, 아니면 종교를 관용하는 세속적 국가가 될 것이냐의 문제다. 실질적으로 두 가지 모델을 절충해서, 양쪽에서 제도와 규정을 일부 가져올 수 있다. 미국도 현재 두 모델이 혼재되어 있는 모습을 보인다. 그러나 두 모델이 정치적 도덕성에 대한 대립되는 원칙을 반영하므로, 정치와 공공 생활에서 종교의 역할이 어떠해야 하는지에 대한 진지한 논쟁은 결국에는 이 두 이상 사이의 논쟁이 될 수밖에 없다. 물론 현실 정치에서는 둘 사이의 타협점을 찾아야 하겠지만 말이다.

이스라엘은 관용적인 종교 국가를 선택했다. 원칙적으로는 모든 신앙에 종교적 자유를 허용하지만, 유대교를 국교로 지정했다. 성직자들과 자코뱅 등이 얽힌 복잡한 역사를 지닌 프랑스는 확고히 두번째 모델, 관용적인 세속 국가를 택했다. 그래서 자크 시라크 대통령이 교황 요한 바오로 2세의 장례식에 참석하고 국기를 조기로 게양했을 때 프

랑스에서 날 선 비난을 받았다. 영국은 한층 복잡한 경우지만 실행상
으로는 적어도 두번째 모델 쪽으로 기운다. 국교가 있긴 하지만 영국
인들이 전통과 의식을 사랑해서이지 진정 국가 전체에 종교적 헌신이
있다고 보기는 어려운 것 같다. 총리가 종교적 권위에 기대어 국가 정
책을 내놓는다면 충격을 불러일으킬 것이고 정치적으로도 치명타를 입
을 것이다. 미국 사회교사들이 교회와 국가 사이에 벽이 있다는 토머
스 제퍼슨의 말을 자랑스럽게 인용하고, 대법원이 학교에서 기도를 금
지하는 판결을 내렸던 수십 년 전만 해도 자유주의 미국인들은 미국이
관용적 세속 국가라고 생각했다. 그러나 종교적 우파들은 최근 정치적
성공에 탄력받아 미국을 관용적 종교 국가로 바꾸려는 대담한 시도를
하고 있다.

　그럴 경우에 어떤 위험이 있는지 분명히 알아야 한다. 일단은 미국
헌법학자들이 사랑하는 구분을 사용하는 게 도움이 될 것 같다. 미국
수정헌법 제1조는 정부가 국교를 수립하는 것을 금하고, 이어서 정부
가 '그것의' 자유로운 행사를 보장해야 한다고 요구한다. 학자들은 이
두 부분을 서로 독립적이고 때로 충돌하는 요구사항으로 본다. 국교라
는 말은 국가에서 종교를 지지하거나 후원하는 것을 가리키고, 자유로
운 행사란 개인의 종교 활동의 자유를 가리킨다. 이 두 층위 각각에서
두 모델을 대조해볼 수 있다.

국교의 수립

　관용적 종교 국가관에서는 정부가 국교를 수립해서는 안 된다는 요

구조건에 대해 많은 시민이 믿는 여러 신앙 가운데 하나를 공식 국가 종교로 수립해서는 안 된다는 의미로 해석한다. 가톨릭교, 유대교, 혹은 침례교파를 국가의 공식적인 신앙으로 받아들여서는 안 된다는 뜻이다. 그러나 관용적 종교 국가는 공식 국가 정책을 통해 종교 자체를 공개적으로 인정하고 지지할 수 있다. 종교가 시민과 사회를 개선하는 긍정적이고 중요한 힘이라고 선언하고, 일반적인 유일신교를 드높인다. 따라서 관용적 종교 사회는 국기에 대한 맹세에서 유일신을 지칭하는 것을 부끄러워하지 않을 뿐 아니라 그런 표현을 빼버리는 게 오히려 비애국적이라고 볼 것이다. 정책을 정당화하기 위해 신의 의지에 호소하는 것 또한 부끄러워할 일이 아니다. 부시가 두번째 취임 연설에서 국외의 자유를 수호하는 것이 자유의 '저자'에게 봉사하는 일이라고 말했을 때처럼 말이다(부시가 『자유론』의 저자 존 스튜어트 밀을 두고 한 말이라고는 생각하지 않는다). 관용적 종교 사회는 종교를 수사적·재정적으로 지원하는 것을 제한할 수 있는 근거로는 단 한 가지, 반대자와 무신앙자의 자유를 보호하기 위해서라는 것만 받아들인다. 다른 종교를 믿거나 종교가 없다고 해서 처벌하거나 금지하지는 않는다. 그렇다고 해서 국가 전체의 공통된 신념으로서 무신앙자가 큰 오류에 빠져 있다고 선언하기를 삼가지도 않을 것이다.

관용적 세속 국가도 종교에 대해 허용적이어야 한다. 근본주의적 종교라고 하더라도 평화적으로 실천한다면 불법화해서는 안 된다. 공식적으로 종교에 헌신하지 않듯이 무신론에도 헌신하지 않는다. 신이 있는지 없는지, 유일신인지 아닌지, 어떤 종교가 가장 좋은지 등의 문제에 전체적으로 중립이다. 공식 행사나 정책 발표를 할 때 종교적 혹은 반종교적 암시나 언급은 있을 수 없다. 애국 선서, 충성 맹세, 공식 행사 등에 종교적/반종교적인 측면이 개입하지 못하게 신경을 쓴다. 물론 크리스마스트리나 유대교 촛대를 금지하지는 않지만 공공건물에 설치하지도 않는다. 무신론자든 신앙이 있는 사람이든 처벌하지 않고 공공서비스 제공에서 차별하지도 않는다. 국가에서 발행한 교육 바우처가 종교계 사립학교 수업비로 사용되는 제도 같은 것이 종교 단체에 특히 유리하다면 경계할 것이다. 세속 국가는 헌법학자들이 '레몬 기준'이라고 부르는 것과 같은 기준을 따를 것이다. 레몬 기준은 연방대법원에서 같은 이름의 사건에서 선언하여 그런 이름이 붙었다. 이 기준은 종교 단체의 특정 이득을 위해 의도되었거나 그런 이득을 가져다주는 국가 제도를 금지한다. 샌드라 데이 오코너 대법관은 이 기준의 두 번째 부분을 다음과 같이 구체적으로 명시했다. "레몬 기준은, 단순히 정부 시책이 실질적으로 종교를 조장하거나 금지한다는 이유만으로(그것이 1차적 효과라고 하더라도) 그 정부 시책이 반드시 무효라고 보는 것은 아니라고 해석되는 것이 합당하다…… 중요한 것은 정부 시책에 정부가 종교를 지지하거나 거부한다는 메시지를 전달하는 효과가 없어야 한다는 것이다."*

공립학교에서 기도를 하는 문제라는 중대한 쟁점에 초점을 맞춰보면, 두 모델의 대척점을 뚜렷하게 살펴볼 수 있을 것이다. 관용적 종교 사회에서는 원칙적으로 교사가 학생들이 기도하도록 유도하는 것을 반대할 수 없다. 물론 이런 기도는 최대한 탈종파적이어야 한다. 내가 학교 다닐 때 날마다 암송했던 주기도문 같은 것이 적당할 것이다. 그러나 관용적 종교 사회는 아무리 탈종파적인 기도라고 하더라도 학생들

---

* 린치 대 도널리Lynch vs. Donnelly, 465 U. S. 668(1984).

에게 강제로 암송시키지는 말아야 한다. 학생에게 종교를 거부할 자유를 부여해야 하기 때문이다. 원하는 학생은 자리에 가만히 앉아 있을 수 있도록 하기만 해도 강요를 피할 수 있을 것이다. 하지만 아닐 수도 있다. 아이들이 아웃사이더로 찍히고 싶지 않아 믿지 않는 기도를 억지로 암송할 수도 있기 때문이다. 관용적 종교 사회의 경우, 공립학교에서 기도를 하도록 허락할 수 있느냐 없느냐의 문제는 이러한 경험적·심리적 문제에 대해 어떤 결론을 내리느냐에 달려 있다.[*]

그러나 관용적 세속 국가에서는 이런 경험적 질문 자체가 무의미하다. 공립학교 같은 국가기관에서 종교 행위를 한다는 것 자체가 원칙적으로 잘못으로 받아들여진다. 물론 관용적 세속 국가도 공립학교에서 종교에 대해 가르치는 것을 허락한다. 주요 종교적 전통들의 교리와 차이점, 종교 분리의 역사, 공공 생활에서 종교가 어떤 역할을 해야 하느냐에 대한 오늘날의 논란 등에 대한 가르침이 일반교양으로 포함되어야 할 것이다. 그러나 관용적 세속 사회는 공공기관이 종교에 대해 공부하는 곳이 아니라 종교를 실천하는 곳으로 쓰이는 것은 받아들이지 않는다.

종교 활동의 자유

이 두 모델 모두 평화적인 종교 활동이나 무종교에 관용적이므로,

---

* 애빙턴 학구 대 셈프 재판에서 포터 스튜어트 판사가 낸 반대 의견을 보라. Abington School District vs. Schempp, 374. U.S. 2003(1963).

두 쪽 다 종교적 자유에는 공감한다고 생각할 수 있다. 그렇지만 이 자유에 무엇이 포함되는지, 혹은 적어도 무엇을 전제로 하는지에 대해서는 커다란 생각 차이가 있다. 양쪽 모델 모두 평화로운 종교 행위는 금지하지 않을 것이다. 그러나 종교적 자유의 권리를 인식하려면 이 권리의 기원과 근거에 대한 해석을 대략이라도 확립해야만 하는데, 여기에서 양쪽의 입장이 다를 수 있다. 관용적 종교 사회를 지지하는 사람들은 종교적 자유의 권리는 독특한 것이며, 종교의 특수한 중요성에 따른 특수한 권리라고 선언하고 싶을 것이다. 따라서 이 권리를 매우 좁게 해석할 가능성이 높다. 어떤 특정한 초월적 존재를 숭배할 자유, 이런 특정한 숭배를 위한 하나의 종교에 대한 자유, 그 밖에 다른 종교의 존재나 중요성은 통째로 거부할 자유만을 인정하려고 한다. 이런 입장에서 본 종교적 자유의 권리는 그보다 폭넓은 일반적 권리를 전제하지 않으려고 한다. 예를 들어 낙태의 권리나 처벌받지 않고 동성애를 할 권리, 줄기세포 연구를 할 권리, 불치병과 극심한 통증에 시달릴 때 스스로 목숨을 끊을 권리 등 심오한 윤리적 중요성을 지닌 문제를 스스로 결정할 일반적 권리는 받아들이지 않는다. 실제로 관용적 종교 사회는 이런 모든 것에 대해 노골적으로 종교적인 근거를 들어 금지하고 처벌할 수 있다. 예를 들면 동성애가 모든 주요한 유일신 종교 전통에서 드러난 신의 의지에 반한다며 비판한다. 종교적으로 정당화하며 이런 행위를 금지한다고 할지라도, 종교 활동의 자유를 침해한다고 보지 않는다. 왜냐하면 문제의 행동들은 관용적 종교 사회에서 보기에 **종교 활동이 아니기 때문이다.**

관용적 세속 사회는 종교의 자유에 대한 이런 편협한 해석을 받아들일 수 없다. 관용적 종교 사회는 종교에 특수한 가치가 있기 때문에 이런 권리를 특별히 정당화할 수 있다고 주장하지만, 관용적 세속 사회는 종교적 현상에 어떤 특수한 가치도 부여하지 않기 때문에 그럴 수 없다. 대다수 사회 구성원들이 종교적 신념과 종교적 삶을 스스로 선택할 자유에 막대한 중요성을 부여한다는 것을 알기 때문에 이런 생각을 존중하려고 한다. 그러나 다른 사람들 역시 어떻게 살 것인가에 대한 (예를 들면 성적 취향이나 출산의 문제 등에 대한) 선택을 내리는 데에 상당한 중요성을 부여한다는 것도 안다. 이런 선택은 어떤 삶이 좋은 삶이냐에 대한 사람들의 서로 다른 생각을 반영하는 것이다. 그러니 이런 사회에서는 종교인들이나 종교 활동을 특별히 보호하는 선택의 자유권은 차별적이라고 간주될 것이다. 왜냐하면 다른 사람들도 종교인들의 종교적 가치와 다를 바 없는 윤리적 가치에 따라 선택을 내릴 수 있도록 하는 자유가 제한받을 수 있기 때문이다. 따라서 관용적 세속 사회는 더욱 기본적인 자유의 원칙에 따라 종교적 자유를 정당화해야 한다. 이 원칙에 따르면, 사람들이 자유롭게 선택할 수 있는 가치 영역에 대해 더욱 폭넓은 개념이 형성된다. 그러니까 종교의 자유를 단순히 종교적 자유가 아니라 윤리적 자유에 대한 더욱 일반적 권리를 주장하는 것으로 다루어야 한다는 것이다.

제1장에서 인간 존엄의 두번째 원칙을 설명하면서 윤리적 가치와 그밖의 가치를 대강 구분했었다. 윤리적 가치는 왜 인간의 삶이 고유하고 본질적인 가치를 지니는가, 이 가치가 특정 삶에서 어떻게 하면 가장 잘 실현되는가를 정의하는 가치다. 정통 종교적 신념은 그런 관점에서 명백히 윤리적이고, 윤리적 자유의 권리를 받아들이는 관용적 세속 사회는 마땅히 정통 종교적 실천의 자유를 보장해야 한다. 그러나 윤리적이라는 것의 범위를 정통적 종교에만 한정시키지는 않을 것이

다. 정통 종교의 자유를 받아들인다면, 모든 윤리적 문제에 대한 선택의 자유, 예를 들어 성적 행동, 결혼, 출산 등과 이와 관련된 윤리적 가치를 지키며 결정을 내릴 선택의 자유 또한 받아들이지 않을 이유가 없다.

우리는 지금 어디에 서 있는가?

미국 헌법은 어떤 모델을 따르는가? 종교적 보수주의자들은 다음과 같은 역사를 약술하여 이 질문에 대답한다. 미국은 관용적 종교 사회로 건국되었으며 이런 전통이 제2차 세계대전까지 이어져오다가, 선출직도 아닌 판사들이 대다수 미국인의 분명한 반대에도 불구하고 미국을 관용적 세속 국가로 바꾸겠다는 결정을 내렸다고 한다. 따라서 이들이 한 일을 되돌리기 위해 지금 벌어지고 있는 종교적 정치운동은 혁명적이라 볼 수 없고, 오히려 미국 사회와 정부에서 종교가 역사적으로 차지해온 위치를 회복하기 위한 것이라고 말한다. 근거 없는 이야기는 아니다. 1931년 연방대법원에서는 "우리는 기독교인들이다"*라고 선언했고, 1952년에도 사법부 역사상 가장 자유주의적인 판사로 꼽히는 윌리엄 O. 더글러스 판사가 "우리는 종교적인 사람들이며 우리의 제도는 초월적 존재를 상정한다"**라고 말한 바 있다. 종교적 보수

---

* 미국 대 매킨토시United States vs. Macintosh, 283 U.S. 605(1931). 뉴트 깅리치, *Winning the Future*, ix, 69.
** 조라크 대 클로슨Zorach vs. Clauson, 343 U.S. 306(1952).

주의자들이 종교에 적대적이라고 보는 판결들은 그 뒤에 나왔다. 예를 들어 1962년 공립학교에서의 기도를 불법이라고 못 박는 판결 등이 그러하다. 이 판결은 관용적 세속 모델을 따라 국가가 종교를 후원하는 것은 정당하지 않다는 근거에서 나왔다.*

특히 최근에 관용적 종교 국가의 입장이 대법원에서 강한 지지를 받았다. 앤서니 케네디 판사는 **레몬** 기준을 지지하고 적용한 대법원 판결에 반대 의견을 내며 다음과 같은 입장을 지지했다. 케네디 판사는 "〔미국 헌법은〕 정부가 종교를 인정하거나 지원하는 행동을 삼가라고 요구하지 않으며, 도리어 종교가 우리 사회에서 행사하는 핵심 역할을 인식하고 받아들이는 것을 어느 정도 허용한다"**고 했다. 케네디 판사는 특히 비종교적인 사람이 스스로를 아웃사이더로 느낄 만한 행위를 정부가 절대 해서는 안 된다는 생각에 반대했다. 그는 미국의 국기에 대한 맹세에도 신에 대한 언급이 들어 있음을 지적하며, 무신론자가 "다른 미국인들이 그 문구를 암송하는 것을 들으면서도 여전히 스스로를 정치사회의 구성원으로 부족함이 없는 존재"라고 느끼리라는 것은 "궤변에 가깝다"고 했다. 그는 이어서 헌법에서 요구하는 바는 정부가 시민들이 종교적 선언을 하거나 종교를 준수하도록 강요하지 않고 국교를 수립하지 않는다는 것 이상은 아니라고 했다. 이 말은 관용적 종교 모델의 극단적 진술이지만, 현직 판사 다수의 입장을 정확히 서술한 것이라고 볼 수 있다.

---

* 엥겔 대 바이테일Engel vs. Vitale, 370 U.S. 421(1962).
** 앨러게니 군 대 미국시민자유연합Allegheny County vs. ACLU, 492 U.S. 573(1989). 케네디 판사의 반대 의견. 케네디 판사는 공공건물에 특정 종교의 상징물을 전시하는 것이 헌법에 어긋나지 않는다는 소수 의견을 내면서 이와 같이 주장했다.

그 밖에도 좀더 사소해 보이는 여러 면에서 미국은 관용적 세속 국가보다는 관용적 종교 국가에 더 가까워 보인다. 미국 화폐에는 "우리는 하느님을 믿는다"고 찍혀 있고, 정부 주요 기관은 공식 행사를 기도로 시작하며, 대법원에 국기에 대한 맹세에서 신을 언급하는 문제를 상정하더라도 위헌이라는 판결이 나오리라고 기대하는 사람은 많지 않을 것이다. 많은 사람이 그런 행동들은 의례적인 것, 전화교환원이 인사를 건네는 것처럼 별 뜻 없는 절차에 불과하다고 주장한다. 그러나 대법원이 지금과 같은 국기에 대한 맹세를 지지하지 않는다면, 아마도 전국적 분노를 일으킬 것이라고 생각한다. 그 사실은 공식적으로 신을 언급하는 것이 전혀 중요하지 않은 말치레에 그친다기보다는, 상징적 중요성을 띤다는 것을 입증한다. 종교를 가진 시민들에게 미국이 근본적으로 세속 국가가 아니라는 것, 공식 발언에서 가볍게 신을 언급하는 것조차 금지되는 사회가 아니라는 것을 확인시켜주는 절차이기 때문이다.

종교와 편협한 정치적 자유주의

따라서 자유주의자들이 미국이 역사적으로 세속 국가였다고 자신감 있게 주장할 수는 없겠다. 그러나 우리는 역사가 아니라 원칙에 대한 토론의 기틀을 잡아야 한다. 한동안 미국의 여러 자유주의적 철학자는 정치 정책을 논할 때 추상적인 윤리적·도덕적 쟁점, 특히 신학적 쟁점은 피하려고 해왔다. 이런 전략은 정치사회 내에서 합리적인 인간은 상호 존중과 합의를 기반으로 함께 살아가기를 바라고, 따라서 아주 영향력 있는 철학자 존 롤스가 '공적 이성'이라고 부른 것에 제약을 받으리라는 희망에 따른 것이다.* 정치적 결정을 서로 이해할 수 있으며, 포괄적인 종교적·도덕적·윤리적 신념이 저마다 다르더라도 누구나 설득력 있게 생각하는 언어로 그런 결정을 정당화해야 한다고 여기리라는 것이다. 그렇다면 종교를 거부하는 구성원이 있는 집단에서는 아무리 보편적인 종교라고 하더라도 그것에 호소할 수 없게 된다. 이런 제약은 관용적 세속 국가를 기본으로 요구할 것이다. 이런 공적 이성의 제약을 받아들여야 하느냐를 두고 토론의 틀을 짤 수 있겠다.

그러나 롤스 자신도 이런 제안의 한계를 지적했다. "신앙이 있는 사람들이…… 어떻게 그들의 신조를 번성시키지 못하고 심지어 위축시킬 수도 있는 헌법 제도를 지지할 수 있겠는가?"** 우리는 이런 사람들의 관점에서 이 문제를 보아야 한다. 미국이 그 어느 나라보다 잘나가고 운이 좋은 것은 하느님 덕이며, 그런 신의 은총에 대해 공식적인 찬사를 보내지 않는 것은 저열하고 위험한 일이라는 것이 여러 종교적 보수주의자들의 입장이다. 뉴트 깅리치는 이렇게 선언했다. "우리의 권리는 우리의 창조주에게서 나온다는 사실과, 하느님을 공적 영역에서 몰아낸 미국은 타락과 패배의 길로 접어드는 것임을 재천명해야 한다."*** 이런 의견을 가진 미국인들은 종교적 신념과 정치적 원칙을 분리해서 생각하지 못한다. 종교적 신념이 곧 정치적 원칙이다. 개인 신앙생활만 열심히 하면, 공적으로 종교를 지지하는 일을 대체할 수

---

　* 롤스의 공적 이성에 대한 논의는 내 책 *Justice in Robes*, 제9장에 있다.
　** 존 롤스, *Collected Papers*(Harvard University Press, 1997), pp. 588~89.
*** 뉴트 깅리치, *Winning the Future*, xxi.

있다고 보지 않는다. 개인적 숭배자로서가 아니라 시민으로서 신을 찬미하고 싶어 한다. 애국심에 신앙을 쏟아 부어 두 가지가 하나가 되게 만들고 싶어 한다. 신앙이 없는 사람을 존중하는 뜻으로 그런 초월적인 야심은 접어두어야 한다는 원칙에 전혀 공감하지 못한다. 신앙이 없는 사람들은 심각한 잘못에 빠져 있고 그것도 고의적으로 그런 잘못을 저질렀다고 보니 말이다. 무신론자들이 종교를 접하기 어렵고 자기들의 신이 무신론자들에게는 자비를 베풀지 않아서가 아니라, 그들이 고집스럽게 진실에 마음을 열지 않으려고 하기 때문에 그런 잘못을 저지른다고 믿는다. 이렇게 고집스러운 사람들을 만족시키기 위해 그들이 심오한 신앙적 야심을 버려야 할 까닭이 있겠는가?

뿐만 아니라 종교적 신념을 정치와 분리시킬 수 있다고 하더라도, 그렇게 해야 하는 근거가 명료하지 않다. 마틴 루터 킹 2세는 믿음이 있는 사람이었고, 자기 종교를 들어 편견을 비난해 엄청난 반향을 불러일으켰다. 라틴아메리카 등지에서도 가톨릭 신부들이 성직자 신분으로 발언하여 사회정의에 앞장서는 투사가 되었다. 어쨌든 간에 신앙인들이 시민 역할을 할 경우, 종교적 신념을 밀어놓아야 한다는 자유주의자들의 요구는 먹히지 않을 것이다. 시민의 역할은 진지함과 진정성을 요구하는데, 신앙인들에게 종교를 떼어놓고 그런 태도를 지니라고 할 수는 없다. 미국에서 종교를 둘러싼 분열은, 정치적 신념에서 한층 깊은 윤리적·도덕적·종교적 신념을 배제해야 한다는 롤스의 정치적 자유주의의 한계를 보여준다.

우리의 전략은 달라야 한다. 정치 토론에서 사람들의 가장 깊은 신념을 배제하려고 해서는 안 된다. 오히려 시민사회 내에서 이런 깊은 신념에 대한 진지한 토론을 이루어내야 한다. 자유주의자들이라면, 종교적 보수주의자들이 제시하는 종교와 정치를 혼합하려는 야심은 그들의 믿음의 일부이기도 한 아주 기본적인 원칙에 위배되므로 잘못임을 입증하려고 해야 할 것이다. 보수주의자들은 그런 판단이 잘못되었음을 자유주의자들에게 입증하려고 해야 할 것이고. 제1장에서 나는 우리 모두 인간 존엄의 두번째 원칙, 즉 누구나 종교적 신념을 포함한 윤리적 신념에 대한 책임이 있다는 원칙을 받아들인다고 말했다. 현재 미국에서 번성하는 종교 전통에 속한 사람들은 이 원칙을 받아들이며, 심지어 신조 가운데 하나로 주장하기도 한다. 기억하겠지만 이 원칙은 사람이 종교적 선택을 내릴 때 문화나 가족 전통의 영향을 받는 것을 금해야 한다고 주장하지 않는다. 그래 봐야 소용이 없을 것이다. 논쟁을 통해서만이 아닌 신앙, 계시나 직접 종교 체험 등을 통해 신념을 갖는 것도 금하지 않는다. 오직 신앙을 선택하도록 강요하려고 하는 사람들에게 복종하는 것을 금할 뿐이다.

비종교인뿐 아니라 종교인도 복종을 거부할 책임은 인정한다. 신앙은 내적 결심에 따른 것이어야지 외부의 강요에 따른 것이어서는 안 되기 때문이다. 따라서 이런 질문에 대해 논쟁을 벌일 수 있다. 이런 책임을 이해하고 받아들이는 사람이 논리적으로 일관되게 (관용적인 종교 국가라 해도) 종교 국가를 지지할 수 있는가? 이것은 우리가 공통 기반으로 삼은 원칙을 어떻게 해석하는 것이 최선인가에 관한 질문이다. 앞으로 몇 쪽에 걸쳐 이 질문에 대한 한 가지 답을 논증하려고 한다. 개인적 책임의 원칙은 관용적 세속 국가를 요구하며 관용적 종교 국가는 배제한다는 결론이다. 애초에 이 주장에 동의하지 않는 사람들을 많이 설득할 수 있으리라고 보지는 않는다. 그러나 그런 사람들도 내 주장이 왜 잘못이라고 생각하는지 설명하려고 함으로써, 이 원칙에

대한 다른 이해, 내 결론과 상반되는 결론을 떠받치는 해석을 구성해
낼 수 있게 되기를 바란다.

왜 종교적 자유인가?

  미국이 관용적 종교 국가가 되어야 하는가, 관용적 세속 국가가 되
어야 하는가의 문제를 미국인들 다수가 종교적이냐 아니냐에 따라 결
정한다면, 평결은 종교 국가 쪽으로 기울 것이다. 미국인 가운데 대다
수가 유일신 종교를 받아들이고, 그 가운데 상당수는 기독교도다. 하
지만 나는 미국인들 상당수가 앞서 말한 개인적 책임의 원칙 또한 받아
들인다고 가정한다. 이 원칙을 의식적으로 받아들이는 사람들은 이 책
임을 행사하는 데 필요한 자유를 주장하고, 이 자유를 보호하기 위한
법적 권리를 주장한다. 두 모델 모두 인정하는 종교적 자유의 권리가
바로 이런 권리다. 개인이 자기 삶에서 가치를 추구할 책임을 보호한
다. 하지만 내가 말했듯이 종교적 자유권을 얼마나 넓게 해석하느냐의
문제라든가 국교 수립에 대한 태도는 양쪽이 다르다. 시민 대부분이
종교를 가진 사회에서 개인적 책임의 원칙에 더 잘 들어맞는 해석은 어
떤 쪽일까?
  자유에 대해 이야기하기 전에 우선 어휘를 정리해야겠다. 나는 'liberty'
〔이 책에서는 자유(L)로 표기하겠다〕라는 말은 정부가 개인의 윤리적
책임을 보호하기 위해 설정하고 강화해야 하는 일련의 권리를 가리키
는 데 쓸 것이다. 'freedom'〔이 책에서는 자유(F)로 표기하겠다〕이라
는 말은 좀더 중립적으로 쓸 것이다. 예를 들어 누군가가 원하는 대로

행동하지 못하도록 정부가 막는다면, 그 사람의 자유(F)를 제한한다고 할 수 있다. 이렇게 정의하면 자유(F)는 정치적 가치가 아니다. 내가 누군가의 아이를 납치하지 못하게 정부가 막았다고 하더라도 안타까울 일은 하나도 없다. 나는 전혀 부당한 일을 당하지 않았다. 피치 못해서, 그럴 만한 이유가 있어서 부당한 일을 당했다고조차 말할 수 없다. 그러나 자유(L)는 내가 정의한 바에 따르면 정치적인 가치다. 정부가 제한하거나 침해하면 안 되는 자유(F)의 영역을 명시한다. 우리가 탐구해야 할 가치는 바로 이것이다.

앞서 말한 두 모델은 종교적 자유(F)의 폭과 범위에 대해 의견이 갈린다. 관용적 종교 모델은 종교의 자유에 대한 개념을 좁게 잡는데, 예를 들면 낙태를 선택할 권리나 성별이 같은 사람과 결혼할 권리는 포함시키지 않는다. 관용적 세속 모델은 자유 개념이 더 넓어 이런 선택을 할 권리까지 포함시킨다. 이런 것이 자유(L)에 대한 이론의 충돌이다. 다수가 신을 믿는 나라에서 어떤 이론이 더 적절하다고 할 수 있을까?

아까 말했듯이 관용적 종교 모델을 지지하는 사람들이라면, 종교는 특수하고 비종교적 활동과 다른 특별한 보호가 필요하기 때문에 종교적 자유(F)의 개념을 좁게 본다고 항변할 수 있을 것이다. 그렇지만 사실 면밀히 살펴보면 이런 항변은 불가능하다. 종교적 자유(F)가 신앙이 있는 사람뿐 아니라 무신론자들에게도 있다고 한다면, 거기까지 미치는 좀더 일반적인 자유(L)론이 있어야 한다. 18세기에 미국을 건국한 정치가들은 종교적 소수 의견을 보호해야만 할 현실적 필요를 느꼈다. 빤한 이야기다. 16세기와 17세기 유럽에서 벌어진 끔찍한 종교 전쟁을 통해, 정통 종교를 강요했을 때의 비극적 결과에 대해서는 익히 알고 있었다. 그러니 종교적 자유(F)가 내전과 학살을 피할 최선이자 유일한 방법이었다. 미국 건국에 참여한 사람들은 특히 종교의 피비린내 나는 역사에 대한 자각이 컸다. 종교적 대립 때문에 미국에 식민지가 건설되었을 뿐 아니라, 종교 대립이 식민지 안에서 분열과 폭력의 원인이 되기도 했던 것이다. 그러나 그런 이유를 들어 오늘날 무신론이나 소수 신앙을 정당화하는 것은 적합하지 않다. 오늘날 미국이나 다른 성숙한 민주국가들은 17세기 유럽에 비하면 정치적으로 매우 안정되어 있다. 만약 미국에서 이슬람교를 불법화한다면 끔찍한 테러의 물결을 자극할 수도 있겠지만, 여호와의 증인이나 통일교를 이단이라고 한다 해도 크게 두려워할 일은 없을 것이다. 무신론자의 자녀들한테 학교에서 주기도문을 암송하게 시킨다고 겁낼 필요야 더더욱 없겠고.

그러나 어떤 경우든, 관용적 종교 모델을 지지하는 사람들은 무신론자를 비롯한 모든 사람에게 종교적 자유(F)를 준다는 것은 현명한 정책일 뿐 아니라 원칙의 문제라고 본다. 일부는 자유(F) 자체가 신학적 요구 조건이라고 받아들인다. 예를 들어 존 로크는 강제적 개종은 신에게 아무 소용이 없다고 했고, 미국 수정헌법 제1조에 포함된 종교 관련 항목의 원형이 된 '버지니아 종교 자유 법안'(1777)은 종교를 강요하려는 시도는 "우리 종교의 신성한 창조자의 계획에서 벗어나는 것"이라고 했다. 하지만 설령 종교적인 미국인 대부분이 이런 관점을 갖고 있다고 하더라도, 정부가 다른 나라처럼 국교를 수립하고 재정적 지원을 하는 것이 잘못이라고 생각하는 근거가 되지는 못한다. 마지막으로, 종교는 특수하며 특별한 보호가 필요한 데는 다른 이유가 있다고 주장할 수 있다. 많은 사람에게 종교를 따르는 것은 초월적 중요성을 지닌 문제이며, 그들의 믿음에 따르면 영원한 구원 혹은 저주와 관련된 일이다. 따라서 종교 실천에 가해지는 제약은 그들에게 특별히 심각한 위해를 입힌다는 것이다. 그러나 물론 무신론자들은 그렇게 생각하지 않는다.

그러니 오늘날 미국에서 주창되는 관용적 종교 모델을 자세히 살펴보면, 관용적 종교 모델이 종교의 자유를 허락해야 하는 까닭을 설명하기 위해 자유(L)에 대한 좀더 일반적인 이론에 기대야 한다는 것을 알 수 있다. 종교의 중요성이나 가치에 호소해서는 왜 그런 관용이 필요한지 설명할 수 없다. 이는 매우 중요한 결론인데, 두 모델 사이의 논쟁이 더욱 일반적인 철학적 층위에서 이루어져야 한다는 의미이기 때문이다. 두 관점 모두 더 일반적인 자유(L) 개념에 호소해야 한다면, 자유(L)란 대체 무엇인가 하는 철학적 질문을 탐구하여 이 논쟁을 좀더 명료하게 이해할 수 있을 것이다.

자유의 구조

말했듯이 자유(L)는 자유(F)와 다르다. 오로지 자기가 원하는 대로 살 권리가 있는 사람은 없다. 누구든 폭력, 절도, 잔혹 행위, 살인 등을 저지르며 살 권리는 없다. 정부는 다른 사람의 안전과 자유를 보호하기 위해서뿐 아니라 여러 이유로 사람들의 자유(F)를 제한한다. 세금도 내가 원하는 대로 살 나의 힘을 제한한다. 내가 지갑을 채우고 정부에 내놓지 않아도 되도록 정부에서 허락한다면, 나는 내 삶에서 가치가 있다고 생각하는 것을 더 많이 누릴 수 있을 것이다. 그렇지만 대부분의 사람은 과세가 자유(L)에 대한 제약이라고 보지는 않는다. 때로는 세금을 무는 것이 자존감을 모욕하는 것처럼 느껴질 수도 있다. 예를 들어 헨리 데이비드 소로는 자기가 내는 세금이 사용되는 방식에 강하게 반대했기 때문에 모욕으로 받아들였다. 그러나 대부분의 사람은 보통 세금을 내는 것을 스스로 가치를 선택할 능력에 대한 굴욕이나 침해로 받아들이지 않는다. 개인적 책임이라는 기본 원칙과 그에 따른 자유(L)를 어떻게 정리하면, 자기가 선호하는 가치에 따라 살 권리가 제한받는 막중한 일을 받아들일 수 있게 될까?

1차적으로 이렇게 공식화해보자. **자유(L)는 정당하게 자신의 것인 자원을 가지고 원하는 대로 할 권리다.** * 그러면 어떤 방식으로 내 삶을 꾸릴 것인가에 대한 권리를 주장하기 전에, 먼저 어떤 것이 정당하게 내 것인가를 결정해야 한다. 내가 훈족의 왕 아틸라처럼 닥치는 대로 정복하며 살 권리를 주장할 수는 없다. 다른 사람의 목숨이나 재산을 내 마음대로 해도 된다고 주장할 수는 없기 때문이다. 자유에 대한 이런 설명을 받아들인다면, 정부가 **분배**를 위해 그럴 만한 합당한 이유가 있을 때 자유(F)를 제한한다고 해서 자유(L)가 침해되지는 않는다는 사실을 받아들여야 한다. 분배가 자유(F)의 제한을 정당화한다는 생각은 사회 전체에 자원과 기회가 균등하게 분배되어야 한다는 이론에 호소하는 것이다. 법으로 인명 살상이나 재산 손괴를 금지하는 것은 사유재산을 존중하는 이론을 상정하는 것이기 때문에 분배적이다. 세금법

---

* 내가 공식화한 문구는 철학자들이 구분하려고 하는 서로 다른 가치를 통합하므로 현대 정치철학과는 결을 달리한다. 자유를 분배정의 등과 같은 다른 가치와 연관 짓기 때문이다. 제5장에서 민주주의를 논한 부분을 참고하라. 정치적 가치들을 서로 분리해 이해하면 안 된다는 내 관점은 *Justice in Robes*, 제6장에서 좀더 옹호했고 *Justice for Hedgehogs*에서는 좀더 철학적인 층위에서 논했다.

도 사회의 비용(규제받지 않은 시장경제의 불평등을 시정하는 데 들어가는 비용을 포함하여)을 누가 어느 정도 비율로 감당해야 하느냐에 관한 이론을 상정한 것이므로 분배적이다. 물론 분배를 위한 것이라는 정당화가 부적절할 때에는 이런 규제가 정당화될 수가 없다. 불평등한 과세는 자유(L)를 제한하고, 공평한 과세는 그렇지 않다.

이런 자유(L) 개념은 여러 종류의 정당한 분배 규제와 제한이 허락하는 범위 안에서만 자기 가치를 선택하고, 그것에 따라 살 권리가 있다고 본다. 여기에서 제1장에서 언급한 중요한 제약이 나온다. 우리가 인간 존엄의 두 원칙을 받아들인다면, 각각의 의미를 다른 것에 비추어 생각해보아야 한다. 내가 모든 사람의 삶은 동등한 본질적 가치가 있다는 것과 모든 사람이 나와 마찬가지로 자기 삶에 대한 개인적 책임이 있다는 것을 둘 다 받아들인다면, 이런 가정에 따라 나 자신의 책임을 스스로 정의해야 한다. 내가 정의한 책임이 다른 사람들의 동등한 책임과 양립할 수 있어야 한다. 다른 사람들의 삶도 내 삶과 똑같은 중요성을 갖기 때문이다. 따라서 서로 다른 사람들 사이에서 자원을 적절히 할당하는 정당한 분배적 제약 때문에 내 삶에 대한 책임을 양보해야 한다고 생각할 수는 없다. 이런 제약들은 내 개인적 책임을 정의해주는 요소로 봐야 한다.

그러나 사람의 자유(F)에 대한 제한을 분배로 정당화시키는 것(원칙적으로 받아들일 수 있다)과 다른 정당화를 구분해야 한다. 이를테면 **개인적 판단에 따른 정당화**는 어떤 종류의 삶이 본질적으로 좋거나 나쁜지에 대한 이론을 상정하여 그것에 호소한다. 변태 성행위 불법화를 정당화할 때 그런 성행위가 부도덕하다거나 천박하다고 하는 것은 개인적 판단에 따른 것이다. 또 개인적 판단에 따른 정당화를 **비개인적**

판단에 따른 정당화와 구분해야 한다. 비개인적 판단에 따른 정당화는 어떤 삶의 본질적 가치가 아니라 비인격적 사물이나 사건의 본질적 가치에 호소한다. 만약 정부에서 큰 숲을 보호하기 위해 벌목회사의 자유(F)를 제한한다면, 이런 숲이 소중한 보물이라는 비개인적 판단에 따른 정당화에 호소하는 것이다.

개인적 책임의 원칙은 이런 개인적/비개인적이라는 두 종류의 정당화를 구분하는데, 이 원칙은 인간에게는 자신의 윤리적 가치에 대한 책임이 있다는 점만 주장하기 때문이다. 곧 자기 삶이 왜 본질적 중요성이 있느냐, 이런 가치를 실현하기 위해 어떤 삶이 최선이냐에 대한 신념에 책임이 있다는 말이다. 따라서 개인적 책임의 원칙이 자연적·문화적 보물 같은 비인격적 가치를 보호하는 법에서 자유로울 수는 없다. 예를 들어 정부가 도시 일부의 건축물이나 역사를 보존하기 위한 구역을 설정한다거나, 세금으로 거둔 공적 자금으로 박물관을 지원한다고 해도 개인적 책임의 원칙에 위배되는 일이 아니다. 물론 비개인적 판단에 따른 정당화라고 해서 늘 정당한 것은 아니다. 가치 없는 건축양식이나 별 볼 일 없는 숲을 보호하기 위해 인간의 자유(F)를 제한할 수는 없다. 비개인적 판단에 따른 정당화도 역시 적절한 분배 원칙을 존중해야 한다. 정부가 자원을 보호하고자 한다면, 이런 보호의 부담을 공평하게 나눠 지우는 방식을 선택해야 한다. 이를테면 어떤 동네에 보호구역을 설정해 건축적 통일성을 보존하려고 한다면, 다른 지역에서는 실험적인 건축적 표현을 할 기회를 주어야만 대체로 정당하다고 할 수 있다.

자유(F)를 제한하는 근거를 정당화할 때 개인적 판단인지 비개인적 판단인지를 구분하는 것은 자유(L)를 지키기 위해 아주 중요하다. 스스로의 윤리적 가치에 대한 개인의 책임을 박탈함으로써 존엄을 침해하는 법과, 윤리와 무관한 가치를 확인해 보호해야 하는 공동체의 집단적 책임을 행사하는 법을 구분해야 한다. 종교적·윤리적 가치는 개인적 판단과 양심에 맡길 수 있지만, 예술적 환경은 다 함께 보호해야 한다. 이런 구분이 반드시 필요하기는 하나 몇몇 경우에는 분명하지 않다. 대법원이 몇 차례 그 구분을 지으려고 고심했다. 한번은 전쟁은 어떤 이유로든 옳지 않다고 믿는 무신론자가 양심적 병역 거부를 할 자격이 있는 일종의 '종교적' 신념을 가지고 있다고 볼 수 있느냐에 대해 결정해야 했다. 연방대법원은 이 무신론자의 신념이 "(종교적 이유로) 병역면제 요건이 뚜렷한 사람의 삶에서 신에 대한 정통적 신앙이 차지하는 위치에 상당하는 위치"를 가지고 있느냐에 달려 있다고 판결했다.*
연방대법원의 케이시 판결(1992)은 국가가 이른 낙태를 범죄화하지 말아야 한다는 로 대 웨이드 사건의 판결을 재확인했는데, 이때 세 명의 대법관은 윤리적 가치와 다른 가치 사이의 구분을 다른 방식으로 표현하려고 했다. "자유(L)의 핵심에는 존재, 의미, 우주, 삶의 신비에 대한 자신만의 개념을 스스로 정의할 권리가 있다"**고 이들은 말했다. 또 이런 문제에 대한 신념이 "개성의 특질을 정의한다"고 덧붙였다. 낙태에 관한 결정은 이런 성격을 지녔으므로, 자유를 존중하기 위해 모체 밖 생존 능력이 생기기 전 태아의 낙태에 대한 최종 결정은 임산부와 담당의사에게 맡겨야 한다고 판결했다. 대법원은 이후 아주 중

---

* 미합중국 대 시거United States vs. Seegar, 380 U.S. 163, 166(1965).
** 펜실베이니아 계획출산연합 대 케이시Planned Parenthood of Pennsylvania vs. Casey, 505 US 833(1992).

대한 판결에서 같은 맥락을 유지했다. 로렌스 대 텍사스 주 판결에서, 동성 간 성관계를 범죄로 칭하는 법은 위헌이라고 판결했다. 성적 취향과 성적 행동 역시 바로 윤리적 가치의 문제라고 했다.* 이런 여러 판결과 의견을 통해 판사들은 '개성'을 정의하는 신념을 명시하고자 했다. 인간이 삶의 가치와 목적, 또 이런 가치를 삶에서 실현하는 관계, 성취, 경험을 확인하게 하는 신념이다.

정통 종교적 신념도 명백히 이 범주에 속하고 삶에서 사랑, 친밀감, 성의 역할과 방향에 대한 확신도 마찬가지다. 이런 믿음과 헌신이 사람이 이루는 가장 중요한 관계의 의미와 분위기를 결정한다. 이런 믿음이나 헌신은 인간 삶의 성격과 가치에 대한 더 일반적인 철학적 믿음에서 나오고 또 그것에 영향을 미친다. 그러나 오래된 숲이 특별히 흥미롭다거나 가치 있다고 생각하지 않는 벌목회사 사장의 확신은, 곧 (미국 부통령 한 사람이 말했듯이) 나무 하나를 보면 나머지를 다 안다는 유의 생각은, 윤리적 신념이라고 볼 수 없다. 인간 삶의 중요성이나 성취에 대한 확신에서 나온 것도 아니고, 그런 확신을 형성하는 역할도 하지 못한다. 물론 어떤 믿음이나 신념이 어느 범주에 속하는지 뚜렷하지 않은 복잡한 경우도 있다. 헌법재판소에 이런 범주를 나누는 결정이 맡겨졌을 때, 결론을 내리기가 까다로울 때도 있다. 그래도 이런 구분은 아주 중요하다. 그리고 종교, 가족, 성 등의 가장 중요한 사건에서는 구분하기가 그다지 어렵지 않다.

---

* 로렌스 대 텍사스Lawrence vs. Texas, 539 U.S. 558(2003).

자유와 문화

이제 인간 존엄의 원칙을 존중하는 자유(L) 개념의 주요 골자는 확인했다. 건전한 분배적 판단, 혹은 건전한 비개인적 판단에 따라 정당화될 수 있는 제약은 자유를 침해하지 않는다. 병원으로 이어지는 새 도로를 건설하는 세금을 내야 한다거나 조지 왕조 시대 건물 구역에 포스트모던한 집을 지을 수 없다고 해서 내 자유를 빼앗긴 것은 아니다. 그러나 개인적 판단에 따라서만 정당화될 수 있는 강제적 법령이라면 자유를 위협할 수 있다. 다만 일부 개인적 판단에 따른 제약은 용납할 수 있다고 본다. 안전벨트 착용이나 의약품 남용 규제 등 겉보기에 간섭주의적인 제약이 그렇다. 그러나 다시 들여다보면 이런 것들이 개인적 책임의 원칙에 위배된다고 볼 수 없다. 실질적으로 사람들이 가치 있게 여기는 것이 무엇인가에 대한 타당한 가정에 기반하며 중요한 분배적 근거가 뒷받침하기 때문이다. 그러나 한층 깊은 간섭주의적 가정, 곧 삶의 가치를 어디에서 찾을지를 일부 개인보다 다수가 더 잘 알고 있으므로 개인들에게 그것을 강요할 자격이 있다는 가정에 의해서만 정당화되는 법도 있다. 이런 법은 자유를 침해하며 자기 삶에 대한 개인적 책임을 모욕한다고 볼 수 있다.

이 중대한 결론이 종교와 정치에 관한 두 모델 가운데 관용적 종교 국가보다는 관용적 세속 국가를 결정적으로 가리킨다고 생각될지 모르겠다. 그러나 이런 가정은 성급하다. 중요한 논쟁은 이제 막 시작되었기 때문이다. 대부분의 국민이 종교를 갖고 있는 나라에서 종교 국가를 지지하는 가장 강력하고 가장 대중적인 주장은 간섭주의적인 것이 아니라 문화적인 것이리라. 이 주장은 정치적 다수가 자기가 살고 싶고 아이를 키우고 싶은 문화를 형성할 권리가 있다는 가정에 기반을 둔다. 반발할지 모르는 소수를 위해서가 아니라 아이들을 위해서 종교 국가를 지지하는 것인데, 종교적 가치에 공공연히 헌신하는 사회가 아이들에게 더 낫다고 보기 때문이다. 잠깐 포르노그래피의 금지나 규제를 지지하는 최선의 주장이라고 생각되는 주장과 이 주장을 비교해보자. 한때는 간섭주의적 근거에서 포르노그래피의 검열을 옹호했다. 포르노그래피는 그것을 접하는 사람을 타락시키므로 금지하는 게 더 좋다는 입장이었으나, 이제는 다른 정당화 논리가 더 널리 통용된다. 모든 사람이 함께 살아가는 문화를 보호하기 위해 성적으로 노골적인 내용을 규제해야 한다는 주장이 그것이다. 아이들이 성에 대한 왜곡된 이미지를 제공하는 매체에 지속적으로 노출되지 않는다면, 부모가 아이들에게 사랑에서 나온 친밀한 행동으로서 성이라는 온당한 시각을 가르치기가 더 쉬울 것이다. 성을 싸구려로 만들어 파는 문화에서 피해를 보는 것은 아이들만이 아니다. 특히 포르노그래피는 여성을 주로 성적 노예나 마조히스트로 그리기 때문에 여성들이 모욕을 당하고 여성의 종속이 강화된다. 사실 남자든 여자든 삶에서 가장 친밀한 경험을 상업적으로 추악하게 이용하는 바람에 삶의 품위가 떨어진다고 느낄 수 있다. 이것은 간섭주의적 주장이 아니다. 자기 삶에 강한 영향을 미치는 문화를 원하는 방향으로 형성할 다수의 권리에 기대고 있다.

지금 종교 문제에서 우리가 해결해야 할 중요한 문제가 바로 이것이다. 우리 모두가 살아가야 하는 도덕적 · 윤리적 · 미학적 문화를 누가, 어떤 방식으로 통제해야 하는가? 문화는 여러 세력에 의해 복잡다단하게 형성되지만, 두 가지를 떼어놓고 보자. 먼저 문화는 무엇을 생산하고, 무엇을 어떤 가격으로 구매하고, 무엇을 읽고 말하고, 무엇을 입고, 어떤 노래를 듣고, 신을 섬긴다면 어떤 신을 섬길 것인가에 대한 개개인의 개별적 결정들에 따라 형성된다. 우리 문화는 큰 부분에서 각각의 사람들이 날마다 내리는 이런 무수한 결정이 얽혀 만들어지는 장이다. 그런 한편 문화는 선출된 입법관들이 우리가 어떻게 행동해야 하느냐에 대해 집단적으로 내린 결정인 법에 따라서도 결정된다. 연방준비 위원회가 결정한 이자율 정책이 경제문화에 영향을 미치고, 용도지역 지정 조례는 미학적 문화에 영향을 미치고, 인권법은 도덕문화에 영향을 미친다. 이렇게 집단적인 영향에 따라 정해지는 문화와 자연스러운 개인적 결정에 맡겨야 할 문화는 어떻게 결정하는가?

관용적 종교 사회를 지지하는 미국인들은 시민 다수가 일반적·정치적 과정을 통해 법률로써 우리가 공유하는 문화의 종교적 성격을 결정할 권리가 있다고 생각한다. 다수가 믿는 종교에 반대하는 사람들이 나름의 종교를 고수하거나 종교를 갖지 않을 권리도 존중해야 한다는 의견을 받아들이기는 한다. 그렇지만 종교적 믿음이 공동체에 유익하다고 생각하는 사람들이 다수라면, 국가권력과 지위를 이용해 신앙을 지지하고, 재정 지원과 의무교육의 권위를 이용해 종교를 장려하고, 애국적 행사에서 종교적 감정을 고취시켜 신앙을 돈독히 할 수 있다고 본다. 현재 종교적 우파가 주장하는 바가 바로 그런 것이다.

뉴트 깅리치는 미국인 가운데 92퍼센트가 "신을 믿는다"고 선언하고, 내가 앞에서 언급한 1931년 대법원의 "우리는 기독교인들이다"라는 판결을 즐겨 인용한다.* 깅리치는 문화를 원하는 형태로 만들 권리

---

* 뉴트 깅리치, *Winning the Future*, ix, 69.

가 다수에게 있으며, 공공 생활에서 종교를 몰아내려고 하는 법원 판결은 다수에게서 이런 권리를 빼앗는 것이라고 생각한다. 부시 대통령은 '삶의 문화'라는 문구를 애용하는데, 이것은 테리 샤이보가 오랜 시간에 걸쳐 고통스럽게 죽어가는 동안 여러 보수주의자의 입에 오르내린 문구이기도 하다. 이 문구는 보수주의자들이 개인의 선택을 통해서가 아니라 법적 강제를 통해 이루고 싶어 하는 문화를 암시하는 말이다. 반면 세속적 모델은 종교적 문화 전체가 국가의 집단 권력을 통해서가 아니라 개인의 신념, 헌신, 신앙에 따른 개별적 행동에 의해 자연스럽게 형성되어야 한다고 주장한다. 이것이 두 모델 사이의 가장 중요한 대립점이며, 공공의 신앙이라는 이상과 개인적 신념의 대립이기도 하다. 우리가 공유하는 인간 존엄의 이상에 더 잘 들어맞는 견해는 어느 쪽인가?

존엄의 두번째 원칙은 개인에게 다른 사람의 강압에 굴하지 않고 스스로 윤리적 가치를 평가하고 선택할 책임을 할당한다. 물론 문화가 가치 선택에 영향을 미친다. 따라서 우리의 개성은 어느 정도 다른 사람들이 내린 무수히 많은 결정에 의해 직조된다. 다른 사람의 선택들이 우리가 읽는 책, 우리가 보는 이미지, 본능적 행동에 영향을 미치는 기대 등을 대체로 결정한다. 존엄의 두번째 원칙은 이러한 피할 수 없는 영향을 금지하지 않는다. 이와는 아주 다른 종속을 금할 뿐이다. 다른 사람이 좋은 삶이 무엇인지에 대한 자신의 생각을 나에게 강요하거나, 내 윤리적 가치가 그르다고 생각해서 나의 행동을 제약할 권리가 있다고 인정하지 못하게 한다. 따라서 집단적인 동시에 의도적으로 나의 문화를 조종하는 것을 받아들여서는 안 된다. 집단적 힘과 공동체 전체의 자원을 이용해서 구성원들의 윤리적 선택과 가치에 영향을 미치는 것 말이다. 이런 것이 종속이다. 조종당하는 사람들의 이익을 위해서라고 하더라도 마찬가지다. 조종을 통해 보호하거나 주입하려고 하는 가치가 나 자신 역시 소중히 여기는 가치라고 할지라도 이런 조종은 거부해야 한다. 내 가치를 바꾸겠다는 강제든 유지하게 만들겠다는 강제든 마찬가지로 나의 존엄을 손상시키기 때문이다.

물론 분배정의나 보존을 위해서라는 비개인적 판단에 따라 정당화되는 강제적 정책을 다수가 채택할 수는 있다. 이런 정책들이 사람들의 성공적인 삶에 대한 생각에 영향을 미치더라도 마찬가지다. 예를 들어 재분배적 과세와 시민권 운동은 문화를 바꾸고 어떻게 살 것인가에 대한 시민들의 생각에 영향을 미친다. 이런 정책은 윤리적 문화에 강한 영향을 미칠 것이다. 그러나 그것은 그 자체로 정당화될 수 있는 사안으로, 윤리적으로 이득이 되는 영향이라거나 이렇게 바뀐 문화에서 사람들이 더욱 공평해질 뿐 아니라 더욱 잘 살 수 있으리라는 가정에 의해 정당화되는 것은 아니다. 따라서 이런 종류의 강제적 정책은 내 삶의 윤리적 가치에 대한 책임감을 다른 사람에게 맡겼다는 생각 없이 받아들일 수 있다. 권력을 가진 사람들이 권력을 이용해 의도적으로 자기 입맛에 잘 맞는 윤리적 문화를 조성하는 것과는 다르다. 그럴 권리를 인정한다는 것은 무엇이 좋은 삶이냐에 대한 다수의 기준에 따라 나의 신념을 바꾸어놓을 권력이 다수에게 있다고 인정하는 셈이 된다.

미국인들이 정치적 다수에게 경제문화의 근간을 결정할 권력을 부여하기를 바라지 않는다는 사실과 비교해보면 좋겠다. 사회주의 사회는 권력자들에게 가격을 결정하고 자원과 생산을 할당하여 모든 사람의 경제적 환경을 조성할 권위를 부여한다. 그러나 미국인들은 재화와 용역의 자유시장을 주장한다. 곧 경제문화가 개인의 가치와 소망을 반영하는 개인적 결정의 장에 따라 형성되어야 한다는 것이다. 물론 분배정의에 따라 자유시장에서도 여러 외부효과의 영향을 받지 않게 하거나 순수한 시장 배분으로는 공정한 대우를 받기 힘든 사람을 보호하는 장치를 마련한다. 이런 시장 구조와 규제에 대해서는 제4장에서 논할 것이다. 시장 규제가 개인이든 단체든 저마다의 소망과 가치에 따라 공급과 가격에 영향을 미칠 수 없게 한다면, 그런 규제는 받아들일 수 없다. 경제적 사회주의는 비효율적이기도 하지만, 자유를 침해하는 것이기도 하다. 이런 시각은 경제와 무관한 문화에서 종교적 모델을 선호하는 보수주의자들이 열렬히 옹호하는 견해이기도 하다. 그러나 이들은 경제문화에서보다 종교의 경우에 자유가 더욱 심각하게 위협받는다는 사실은 깨닫지 못한다.

종교문화를 육성하기 위해 국가가 종교적 가치를 표방해야 한다는 국가 관료들의 판단은 간섭주의적 정당화와 다를 바 없이 개인적 판단이자 자유에 대한 공격이다. 대다수가 종교적 문화를 바라든 아니든 결국은 다르지 않다. 다수의 시민이 자기네 가치를 법제화를 통해 강요하든 소수가 그렇게 강요하든 인간의 자기 삶에 대한 개인적 책임을 박탈한다는 점에서는 다를 바가 없다.

쟁점들

과학과 종교

우리가 구성한 자유 개념은 개인적 판단에 따라서만 정당화되는 강제를 금지하므로 구성원 다수가 종교적인 사회라고 하더라도 관용적 종교 국가보다 관용적 세속 국가 쪽을 더 지향한다. 어쨌든 간에 내가 방금 제기한 주장이 이런 숙제를 내준다고 할 수 있다. 내 주장에 반대하는 사람은 그것이 잘못되었다고 생각하는 근거를 대어 응수하기를 바란다. 예를 들면 내가 서술한 일반적 자유의 개념에 대해서, 혹은 개인적 판단에 따른 것이냐 분배적·비개인적 판단에 따른 것이냐에 따라 문화에 영향을 미치는 결정들이 정당한지를 구분하는 게 중요하다고 한 것에 동의하지 않을 수 있다. 그러나 반대 주장을 펼치더라도 상당한 폭을 갖춘 자유 이론에 기반을 두어야 하고, 개인적 책임의 원칙을 받아들인다면 그 자유론도 개인적 책임 원칙을 따르고 그것에 들어맞아야 한다. 단순히 결론이 마음에 들지 않는다고 내 주장이 잘못되었다고 말해서는 안 된다.

이런 반대 주장을 굳이 염두에 두지는 않을 것이다. 대신 자유주의/보수주의, 파란/붉은 문화를 나눌 뿐 아니라 종교 국가/세속 국가 모델을 나누는 몇몇 구체적 쟁점들을 살펴봄으로써 내 주장을 보충하려고 한다. 정치적으로 가장 뜨거운 쟁점은 여전히 낙태다. 많은 보수주의자가 낙태는 살인이라고 말한다. 일부 보수주의자들이 낙태를 시행하는 의사들을 살해할 정도로 반대 의견이 극렬하다. 정치공동체는 사법 행위나 입법 행위를 통해 낙태가 살인인지 아닌지를 결정해야 한다. 만약 살인이라면 개인적 판단이 아닌 분배적 근거에 따라 낙태를 불법화해야 하며, 그런다고 자유가 저해되지는 않는다. 살인이 아니라면 낙태는 개인적 판단의 차원에서만 잘못이라고 말할 수 있는데, 자유를 지키는 사회에서는 개인적 판단에 따라 움직여서는 안 된다. 내 생각에 낙태가 살인인가 아닌가는 태아가 임신 기간 초기에 인간인가 아닌가에 달려 있는 것이 아니라 (물론 인간이다) 임신 초기의 태아가 이익을 가지고 있고, 따라서 이익을 지키기 위한 권리를 가지고 있느냐에 달려 있다.

나는 다른 곳에서 그렇지 않다고 주장한 바 있다.[*] 이익을 발생시키는 정신적 삶을 누린 적이 없는 존재는 이익을 갖지 않는다.[**] 따라서 이미 죽었거나 영구적으로 의식불명인 사람은 그래도 이익을 가지고 있다고 말할 수 있다. 그들이 살아 있거나 의식이 있을 때 형성한 이익이 의식을 잃거나 죽은 뒤 더 번성한다면, 그들의 삶이 더욱 성공적일 수 있다는 뜻이다.[***] 예를 들어 내가 간절히 바라는 대로 내가 죽은 뒤에 내 가족이 잘 산다면 내 삶은 더 나은 것이 될 것이다. 그러나 고통을 느껴보거나 계획을 세우거나 어떤 종류의 애착도 형성한 적이 없는 존재는 성취하거나 좌절될 수 있는 이익을 아직 발전시키지 못했다. 그래서 나는 초기 태아에게도 권리가 있다거나 낙태가 살인이라고는 생각하지 않는다. 따라서 초기 낙태를 범죄로 규정하는 것은 개인적 책임의 원칙을 존중하지 않는 것이라는 대법원 판결이 옳다고 본다. 그러나 여기에서 되풀이하기에는 좀 복잡한 문제이므로 이 문제에 관심이 있는 사람은 이 주제에 관한 내 책을 볼 것을 권한다. 대신 여기에서는 이 문제와 밀접한 연관이 있으나 살인 문제를 제기하지 않는 다른 쟁점을 살펴보자.

바로 과학의 문제다. 법제화를 통해서건 교육위원회 결정을 통해서건 교사들에게 압력을 넣어서건, 종교 단체가 공립학교 학생들에게 무

---

[*] 내 책, *Life's Dominion*.
[**] 드니즈 그레이디, "Study Finds 29-Week Fetuses Probably Feel No Pain and Need No Abortion Anesthesia," *New York Times*, 2005년 8월 24일, 섹션 A, p. 10 참조.
[***] 사망했거나 의식이 없는 사람에게 이익이 있느냐의 문제는 *Life's Dominion*에서 논했다.

엇을 가르칠지를 지시한다는 생각만큼 자유주의자나 온건주의자들을 공포에 질리게 할 일은 없을 것이다. 전투적인 신앙이 새로운 암흑의 시대를 가져오리란 전망에 기겁하는 미국인들이 많다. 이들은 미국이 지적으로 퇴행적이고 정체된 신정국가로 바뀌어 무지와 암흑의 밤이 도래할 것을 두려워한다. 그러나 누군가는 학생들에게 역사와 과학에 대해 무엇을 가르칠지를 결정해야 한다. 선출된 교육위원이나 해당 학구의 학부모 다수가 다윈의 진화론이 완전히 잘못되었다고 진심으로 믿는다면, 이런 오류를 학생들에게 가르치는 것을 막을 권한을 부여해야 하지 않는가? 교사들이 학생들에게 지구가 평평하다고 가르치는 것을 막을 권한이 있는 것과 마찬가지로? 성서를 교실에서 가르치면 안 된다고 해서 성서에 나온 창조론도 가르치면 안 된다는 것은 말이 안 된다. 성서에는 살인을 금하는 내용도 있는데, 그렇다고 살인이 나쁘다고 학생들에게 가르치면 안 되는 것은 아니지 않는가.

그러나 종교적 보수주의자들이 지닌 우주적·생물학적 믿음은 그냥 우연히 종교적 신념과 일치하는 게 아니다. 이들은 종교적 신념에서 나온 것이 아니라면 어떤 우주적·생물학적 믿음이라도 거부할 것이다. 종교적 보수주의자라도 대부분은 경험주의적 과학방법론이 진실을 발견하는 데 유용하며, 학생들에게도 성인이 된 뒤의 삶을 준비하게 하려면 이런 방법이 믿을 만하다고 가르쳐야 한다고 본다. 천동설이라든가 방사능이 무해하다는 등 의문의 여지없이 거짓임이 과학적으로 입증된 이론의 경우, 교사들이 이를 대안 이론으로라도 가르친다면 반대할 것이다. 과학의 관점에서 보면 성서에 나온 우주와 인류 창조설 또한 마찬가지로 어리석은 소리다. 그런데 일부 종교인들은 창조론을 비롯해 신앙과 과학이 충돌하는 몇몇 분야에서는 신앙이 과학을 우선한다고 본다. 자기 삶에서 신앙의 역할을 정하고자 하는 개인적 책임을 자의식적으로 행사하여 다윈 이론의 진실성을 부인한다. 그건 그들의 권리다. 그들에게 그런 신념을 버리도록 강요하는 것은 심각한 자유의 침해일 것이다. 그러나 인간 존중의 두번째 원칙을 존중한다면 그런 신앙을 다른 사람에게, 특히 의무교육을 받는 학생들에게 강요해서는 안 된다.

최근 몇 년 동안 신앙이 있는 몇몇 과학자들이 성서적 권위나 성서에 나오는 '젊은 지구' 창조론에 기대지 않는 다윈 진화론의 핵심 원칙을 논박했다. 다윈 이론을 반박하는 사람들은 다윈이 주장하는 자연의 과정과 자연선택이 아니라, '지적 설계'가 생명체와 인류를 만들어냈다는 사실을 입증했다고 주장한다. 이런 논지가 빠른 시간 안에 엄청난 관심을 끌면서 악명을 떨쳤다. 몇몇 주에서는 공립 고등학교 생물시간에 표준 진화론의 대안 이론으로서 지적 설계론을 가르치는 것을 의무화하는 방안을 검토했다. 펜실베이니아 교육위원회는 몇 년 전 의무화를 채택했다. 이에 대해 연방지방법원 판사가 공립학교에 기독교 교리를 도입하는 것은 위헌이라며 이 제안을 기각했지만,* 다른 주에서도 비슷한 움직임이 계속되고 있다. 부시 대통령은 최근 들어 이런 움직임을 지지하는 모습을 보였다. 부시는 "양쪽 모두 제대로 가르쳐야 한다고 생각했다"고 말했다.** 2008년 공화당 대선 후보 지명을 노린다는 상원 다수당 원내대표 프리스트 상원의원도 이에 동의했다. 프리스트

---

* 키츠밀러 등 대 도버 지역 교육위원회, 펜실베이니아 중부지역 연방지방법원. 판사 존 존스 약식 판결, 2005년 12월 20일.
** 엘리자베스 버밀러, "Bush Remarks Roil Debate over Teaching of Evolution," *New York Times*, 2005년 8월 3일, 섹션 A, p. 14.

는 진화론과 지적 설계론을 인류 탄생에 대한 서로 경쟁하는 과학적 설명으로 함께 가르치는 것이 온당하다고 했다. 왜냐하면 그래도 "아무에게도 특정 이론을 강요하지 않기 때문"*이다.

진화론을 부정하는 과학적 증거가 있다면 당연히 학생들에게 가르쳐야 한다. 그러나 지적 설계 운동은 과학적 증거를 전혀 발견하지 못했다. 우리는 지적 설계론의 세 가지 주장을 구분해야 한다. 1) 아직 다윈 이론의 돌연변이와 자연선택 과정으로 지구상 모든 동식물의 발달상 특징을 충분히 설명하지 못했다. 몇몇 특징에 대해서는 여전히 추측과 논란이 남아 있다. 2) 이런 특징이 일반 다윈 이론의 구조 안에서 설명될 수 없다는 과학적 증거가 충분히 있다. 그러니 제대로 설명하려면 이 틀 자체를 버려야 할 것이다. 3) 이 증거들은 지적 설계자가 생명을 창조했고 인류를 만들어낸 발달 과정을 설계했음을 시사한다고 할 수 있다.

세 가지 주장 가운데 첫번째 것은 사실이고 놀라운 일은 아니다. 진화론의 세부사항은 진화론으로 설명하려는 현상과 마찬가지로 엄청나게 복잡하다. 예를 들면 저명한 생물학자들 사이에서도 고등생물의 몇몇 특징을 우연으로 설명할지, 아니면 생존을 위한 가치가 없는 부산물로 설명하는 게 좋을지 등에 대해 열띤 논쟁이 벌어진다. 그 밖에도 진화생물학에는 여러 논란이 있고 생물학자들마다 그에 관한 생각이 다르다.

두번째 주장은 거짓이다. 진화과학자가 몇몇 수수께끼의 해답에 아

---

* 데이비드 스타우트, "Frist Urges 2 Teachings on Life Origin," *New York Times*, 2005년 8월 20일, 섹션 A, p. 10.

직 도달하거나 합의하지 못했다고 해서 이 방법론에 결함이 있다고 볼수는 없다. 역사적 논란이나 입증되지 않은 수학적 가설이 있다고 해서 역사가들과 수학자들이 쓰는 방법을 버릴 필요가 없는 것과 마찬가지다. 아직까지는 다윈 이론의 일반적 틀 안에서 진화의 수수께끼가 풀릴 수 없다고 의심할 근거가 나오지 않았다. 다윈 이론에 반대하는 해결책들도 다윈 이론의 일반적 구조를 의문시하게 만들지는 않는다. 지적 설계론 주창자들은 강의, 대중저술, 텔레비전 출연 등을 통해, 특정 생명 형태의 더 이상 단순화할 수 없는 복잡성(아주 원시적인 생명체라도 그 구성 성분 가운데 단 하나라도 없으면 생명체는 생존할 수 없다는 것)이 다윈 이론을 완전히 버려야 한다는 증거가 된다고 주장한다. 이것은 아주 형편없는 논증이다. 아직까지 이런 주장이 검증된 학술지에 실리지 못한 것, 그리고 전문가들 사이에서 논쟁조차 벌어지지 않은 것만 보아도 그렇다는 사실을 알 수 있다.* 다윈을 공격하는 내용이라면 아무리 근거가 충분한 논문이라고 해도 과학계에서 받아들이지 않을 것이라는 설명은 말이 안 된다. 오히려 진화론 전반에 대한 과학적으로 탄탄한 반론이 있다면 정말 흥미진진한 일이 될 것이다. 노벨상은 따 놓은 당상일 것이고.

세번째 주장은 두번째 주장이 사실이라고 하더라도 거짓이다. 물리학적·생물학적 현상에 대한 물리학적·생물학적 설명을 찾아낼 수 없다고 해서 그것을 신의 개입에 대한 증거라고 여겨 신의 개입을 현상의

---

* 키츠밀러 등 대 도버 지역 교육위원회 사건을 보라. 지적 설계론 논증의 과학적 오류에 대해 명료하게 설명한 글로 필립 M. 보피의 "The Evolution Wars, Revisited," *New York Times* 웹 사이트 http://select.nytimes.com/2006/01/18/opinion/18talkingpoints.html?pagewanted =all8dpc.

원인으로 본다면, 과학은 적어도 두 가지 이유에서 사라질 수밖에 없을 것이다. 첫째로, 과학은 입증하거나 반증할 수 있는 가능성에 의존하는데, 자연법칙의 지배를 받지 않는 초인적 힘이 무엇의 원인이 되었는지 아닌지를 입증할 수 있는 증거는 있을 수 없다. 둘째로, 신의 개입이 자연현상을 설명하는 방법으로 한번 받아들여진다면, 기존 과학적 설명으로 아직 입증하지 못한 모든 것에 대한 설명 방법 가운데 하나로 늘 인정될 수밖에 없다. 의사들은 흡연과 폐암의 강한 상관관계를 밝혀냈지만, 흡연이 폐암을 유발하는 원리에 대해서는 아직 알지 못한다. 그렇다면 손쉬운 설명이 있다고 말할 수 있지 않는가? 하느님이 흡연자를 처벌한다고? 신의 개입이 과학적 설명을 대신할 수 있는 후보로 받아들여진다면, 충분히 확립된 기존 설명을 대체할 수도 있는 일이다. 대기 중 탄소 배출 수치를 감소시키지 않으면 지구온난화가 가속화되리라는 물리학자들의 설명을, 신이 알 수 없는 목적으로 지구를 데우고 있으며 원할 때에는 다시 식힐 것이라는 설명보다 우선시해야 할 이유가 있는가? 일단 창조의 기적을 받아들인다면, 다른 사실들에 대해서도 과학적 설명과 신학적 설명이 둘 다 합당하다는 것을 받아들일 수밖에 없다. 사회적으로 보수적인 미국인이라도 교사들이 기적을 언급하며 모든 것을 설명할 수 있게 허락하는 교육위원회를 지지하지는 않을 것이다. 보수주의자들이 지적 설계론 개념에 끌리는 것은 자기네 종교가 기대고 있다고 믿는 하나의 특정한 기적, 곧 '창조'에 과학적 축복을 내린다고 주장하기 때문이다. 그러나 창조만을 특별하게 취급할 근거는 없다. 기적을 과학적 설명과 동등하게 취급하기 시작한다면, 그로 인해 이성이 받을 타격은 한이 없고 통제되지도 않는다.

신학적 가정의 진실성을 모두 부인하는 것이 아니다. 하느님이 우주와 생명, 인류를 창조했다고 믿는 수백만의 사람이 옳지 않다는 이야기도 아니다. 그러나 그들의 믿음이 어떤 면에서 근거가 있다고 하더라도, 이런 현상에 대한 과학적 설명을 제공하지는 않는다. 단순히 의미상 차이가 아니며, 그저 '과학'이란 무엇인가에 대해 떠들고 있는 것도 아니다. 개인적 가치에 대한 책임을 보호하여 인간 존엄을 지키려면, 신앙과 이성의 구분 위에서 의무교육을 펼치고 진리를 승인해야만 한다. 학생들이 지식을 추구하고 세계경제 안에서 경쟁하기 위해 논리적으로 옹호 가능한 개념의 과학이 필요하다는 극히 실용적인 이유도 있지만, 종교적 신앙에 대한 시민들의 개인적 책임을 보호하기 위해서이기도 하다. 공공 정치철학 안에서 과학을 이야기할 때에는 종교적·윤리적 가치 체계에 대한 헌신에서 권위를 끌어와서는 안 된다. 따라서 프리스트 상원의원이 지적 설계론을 진화론의 과학적 대안으로 제시한다고 해서 "아무에게도 특정 이론을 강요하지 않는다"고 말한 것은 심각한 잘못이다. 사실상 국가의 권위를 이용해 학생들에게 과학에 대한 그릇되고 무용한 시각을 강요하는 것으로, 실질적·정치적으로 학생들에게 피해를 주기 때문이다.

부시 대통령이 학교에서 지적 설계론을 가르쳐야 한다고 말했을 때 과학담당 고문 존 마버거는 다윈 이론은 현대 생물학의 초석이며, 대통령이 한 말은 그저 "일부 사람들이 지적 설계론이 대안 이론이 될 수도 있다고 했음을 학생들에게 가르쳐야 한다"* 는 의미라고 논평했다. 사실이라면 부시의 제안을 환영해야겠다. 제5장에서 나는 현대 정치 논쟁이라는 과목이 미국 고등학교 교육과정에 필수가 되어야 한다고

---

* 엘리자베스 버밀러, "Bush Remarks Roil."

주장할 것이다. 지적 설계 운동은 적어도 다른 종교적 진화론 반대 운동이 그 자리를 차지하기 전까지는, 이 과목에서 공부하고 평가되어야한다. 그러나 생물학 시간에 받아들여서는 안 된다.

국기에 대한 맹세와 의례

이제 논란이 되는 다른 쟁점을 살펴보자. 미국의 국기에 대한 맹세다. 국기에 대한 맹세는 전통적으로 학교에서나 국가의례에서 암송되는 공식 충성 맹세다. 수십 년 전부터 이 맹세에는 의회의 승인을 거쳐범기독교적인 종교적 선언이 들어가 있다. 맹세에서 미국은 '하느님의보호 아래 한 국가'라고 한다. 이 맹세는 자발적이다. 신에 대한 언급이 맹세에 들어가기도 전부터, 대법원에서는 학생들에게 암송을 강요할 수 없다는 판결을 내렸다. 관용적 종교 국가 쪽으로 끌리는 사람들은 이런 문구를 지지하는데, 이 문구가 종교와 애국주의의 필요불가결한 결합을 상징하고 촉구한다고 생각하기 때문이다. 하지만 공식 맹세를 반드시 해야 하는 것은 아니므로 아무도 양심에 반하는 행동을 강요받지 않는다고 말한다. 주위 사람들이 모두 맹세를 암송하는데 입을다물고 있는 사람은 아웃사이더처럼 느낄 수 있다는 것을 인정하기도한다. 유일신교를 범기독교적으로 지지할 수 없다면 그 사람은 아웃사이더이고 본인을 비롯한 다른 사람들에게 그 사실을 일깨워주는 것이해로울 수 있더라도, 그것은 스스로의 선택이라는 것이다.

그러나 믿지 않는 것을 강제로 암송하게 하지 않는 것만으로 존엄이지켜지는 것은 아니다. 존엄은 우리에게 스스로 윤리적 가치를 선택할능동적 책임을 부여하고, 앞서 말했듯이 이런 결정을 내릴 때 우리는무수히 많은 문화의 양상에 영향을 받는다. 하지만 우리의 선택을 의도를 가지고 강제로 조종하는 정부에 종속되기를 거부해야 한다. 충성 맹세 때문에 온전한 시민이 스스로를 아웃사이더처럼 느끼게 된다면, 그런 맹세는 분배적 이유로 정당화될 수 없다. 개인적 판단에 따라 정당화될 뿐이다. 공통 문화에서 종교와 애국주의를 연관 짓는 것이 바람직하다는 개인적 판단에 근거해 일부러 둘을 연관 짓게 만드는 것인데, 그럴 경우 종교와 상관없는 애국심을 품고 싶은 사람이 그렇게 하기 어려워진다. 정치적 선서에 담긴 종교적·형이상학적 가정을 스스로 정의하는 것도 자기 가치관에 대한 책임의 일부다. 공식적으로 승인된 의식에 강제적 영향을 받는 일은 대놓고 맹세를 강요당하는 것만큼이나 받아들일 수 없는 일이다.

그렇더라도 사실 강제적 영향이 아주 강하진 않다. 공식 맹세가 자유의 침해이기는 하지만, 사실 심각한 일이라고 볼 수는 없다. 무신론자가 주머니에서 꺼낸 동전에 우리는 하느님을 믿는다고 적혀 있거나 의회나 법정에서 기도로 개회식을 거행하는 가운데 서 있게 되더라도 자기 정체성을 저버렸다고 생각하지 않을 수 있듯이, 국기에 대한 맹세를 따라 하는 척하더라도 원칙을 저버렸다고 느끼지 않을 수 있다. 아이들은 보통 학교에서 암송하는 국기에 대한 맹세의 문구를 놀이터에서 친구들하고 놀다가 맹세를 할 때만큼도 진지하게 여기지 않는다. 하지만 그것은 맹세를 신학적으로 만들려는 의도가 실패했다는 의미일 뿐 그 목적 자체가 온당하다는 뜻은 아니다.

연방법원을 바쁘게 했던 또 다른 문제에 대해서는 걱정할 필요가 더 없다고 본다. 종교적 전통에서 나오긴 했으나 축제의 중심 장식이라는 비종교적인 역할도 하는 상징물을 공공장소에 전시하는 문제 말이다. 무신앙자들에게서도 거둔 세금으로 크리스마스트리를 설치하기는 하지만, 얼마 되지 않는 비용이다. 공동체에서 구성원들의 종교 가운데 딱한 종교의 행사만 인정한다면 옳지 않을 것이다. 그래서 요즘은 크리스마스트리와 유대교 촛대를 같이 전시하기도 하고 때로는 초승달도 곁들인다. 시민들에 대한 관심과 존중이 평등해야 한다는 것은 분명하다. 그러나 대법원이 몇몇 어색한 의견을 내어 인정했듯이, 이런 공공 설치물에는 종교색이 거의 없어 무신앙자도 동전을 쓸 때나 다름없이 진실성을 저버린다는 의식을 갖지 않고 편안하게 즐길 수 있다고 본다.

결혼

마지막 예, 동성결혼은 아주 다른 문제다. 결혼 제도는 특별하다. 아주 오래되고 무게감 있는, 사회적·개인적 의미를 지닌 독특한 결합과 헌신의 방식이다. 시나 사랑의 대체물을 만들어낼 수 없듯이 그만한 강렬한 의미를 지닌 다른 헌신의 방식을 만들어낼 수는 없다. 결혼 상태는 당사자에게 대체할 수 없는 가치의 근원이 된다. 결혼 제도가 없다면 만들어낼 수 없는 가치를 두 사람이 삶에서 함께 이룰 수 있게 한다. 우리는 성별이 같은 사람들이 성별이 다른 사람들과 마찬가지로 열렬하게 서로를 사랑하는 일이 종종 있음을 안다. 결혼 제도라는 놀라운 자원을 이성 커플에게는 허락하고 동성 커플에게는 부인한다면, 양쪽 커플 모두 삶에서 중요하다고 생각하는 가치를 한쪽에게만 실현 가능하게 만드는 셈이다. 사회에 그런 차별을 할 권리가 있는가?

우리가 개인적 책임의 원칙을 받아들이고 그에 따른 권리를 인정하므로, 이 정도로 중대한 차별을 하려면 개인적 판단의 차원에 머무르지 않는 아주 강력한 정당화가 필요하다. 동성결혼에 반대하면서 개인적 판단이 아닌 정당화를 제시하고자 한 사람들은 철저하게 추측에 불과한 가설을 내세웠다. 매사추세츠 대법원에서 동성결혼을 인정했을 때 반대를 표한 판사들은 이성결혼이 동성결혼보다 자녀를 키우기에 더 적합한 환경을 제공한다는 이유를 들어 동성결혼 금지를 정당화했다. 이 의견에 대해 설득적이기는커녕 그럴듯한 근거조차 없었다. 이런 시각 자체가 종교적 선입견의 산물이기도 하고, 매사추세츠를 비롯한 여러 주에서 결혼하지 않은 동성 커플에게 입양을 허락했으니 이런 시각이 현실적으로도 사실이 아님이 확인된 셈이다.

이보다 좀더 보편적인 정당화 논리가 있다. 동성결혼을 금지하더라도, 결혼으로 인한 물질적 이득 대부분을 제공하는 '시민 결합civil union'을 허용한다면 동성애자를 차별하는 게 아니라는 주장이다. 이 주장은 스스로 모순이다. 결혼이나 급조한 시민 결합이 물질적·법적으로 차이가 없다면, 왜 결혼은 이성끼리만 해야 하는가? 다름 아닌 결혼에는 정신적 측면이 있고 시민 결합에는 없기 때문이다. 정신적 측면이라고 한 것은 종교적 측면일 수도 있는데, 동성 커플 가운데에도 이성 커플과 마찬가지로 이런 부분을 원하는 사람이 있다. 아니면 양쪽 커플 모두 얻고 싶어 하는 결혼의 역사적·문화적 의미 때문일 수도 있다. 그것이 무엇이건 간에 동성 커플에게 이런 지위를 부여하지 않을 이유가 있다면, 그 이유가 시민 결합이 결혼과 동등한 기회가 될 수 없는 이유이기도 할 것이다.

동성결혼에 반대하는 유일하게 제대로 된 정당화 논리이자 거센 반대를 불러일으킨 주장은 종교적 내용을 포함한 국기에 대한 맹세를 지지하는 주장과 같은 형태를 띠는데, 이 경우에는 훨씬 더 위험하다. 동성결혼에 반대하는 주장을 최대한 공감하며 표현하자면 이렇다. 결혼제도는 독특하고 막대한 가치가 있는 문화적 자산이며, 그 의미와 가치는 수세기에 걸쳐 자연스럽게 쌓여왔다. 결혼이 남자와 여자 사이의 결합이라는 가정이 결혼의 의미와 떼려야 뗄 수 없이 결합되어 있기 때문에, 그 가정을 빼버린다면 전혀 다른, 덜 가치 있는 제도가 될 것이라는 주장이다. 다른 위대한 자연적·문화적 자원의 의미와 가치를 유지하려고 애쓰는 것과 마찬가지로 이 독특하고 가치 있는 문화적 자원을 유지하려고 애써야 한다는 말이다.

　이 주장이 동성결혼에 반대하는 설득력 있는 요소를 지니고 있긴 하나, 우리가 공유하는 이상인 자유와 이 자유가 보호하는 개인적 책임이라는 전제에 위배되기 때문에 거부해야만 한다는 점이 이제 되풀이하지 않아도 당연하게 여겨지길 바란다. 방금 제시한 주장에서 '결혼'을 '종교'로 바꾸면 확연히 명백해진다. 문화유산으로서 결혼의 가치라고 하는 것은 종교 제도 일반에도 해당되는 말이다. 종교는 무수히 많은 사람이 무엇보다도 소중하게 여기는 특별한 문화적 자원이다. 종교의 의미도 결혼의 의미처럼 오랜 세월에 걸쳐 축적되어왔다. 그러나 종교의 의미는 결혼과 마찬가지로, 새로운 종교나 분파가 발달하고 과학, 정치, 사회정의 이론 등이 세속적 영역에서 발달함에 따라 기존 교의나 관습이 흔들리기도 하면서 극적인 변화를 겪어왔다. 종교에 대한 사람들의 관념도 바뀌었다. 예를 들어 최근에는 여성운동에 의해 여성 목사도 탄생하게 되었고, 신비주의, 환각 실험, 범신론, 유니테리언파, 근본주의 교리, 급진해방운동 등 다양한 대중적 상상력의 유행에 따라, 또 개인의 결정에서 비롯되어 종교의 의미에 지각변동을 일으킨 무수히 많은 종교적 충동들에 의해 변화해왔다. 미국에서 복음주의자를 포함해 종교적 보수파라고 할지라도 새로운 생각을 가진 사람들이 종교 조직 내의 자리, 법적 지위, 세제, 경제적 혜택 등에 접근하지 못하도록 금지하는 법률에 의해 종교의 문화적 의미가 고정되어야 한다고 생각하지는 않는다.

따라서 방금 예로 든 것처럼 결혼이 문화유산이라는 근거에 기대어 동성결혼에 반대하는 주장은, 우리 대부분이 공유하고 존엄의 두번째 원칙에 반영되어 있는 본능과 사고에 어긋난다. 이 주장은 우리 가운데 일부, 곧 그 시점에 정치적 권력을 지닌 사람이 마음대로 주조하고 보호할 수 있는 소유물인 문화가 우리의 가치관을 형성한다고 보는 것이다. 이것은 심각한 오류다. 진정으로 자유로운 사회에서 생각과 가치의 세계는 어느 한 사람의 것이 아니라 모두의 것이다. 내 주장이 옳지 않다고 그냥 우기기만 할 게 아니라 논박할 사람이 있는가?

・제4장・
과세와 정당성

세금과 지출

지금까지 미국인들을 대립하는 두 진영(보수와 진보 혹은 빨강과 파랑)으로 나누는 것처럼 보이는 첨예한 이슈 두 가지를 살펴보았다. 테러의 위협에 맞설 때는 미국 국내 형사법 절차에서 보장하는 전통적 권리를 무시해도 되는가? 종교가 우리 정치, 정부, 공공 생활에서 어떤 역할을 해야 하는가? 여기서는 마찬가지로 첨예하면서도 이 둘보다 시민들의 일상생활에 더 큰 영향을 미치는 세번째 문제, 즉 세금에 대해 살펴보자.

부시 대통령은 첫번째 임기 때 아주 과감한 감세를 추진했다. 아주 돈이 많이 드는 군사작전 도중에 감세 조처를 취했으니 더더욱 과감한 일이었다. 2005년까지 10년 남짓 기간 동안 대통령의 요구에 따라 의회는 세금을 1조 8천억 달러나 줄였다. 감세 혜택은 가장 부유한 미국인들에게 주로 돌아갔다. 2005년 부시와 공화당 양원 대표는 추가 감세를 제안하는 한편, 승인된 감세를 영구화하자는 의견을 내놓았다. 그 해 허리케인 카트리나가 뉴올리언스를 비롯한 걸프코스트 지역을 황폐화했을 때 미국인들은 정부의 무력하고 더딘 대응에 충격을 받았다. 대다수가 흑인인 이 지역의 가난한 주민들의 망가진 삶에 대한 정부의 관심이 부족하다고 느꼈기 때문이다. 정부가 걸프 지역의 재건을 돕기 위한 사회적 프로그램은 축소하면서 추가 감세를 감행하는 것에 대해 정치적 반발이 일면서 온건파 공화당 의원들의 반감도 거세져, 공화당 의원들은 추가 감세를 연기할 수밖에 없었다. "며칠 사이에 세금을 줄이고 나란히 식품 구입권 지급도 줄이는 것이 당연히 좋아 보이지 않는다"[*]라고 뉴욕 주 공화당 의원 제임스 T. 월시가 말했다. 그래도 대통령은 여전히 추가 감세가 바람직하다고 말한다.

미국 내 재산과 소득의 분포는 충격적이다. 2001년 미국 인구의 1퍼센트가 미국 전체 부의 3분의 1 이상을 소유했고, 인구 상위 10퍼센트가 70퍼센트를 소유했으며, 하위 50퍼센트의 소유는 2.8퍼센트에 불과했다.[**] 미국 통계국 수치에 따르면 2001년 수입 상위 20퍼센트가 총소득의 50퍼센트 이상을 벌었고, 상위 5퍼센트는 22퍼센트 이상을 벌었다.[***] 2004년 정책 연구기관 보고서에 따르면, 대기업 최고경영자의 평균 소득은 일반 사원 평균 월급의 431배였다.[****]

---

[*] 마이클 A. 플레처와 조너선 와이즈먼, "Bush Renews Push for Extending Tax Cuts," *Washington Post*, 2005년 12월 6일, p. A02.

[**] 아서 B. 케니켈, "A Rolling Tide: Changes in the Distribution of Wealth in the U.S., 1989~2001," 표 10(Levy Economics Institute, 2003년 11월).

[***] 미국 통계국, "Historical Income Inequality," 표 IE-3(Household Shares of Aggregate Income by Fifths of the Income Distribution: 1967 to 2001) (2002).

[****] "A Marie Antoinette Moment," *International Herald Tribune*, 2006년 1월 3일, p. 6 참조.

부시의 감세가 안 그래도 심각한 빈부격차를 더욱 벌려놓았다. 브루킹스 협회 조세 정책 연구소는 기업 배당금에서 소득세를 면제하는 하나의 조항으로 인해 발생하는 혜택의 절반 이상이 인구의 상위 5퍼센트에게 돌아간다고 계산했다. 이 감세로 인해 연간 소득이 1백만 달러가 넘는 사람이 얻는 혜택은 소득이 10만 달러 미만인 사람이 받는 혜택의 5백배가 넘었다.*

공화당 지도자들은 부자를 위한 감세가 경제 활성화에 반드시 필요하다고 말한다. 그러나 부시의 감세 정책으로 이전 정권에서 물려받은 수조 달러의 잉여금은 전례 없이 위험한 재정 적자 상태로 바뀌고 말았다. 의회 예산위원회는 앞으로 10년 동안 3조 5천~4조 달러 사이의 재정 적자를 예상했고, 전체 경제도 크게 나아진 게 없었다.** 2001년 이후의 경기회복 혜택 역시 주로 부자들에게 돌아갔다. 미국 가계소득 중앙값은 2001년 이후 오히려 떨어졌고*** 가계소득 평균은 2004년에 2.3퍼센트 감소했다.**** 대통령 직속 경제자문위원회가 예측했듯이 감세로 인한 혜택은 일자리 증가에만 아주 조금 기여했을 뿐이다.***** 사실 『뉴욕 타임스』 보도에 따르면,

* 조엘 프리드먼과 로버트 그린스타인, "Exempting Corporate Dividends from Individual Income Taxes," Center on Budget and Policy Priorities, 2003년 1월 6일.
** "Wanted: A Wary Audience," *New York Times*, 2006년 1월 31일, 섹션 A, p. 20 참조.
*** "Economy Up, People Down: Declining Earnings Undercut Income Growth," Economic Policy Institute Publication, http://www.epi.org/content.cfm/webfeatures _econindicators_income20050831 참조.
**** "Average American Family Income Declines," http://www.msnbc.msn.com/id/ 11520738/ns/business-personal_finance/t/average-american-family-income-declines 참조.
***** Council of Economic Advisers, "Strengthening America's Economy: The President's Jobs and Growth Proposals," 2003년 1월 7일 참조.

부시 정권 경제 회복기의 일자리 증가는, 현재까지 실적으로 보아 1960년대 이후 어느 경제 회복기보다 못하다. 올해 한 달에 50만 개가량의 새 일자리가 계속 생겨야만 현대 일자리 창출 기록 가운데 두번째로 낮은 수치와 겨우 같아진다. 직업이 있는 미국인들이 더 열심히 일하고 있는 반면, 미국인 대부분의 금전적 생명줄인 시급이나 주급은 2003년 중반 이후 물가인상 폭을 감안하면 변동이 없거나 떨어지고 있다.[*]

노벨상 수상 경제학자 조지프 스티글리츠는 2002년에 "내가 경제 활성화를 위한 감세 목록을 만든다면 〔부시의〕 배당금 소득세 삭감은 후보에 들지 않을 것이다"[**]라고 했다.

그러나 세금을 둘러싼 정치적 공방은 향후 경제 전망의 문제만은 아니다. 많은 보수주의자는 세금을 통해 실현하는 복지 프로그램을 축소하거나 폐지하기를 바라기 때문에 세금을 낮추고 싶어 한다. 지난 70여 년 동안 (루스벨트 대통령이 뉴딜 정책으로 부르는 것을 도입한 이래) 성공적인 민주국가 국민들은 대체로 국가의 부를 자유시장 체제에서 저절로 이루어지도록 내버려두기보다는 더 공정하게 분배하는 것이 정부의 임무 가운데 하나라고 생각하게 되었다. 정부가 재분배를 할 때 쓰는 주된 방법이 바로 세금이다. 누진세율로 세금을 거두어 부자가 가난한 사람보다 소득이나 재산에 대해 더 높은 세율로 세금을 내게 하

---

[*] "Wanted: A Wary Audience."
[**] 조지프 스티글리츠, "Bush's Tax Plan—the Dangers," *The New York Review of Books*, 2003년 3월 13일.

고, 이렇게 거둔 돈으로 실업, 퇴직급여, 의료보장, 빈곤 아동 구호, 식량 원조, 주택 보조금 등의 복지를 제공하는 프로그램의 자금을 마련한다.

보수주의자들은 이런 정부 역할이 축소되어야 한다고 보고, 그러기 위해서 감세 정책이 적합하다고 본다. 왜냐하면 현재 상태의 과세 제도 역시 돈을 벌기 위해 열심히 노력하고 경제에 활력을 불어넣어 모든 사람에게 혜택이 돌아가게 하는 사람들에게 불공평한 제도이기 때문이다. 이들은 능력과 과감한 투자로 경제에 기여한 성공적인 기업가가 성공에 대한 대가로 높은 세금을 무는 처벌을 받아서는 안 된다고 믿는다. 부시의 감세로 인해 부자가 가장 큰 혜택을 입은 것이 불공평하기는커녕, 누진세의 불평등함이 이제야 조금씩 시정되기 시작했을 뿐이라고 본다. 반면 자유주의자들은 미국의 빈민복지 제도가 너무 빈약하며 부자들의 세금을 줄여 복지를 더욱 감소시키는 것이 매우 불공평하다고 생각한다. 따라서 양쪽 주장 모두 중대한 근거는 공평함이다. 이 장에서는 세금과 공평함, 그리고 세금과 정부의 정당성 사이의 연결 관계를 제시하여 이러한 의견 차이를 깊이 파고드는 동시에 논의를 구체화하고자 한다. 적당한 시점에 이르러, 정부가 규제가 느슨한 자유 시장에서 생산된 부를 재분배하지 않는다면 모든 시민의 존중과 충성을 요구할 근거가 약해진다고 주장할 것이다.

적어도 미국에서는 보수주의자들이 세금 투쟁에서 승리한 것으로 보인다. 최근 몇십 년 동안 선거 유세에서 전반적인 증세를 주장했던 대선 후보는 단 한 사람 1984년 월터 먼데일*이 유일한데, 압도적인 표

---

* (옮긴이) 미국 제42대 부통령, 1984년 대선 민주당 후보.

차로 선거에서 패했다. 조지 H. W. 부시는 1988년 대선에서 승리했을 때 사람들에게 자기 입을 보라고 하고는 입 모양으로 "세금 인상은 없다"라고 말했다. 1992년 부시가 빌 클린턴에게 패했던 까닭은, 그렇게 말해놓고도 세금을 올려서 보수주의자들의 지지를 잃었기 때문이라고 주장한다. 지금은 주요 정당 정치가 가운데 전반적 증세를 말하는 사람은 아무도 없다. 2004년 대선 선거 유세에서 존 케리는 소득이 20만 달러 이상인 사람들의 세금을 올리겠다고 약속했다. 부시는 케리의 이런 제안이 "세금을 물리고 마구 쓰자는 자유주의자"라는 증거라고 응수했다. 이런 공격이 투표에 얼마나 영향을 미쳤는지는 알 수 없지만, 얼마나 많은 사람이 자기에게 경제적 이득으로 돌아올 정책에 반대하는 투표를 했는가를 보면 놀라울 뿐이다. 일반적·정치적 통념에 반하는 일이기도 했다. 현재 20만 달러 이상을 벌거나 곧 벌게 되리라고 여겨지는 사람은 아주 소수이니 말이다. 이 결과는 경제적 쟁점이 안보나 종교적 쟁점에 밀렸다는 의미일 수도 있다. 어쨌든 간에 아주 많은 사람이 부시의 조세 정책이 불공평하다는 민주당 쪽의 주장을 받아들이지 않았다는 것은 분명하다.

세금에 관한 논쟁이 특히 신랄했던 까닭은 앞선 두 장에서 논의한 쟁점들과 마찬가지로 논쟁의 틀이 없었기 때문이다. 구호만 난무했다. 자유주의자들은 보수주의자들이 가난한 자의 고혈을 짜내려고 한다고 했고, 보수주의자들은 자유주의자들이 남의 돈으로 생색내려 한다고 했다. 양쪽 누구도 공정하다고 생각되는 세금 수준을 정의하지는 못했다. 자유주의자들은 세율이 너무 낮다고 불평했고 보수주의자들은 너무 높다고 불평했지만, 얼마나 올리거나 낮추어야 하는지, 그 근거는 무엇인지를 설명할 수 있는 사람은 없었다.

따라서 진정한 토론의 장을 열기 위해 이 질문에 대해 서로 대립하는 답을 체계화하는 구조를 제안하려고 한다. 이번에도 제1장에서 명시한 뒤 다음의 두 장에서 탐구한 인간 존엄의 원칙에서 시작할 것을 제안한다. 인간의 삶에는 본질적 가치가 있고 모든 사람은 자기 삶에서 잠재적 가치를 확인하고 실현할 책임이 있다는 원칙을 논쟁의 토대로 받아들인다면, 어떤 조세 정책을 추구해야 하는가? 이런 원칙이 재정의 영역, 곧 세금과 지출의 영역에서 요구하는 바가 무엇일지가 바로 분명하게 떠오르지는 않는다. 우리가 지금 탐구하려고 하는 바가 바로 그것이다.

정치적 정당성과 동등한 관심

모든 인간이 잘 사는 것이 누구에게나 똑같이 본질적으로 중요하다는 사실을 받아들인다면, 그 누구의 삶도 별로 중요하지 않은 듯이 다루어서는 안 된다. 그렇게 취급한다면, 그 사람뿐 아니라 우리 모두를 비하하는 일이 된다. 그러나 (몇몇 철학자는 그래야 한다고 하긴 했으나) 우리가 모든 사람의 안녕에 대해 우리 자신이나 가까운 사람에게 갖는 관심과 다를 바 없는 관심을 가져야 한다는 의미는 아니다. 우리는 보통 우리 자신의 목표와 취향, 책임을 염두에 두고 행동한다. 내자식을 도울 때 다른 사람들의 자식도 같은 정도로 도와야 한다는 의무감을 느낄 필요는 없다. 개인으로서 우리는 다른 모든 사람에게 어느 정도 관심을 가져야 하지만, 자신이나 가족, 가까운 사람에게 갖는 것과 같은 정도의 관심을 가질 의무는 없다.

그러나 국가와 구성원의 관계는 (미국인 전체와 미국인 개개인의 관계는) 아주 다른 문제다. 정부는 통치권 안에 있는 모든 사람에 대해 동등한 관심을 보여야 한다. 우리가 선출한 정부는 엄청난 강제력을 행사한다. 우리가 정부를 통해 요구하는 방식대로 시민 개개인이 행동하도록 강제한다. 세금을 통해 사람들의 돈이나 재산을 가져가고, 감옥에 가두고, 우리가 명령한 대로 하지 않으면 심지어 죽이기도 한다. 그뿐 아니라 그럴 권리가 있다고 주장하기도 한다. 우리의 집단적 요구가 단지 법을 지키라는 위협에서 그치는 것이 아닌, 법률을 준수해야 한다는 도덕적 의무를 부여하는 것이기도 함을 모든 시민이 받아들이기를 기대한다. 개인으로서 다른 개인에 대해 이런 권력을 가진 사람은 있을 수 없다. 정부만이 이런 권력을 가졌다.

그런 권위를 행사할 자격을 갖추려면 도덕적 조건을 충족시켜야만 한다. 권력을 지닌 다른 어떤 집단도, 인구 중 다수를 차지하는 집단이라고 할지라도 뜻을 관철하기 위해 경찰이나 군대 같은 강압적 장치를 쓸 도덕적 권한은 없다. 권력을 지닌 집단이라고 해서 명령으로 도덕적 의무를 부과하는 게 정당하다고 할 수 없다. 정부처럼 행동할 수 있는 자격을 가지려면, 복종해야 할 도덕적 의무에 따라 복종하도록 요구하려면 권력을 지닌 집단이 어떤 조건을 충족시켜야 할까? 정치적 **정당성**이라는 이 문제는 정치철학 역사상 가장 오래된 문제이기도 하다. 이 문제는 한 달이 멀다 하고 새로 들어선 정부가 도전을 받고 전복되고 정치사회가 재정립되는 불안정한 세계정세 속에서 새로운 긴급성을 갖게 되었지만, 미국 같은 안정적이고 성숙한 나라에서도 정의라는 중대한 문제가 제기될 때에는 긴급한 과제가 된다.

정부가 정당성을 가지려면 어떤 기준을 충족시켜야 하는가? 완벽하게 공정하지 않다고 해서 그 정부가 정당하지 않다고 말할 수는 없다. 실질적으로 완벽하게 공정한 정부는 있을 수 없기 때문에 너무 빡빡한 요구조건이 될 것이다. 여러 정치철학자가 정당성은 정의에서 나오는 것이 아니라 동의에서 나온다고 했다. 통치 대상자들이 만장일치로 동의하는 헌법을 갖추지 않은 국가는 정당하지 않다고 말한다. 하지만 이것 역시 지나치게 엄격한 조건이다. 어떤 정치사회에나 반대 의견을 가진 사람이 있다. 그래서 정치철학자들은 여러 가설을 동원해 이 이론을 희석하려고 시도했다. 어떤 사람들은 시민들이 한 국가의 영토 안에 머무르는 동안에는 정부의 권위에 암묵적 동의를 한 것이라고 말한다. 하지만 현실적으로 쉽사리 이민을 갈 수 있는 시민은 거의 없기 때문에, 이보다 더 약화된 기준을 제시하는 사람도 있다. 어떤 이상적인 조건 아래에서, 예를 들면 시민들이 합리적이며 모든 사실에 대한 지식을 갖고 있을 때, 국가의 권위에 동의한다면 정당한 정부라고 보는 것이다. 하지만 이 조건도 대개 충족되지 않는다. 무엇보다도 가상적 동의는 동의가 아닌 것이나 다름없으니 이 이론을 이렇게 수정한다면 이론 자체를 폐기하는 셈이다.

완벽하게 공정한 정부나 모든 시민이 그 권위에 동의하는 정부만 정당하다는 기준이 지나치게 엄격하다면, 정당성 여부를 결정하는 데 어떤 기준을 사용해야 할까? 제2장에서 정치적 권리와 인권을 구분했던 것을 떠올려보라. 똑같은 구분이 여기에서도 유효하다. 그때 두 질문 사이의 핵심적 차이를 강조했었다. 첫번째 질문은 정부가 인간 존엄의 두 원칙을 가장 잘, 가장 정확하게 해석했을 때 어떻게 행동하게 되느냐는 것이다. 이것은 시민들의 정치적 권리에 대한 문제이며, 일상적인 정치 논쟁에서 논해야 하는 문제이다. 다시 말해 정의에 대한 질문이다. 두번째는 이와는 다르면서 좀더 해석이 요구되는 질문을 던진다. 정부의 어떤 행위가, 이 두 원칙을 행동에 대한 제약 조건으로 받아들이지 않았거나 두 원칙이 요구하는 바에 대한 해석에 따르지 않았음을 보여주는 행위라고 말할 수 있는가? 이것은 인권에 대한 질문이며, 또 정치적 정당성의 검증 기준이기도 하다.

정당성에 대한 타당한 이론을 펼치려면, 실질적인 것이든 가상적인 것이든 전원일치의 동의를 가정하지 않고 논의를 진행해야 한다. 대신 시민이 정치공동체 안에서 태어나거나 나중에 이 정치공동체 안으로 편입되었을 때에는 자동으로 이 공동체에 대한 의무를 지며, 여기에는 공동체의 법률을 준수해야 한다는 의무가 (그 의무를 명시적 혹은 암묵적으로 받아들이든 말든 간에) 포함된다는 가정에서 출발해야 한다. 그러나 이런 정치적 의무는 정부가 이들의 존엄을 존중해주었을 때에만 지게 된다. 다시 말해, 정부가 시민들 삶의 동등한 중요성과 삶에 대한 개인적 책임을 받아들이며 이런 존엄이 요구하는 바가 무엇인가에 대한 진실한 판단에 따라 통치하려고 할 때에만 공동체에 대한 의무를 갖는다는 말이다. 나를 이등시민으로 취급하는 공동체에 대해서는 의무를 질 필요가 없다. 아파르트헤이트를 실시했던 남아프리카공화국 정부는 흑인들에 대해 정당한 권위를 가질 수 없었고, 남북전쟁 이전에 노예를 소유물로 취급했던 미국 주정부도 노예들에 대한 정당한 권위가 없었다.

정당한 정부는 통치권 안에 있는 모든 사람에게 관심을 가져야 하고, 그것도 반드시 **동등한** 관심을 갖고 대해야 한다. 곧 정부 정책이 시민들의 삶에 미치는 영향은 누구의 삶이건 간에 똑같이 중요하다고 보고 행동해야 한다. 이렇게 볼 때 정치적 정당성은 모 아니면 도의 문제가 아니라 정도의 문제가 된다. 대다수 구성원이 적법한 절차를 통해 정부를 교체할 수 있는 절차에 따라 선출되었으며, 동등한 관심과 개인적 책임에 대한 책무를 대체로 받아들이는 정부는 충분히 정당하다고 할 수 있다. 따라서 정부 시책 일부가 (이를테면 과세 정책 같은 것이) 인간 존엄에 대한 무심함을 보여준다고 하더라도 무조건 불복종하는 것은 정당하다고 볼 수 없다. 훨씬 더 일상적으로 인간 존엄을 무시한다면 정당성 자체가 박탈되겠지만 말이다. 남아프리카공화국에서는 흑인들 삶의 동등한 중요성을 통째로 묵살했으므로 그들에게서 정치적 충성을 전혀 요구할 수 없었다. 다른 점에서는 정당성을 갖추었지만 과세 정책만은 가난한 사람들에 대해 멸시를 보이는 국가라면, 제한적이고 특정한 시민 불복종이라면 몰라도 혁명까지 감수할 정도는 아니다.

이 장 나머지 부분에서는 정의뿐 아니라 정당성의 문제 또한 다루려고 한다. 현재 미국 정부의 경제 정책이 빈곤층에 대한 무관심의 정점에 다다랐는가 하는 질문을 던질 것이다. 다시 말해 경제 정책이 단순히 동등한 시민으로서 빈곤층의 권리에 대해 다소 부족한 관점을 보이는 정도가 아니라, 이런 권리에 대한 관심이 아예 심하게 감소했다고 보아야 하느냐는 문제다. 이런 질문은 물론 정부 정책이 얼마나 인기가 있느냐를 보고 답할 수 없다. 제1장에서 부시 행정부의 감세로 더 가난해진 시민 다수가 그럼에도 부시의 재선에 표를 던졌고 여론조사에서도 그러한 정책에 대한 계속적인 지지를 보이고 있음을 지적했다. 몇몇 논평가는 유권자들이 부시의 종교적 가치에 대해 느끼는 문화적 동조가 자기들의 경제적 운명보다 더 중요했기 때문에 그런 투표 결과가 나왔다고 분석하기도 했다.* 많은 미국인이 부자들에게 유리한 과

세 정책을 선호하는 것은 별 근거도 없이 자기들도 언젠가는 부자가 될
지 모른다고 믿기 때문이라는 해석도 있었다. 그런 면에서 공화당에
표를 던지는 것은 로또 복권을 사는 것과 다름없다고 했다.** 모두 과
세 정책의 정당성과는 무관한 이야기들이다. 가난한 사람들 중에 정부
가 필요한 관심을 보이고 있다고 생각하는 사람이 많더라도, 그렇게
생각하지 않는 사람들도 있으니 어떤 시각이 옳은지 질문을 던져보아
야 한다.

  그렇지만 지금까지 정치적 정당성에 대해 내가 펼친 주장들은 보수
주의나 자유주의 사이의 논쟁에서 어느 쪽 편도 들지 않는다. 정당성
에 대한 내 설명은 철학적인 관점에서는 논쟁의 여지가 있을지 모르나
정치적으로는 그렇지 않다고 믿는다. 그러니 이제 탄탄한 공통 기반을
갖고 과세의 문제로 돌아갈 수 있다. 우리가 던져야 할 질문은 이것이
다. 정부가 정치공동체 구성원 모두를 동등한 관심을 갖고 대하려면
어떤 과세 정책을 택해야 하는가? 시민들 각각에게 평등한 배려와 관
심의 책임을 지니고 있다고 본다면?

자유방임과 작은 정부

  먼저 거대 정치사회의 정부가 하거나 하지 않는 일은 거의 전부 다

---

* 예를 들면 토머스 프랭크의 *What's the Matter with Kansas*(Henry Holt, 2004) 등을 보라.
** 예를 들면 이언 샤피로의 *The State of Democratic Theory*(Princeton University Press, 2003)
   등을 보라.

각 시민이 삶에서 사용하는 자원에 영향을 미친다는 사실을 인지하고 시작하자. 따라서 국가가 시민 각각의 경제적 지위에 대한 책임이 없다며 동등한 관심의 요구를 저버릴 수는 없겠다. 물론 어느 시점에 각 시민이 지닌 자원이란 여러 변수로 이루어진 함수다. 곧 그 사람의 육체적·정신적 힘과 능력, 과거의 선택, 운, 다른 사람들이 그 사람을 대하는 태도, 그리고 다른 사람이 원하는 것을 만들어낼 수 있는 힘이나 의지 따위의 변수가 있다. 이런 것을 개인적·경제적 변수라고 부를 수 있겠다. 그러나 개인의 실제 자원과 기회 등 이런 모든 개인적 변수의 결과물은 그 사람이 살고 일하는 공동체의 법률과 정책과 같은 정치적 변수에 따라서도 달라진다. 이런 법률과 정책을 정치적 합의라고 부를 수 있겠다.

이런 정치적 합의 가운데에서 물론 세법이 중요한 부분을 차지하지만, 다른 모든 법도 여기에 들어간다. 재정통화 정책, 노동법, 환경법과 환경 정책, 도시계획, 외교 정책, 의료보건 정책, 교통수송 정책, 의약품과 식품규제법 등등 어느 것이나 마찬가지다. 개인의 선택, 운, 태도 등 개인 변수는 그대로라고 하더라도, 이런 정책이나 법률 가운데 어떤 하나를 수정한다면 개인들 사이의 부와 기회의 분배가 달라질 것이다.

따라서 정부는 개인이 지닌 자원은 정부의 선택이 아니라 개인의 선택에 달려 있다고 주장하여 동등한 관심의 책임을 회피할 수는 없겠다. 양쪽 모두에서 영향을 받기 때문이다. 개인이 교육, 훈련, 고용, 투자, 생산, 여가 등에 대해 내리는 선택과 그 와중에 맞닥뜨리는 좋거나 나쁜 운이 이루는 결과도 정부의 통제에 달려 있는 정치적 합의에 따라 달라진다. 이제 우리의 질문을 좀더 정돈된 형태로 던져볼 수 있겠다.

시민 개인의 자원에 미치는 정치적 합의의 복잡하고도 강력한 영향을 고려한다면, 어떤 정치적 합의가 시민들을 동등한 관심을 갖고 대한다고 볼 수 있는가? 모든 자식을 공평하게 대하는 부모라면 어떤 선택을 할까? 공평한 정치적 합의에서 세금이 하는 역할은 무엇이며, 재산과 소득 정도가 다른 사람들에게 어떤 세율을 적용해야 할까?

정부는 시민들의 부모가 아니며 성인인 시민이라면 자기 발로 서야 하고 정부는 시민들이 조세 제도 등을 통해 얻는 것 없이 자기 삶을 최선을 다해 살아가도록 내버려두어야 한다고 주장할 수도 있을 것이다. 이러한 자유방임주의는 내가 방금 말한 관점을 무시한다. 정부는 시민들을 그냥 내버려둬서는 안 된다는 점이 그것이다. 정부의 행동은 어떤 것이나 사람들에게 영향을 미치기 때문에 무엇을 하든 그 결과를 고려해야만 한다. 물론 우리는 다수가 원한다면 치안과 군병력만 유지하고 이에 필요한 세금만 거두는 식의 권력이 거의 없는 최소한의 정부를 만들 수 있다. 그런 결정을 내리려면 정치적 능력이 있는 모든 사람이 다 함께 합의를 이루어야 하고, 더 큰 권력을 가진 정부를 만들어 가난한 시민들을 돕는 대신에 최소한의 정부를 만들자는 결정이 어떻게 모든 사람을 동등한 관심을 갖고 대하는 일이 될 수 있는지를 입증해야 할 책임이 생긴다.

이런 대답을 상상해보자. "정부가 하는 모든 행위가 분배에 영향을 미친다고 해서 정부가 무엇을 할지 결정을 내릴 때마다 이 결과를 반드시 고려해야 하는 것은 아니다. 오히려 정치적 합의의 모든 요소는 분배에 미치는 결과와 무관하게 결정되어야 한다. 환경보호 정책은 환경보호법을, 외교 정책은 무역 동맹을, 군사 정책은 군비 예산을 관장하면 그만이고 분배에 대해서는 따로 고민할 필요가 없다."

이런 전략은 사실 불가능하다. 이 정책들 각각에 대해 결정을 내리려면 예산을 할당해야 하고, 이것은 자동적으로 분배에 관한 결정이 될 수밖에 없다. 교육과 의료에 얼마나 많은 돈을 쓸지를 결정하지 않고 군비에 얼마나 많은 돈을 쓸지를 어떻게 결정할 수 있겠으며, 서로 다른 경제 계급에 속한 시민들이 어떤 것을 누릴 권리가 있는가에 대한 이론을 세우지 않고 어떻게 이런 질문들에 답할 수 있겠는가? 더 나아가 얼마나 많은 세금을 거두는 것이 공평한지, 누구에게서 얼마만큼의 세금을 걷는 것이 공정한지를 결정하지 않고 군비에 얼마를 쓸지에 대해 어떻게 결정하겠는가? 이 질문에 대해 중립적이고 자유방임적인 해답은 있을 수 없다. 극우주의자들이라고 하더라도 선택을 내려야 한다. 말했듯이 작은 정부를 선택하는 것을 정당화하기 위해서도 분배 이론이 필요하고, 일부 보수주의자들이 선호하는 일률과세(부자들도 같은 세율로 세금을 내지만 지불하는 총세금은 더 많은 조세 제도)나 영국 총리 마거릿 대처의 인두세(부자나 가난한 사람이나 똑같은 세금을 내는 것) 가운데에서 선택한다고 하더라도 적절한 분배 이론은 갖춰야 한다.

따라서 자유방임국가란 환상에 불과하다. 물론 원한다면 정치적 합의를 제대로 마련해놓은 다음, 사람들이 임금이나 가격 등에 대한 상호작용을 최대한 자유롭게 하도록 내버려두고 국가는 이런 거래 결과에 개입하지 않아야 한다고 말할 수 있다. 그러나 그런다고 해서 어떤 정치적 합의가 사람들을 동등한 관심으로 대하느냐 하는 문제에 답할 필요가 없어지는 것은 아니다. 현재 작용하는 정치적 합의가 바로 그런 역할을 한다는 것이 가정에 들어 있으니 말이다.

보수주의자들이 내가 던진 질문의 힘을 약화하기 위해 내놓을 만한 주장이 하나 더 있다. 정부가 공정한 분배라는 문제를 따로 떼어놓고 생각할 때가 아니라 집단적이고 전체적인 목표를 추구할 때에는 사람들을 동등하게 대하는 것이라는 주장이 그것이다. 예를 들어 장기적으로 국가 전체를 경제적으로 가장 번영하게 만든다거나 심리적으로 가장 행복하게 만드는 정치적 합의를 목표로 한다고 해보자. 이런 정책은 자원의 극심한 불평등을 정당화할 수 있다. 고소득 경영자의 세금을 줄여주면 더 열심히 일하도록 자극할 수 있다거나 하는 식으로. 이런 방식 또한 정부가 모든 사람에게 동등한 관심을 보이는 것이라고 주장할 수 있다. 공동체의 부와 행복의 총계를 최대로 높이기 위한 이와 같은 정책은 각 개인의 부와 행복을 동등하게 고려하기 때문이다.

그러나 이렇게 총합적 목표에 호소하다 보면 동등한 관심이라는 문제가 더 깊은 차원에서 제기된다. 정부가 총합적 목표를 선택하지 않을 수도 있기 때문이다. 전혀 다른 전체 목표를 설정할 수도 있다. 예를 들면 부와 행복의 총합 증가를 목표로 하되 그 누구의 부도 정해진 최저선 이하로 떨어지지 않게 함으로써, (그렇지 않을 때보다 부와 행복의 총합은 작아진다고 하더라도) 이로 인해 발생할 수 있는 불평등에 선을 긋는다는 좀더 복잡한 목표를 설정하는 것이다. 따라서 이런 질문을 던져야 한다. 경제적 사다리 아래쪽에 있는 사람들에게 어느 정도 더 나은 삶을 제공하기 위한 목표 대신에, 정부가 공동체의 정치적 합의의 근간으로 조건 없는 총합적 목표를 채택한다고 하더라도 모든 사람에게 동등한 관심을 보이는 것인가? 이로 인한 불평등이 너무 크다면 정부가 조건 없는 총합적 목표를 택했어도 동등한 관심을 보였다고 정당하게 주장하기는 어려울 것이다. 어떤 가족이 새집을 사려고 하는데 가능한 가격 안에서 침실 공간의 총합이 가장 큰 집을 사고 싶어 한다고 가정해보자. 만약 침실 면적 평균은 가장 크지만, 막내가 쓰게 될 방은 비참할 정도로 어둡고 지내기 힘들 정도로 좁은 집을 산다면, 가족 구성원 모두에게 동등한 관심을 보였다고 할 수 있는가?

개인적 책임

지금까지 펼친 나의 논증이 아주 급진적인 결론을 향한다고 느껴질지 모르겠다. 개인이 어떤 선택을 하든, 개인의 운이 어떠하든 간에 모든 사람이 같은 자원을 갖게끔 정치적 합의를 마련해야만 정부가 시민들에게 동등한 관심을 보인다고 할 수 있다는 결론 말이다. 하지만 이런 결론은 성급하다고 할 수 있다. 정부는 인간 존엄의 두번째 원칙, 즉 각 시민에게 자기 삶의 가치를 스스로 확인하고 실현할 책임이 있다는 원칙도 존중해야 하기 때문이다. 앞서도 말했듯이 내가 정부를 가족에 비유하는 것이 옳지 않다고 반발할 수 있는데, 그런 반대에는 일리가 있다. 성인은 누군가가 대신 중요한 결정을 내려주어야 하는 아이들과 다르다. 사실 아이들조차 모두 그렇지는 않다. 우리는 시민들 삶의 본질적 가치뿐 아니라 시민들의 개인적 책임도 존중하는 동등한 관심이 어떤 것인지 생각해야 한다. 이런 조건에서 보면, 정부가 모든 시민이 똑같은 자원을 갖도록 개입할 수 있는 선에는 상당한 제한이 생긴다.

예를 들어 급진적으로 평등주의적인 경제 정책에 따라 공동체의 자원을 해마다 모두 회수해서 전부 똑같이 재분배한다고 해보자. 그러면 지난 한 해 동안 벌어졌던 경제활동은 전부 무위가 되고 사람들은 모두 같은 위치에서 다시 시작할 수 있게 된다. 모노폴리 게임을 할 때 15분에 한 번씩 모든 돈과 재산을 회수해 다시 시작하는 것과 같다. 그러면 각자가 어떤 선택을 하든 아무 상관이 없으니 게임이 아무 재미가 없을 것이다. 어떤 행동을 하든 아무 의미가 없다. 급진적 평등주의 경제 정책은 모든 사람이 적어도 재정적으로는 똑같은 결과를 얻게 한다. 자기 행동의 경제적 결과에 영향을 받지 않으므로 사람들이 자기 삶의 경제적 측면에 대해 책임을 질 수도 없게 된다. 이런 세계에서라면 고소득 직업을 갖기 위해 학교를 오래 다니지도 않을 것이고, 나중에 아이들을 더 잘 가르치기 위해 돈을 아끼거나 수익을 얻기 위해 신중하게 투자를 하지도 않을 것이다. 어떻게 하든 같은 경제적 위치로 돌아올 것이기 때문에 이런 선택들은 아무 의미가 없다. 내 선택이 아무런 재정적 결과를 낳지 않으므로 재정적 책임을 질 수도 없다.

이보다 덜 급진적인 평등주의 경제라면 개인의 책임을 덜 약화시키겠지만 그래도 상당히 감소시킨다. 예를 들어 많은 사람이 존경하는 존 롤스의 정의론을 살펴보자. 이에 따르면 일단 중요한 자유가 적절히 보장되고 난 다음에는, 공동체의 정치적 합의는 가장 빈곤한 계층이 최대한 부유해지게 만드는 것을 목표로 삼아야 한다. 모든 시민이 돈이나 다른 자원을 똑같이 지녀야 한다는 뜻은 아니다. 능력 있는 사람들이 더 많은 돈을 가져갈 수 있게 하면 더 열심히 일하도록 부추길 수 있으며, 그럴 경우 모든 부를 똑같이 분배했을 때보다 절대적 부가 증가하므로 최저빈곤층에게도 도움이 될 수 있다. 롤스를 비판하는 사람들은 롤스의 원칙이 상대적 부도 절대적 부만큼 중요하다는 사실을 무시한다고 말한다. 모든 사람이 1천 달러를 가지고 있는 편이, 가장 가난한 사람이 2천 달러를, 가장 부유한 사람이 1백만 달러를 갖는 것보다 차라리 낫다고 주장한다.

하지만 나는 이와 다른 좀더 중대한 반대 의견을 제시하려고 한다. 롤스는 구성원들이 지닌 자원의 관점에서만 최저빈곤층을 정의한다. 병에 걸렸거나 운이 나빠서 가난한 사람과 다른 이들처럼 열심히 일하지 않거나 아예 일하지 않으려고 해서 가난한 사람을 구분하지 않는다. 따라서 롤스의 제안에서는 최저빈곤층에 속한 사람의 운명이 그 사람의 개인적 선택이나 책임에 따라 결정되지 않는다. 최저빈곤층이기만 하면 어떤 직업을 선택하건 간에 거기 속하는 사람을 최대한 부유하게 만드는 데 필요한 재분배적 혜택은 모두 받을 것이다. 국가가 일할 수 없는 사람뿐 아니라 일할 수 있지만 빈둥거리고 싶어 하는 사람들에게도 수당을 지급한다면, 최저빈곤층의 전체적 상태가 나아지긴 하겠다. 하지만 롤스의 기획 역시 개인의 선택과 운명 사이의 연관 관계를 끊어버리므로 개인 책임의 원칙이 요구하는 바에 어긋난다.

롤스가 정의론을 펴면서 이 사실을 간과한 것은 아니다. 롤스의 목표는 개인이 자기 상황에 대해 개인적 책임을 받아들여야 하느냐와 같은 윤리적 문제에 대해 어떤 포괄적 시각을 갖건 상관없이, 누구나 받아들일 수 있는 정의의 정치적 개념을 형성하는 것이었다. 제3장에서 말했듯이 롤스는 공적 토론에서 인간이 어떻게 살아야 하느냐와 같은 개인적·윤리적 이상이 아니라 오로지 정치적 원칙에만 호소하고 그에 대해서만 토론하기를 바랐다.* 왜 내가 여기에 동의하지 않는지도 앞에서 설명했다. 나는 이런 제한을 둔다면, 미국 공공 생활에서 종교의 역할에 대해 진정한 논쟁을 벌일 수 없다고 본다. 왜냐하면 정치적 신념이 현재 너무나 극명하게 갈리기 때문이다. 먼저 우리가 공유하는

---

* 이 책 제3장과 *Justice in Robes*, 제9장에서 롤스를 논한 것을 보라.

인간 존엄과 개인의 책임이라는 포괄적·윤리적 원칙을 확인해야 한다. 그런 다음에는 서로 대립하는 정치적 원칙 가운데 어떤 것이 앞서 우리가 공유한 윤리적 신념에 탄탄히 뿌리를 두고 있는지를 탐구하려고 해야 한다. 이 장의 주제에 대해서도 토론을 이끌어내려면 같은 전략을 따라야 한다. 정부에 가난하고 불운한 사람을 도울 책임이 있느냐에 대한 정치적 시각도 극명하게 대립하고 있다. 보수주의자들은 이런 공적 책임을 거부하거나 제한하려 하고, 자유주의자들은 이를 받아들이고 더 확장하려고 한다. 서로 건설적으로 논쟁하려면 논쟁의 지평을 넓혀야 하고, 그러기 위해서는 자신의 경제적 운명에 대한 개인의 책임이라는 문제를 논쟁의 일부로 포함시켜야 한다. 책임을 전혀 인정하지 않으려는 평등주의적인 기획은 거부해야 한다.

따라서 우리가 공유한다고 전제한 인간 존엄의 두 원칙을 지키려는 국가의 정치적 합의는 아주 까다로운 조건 두 가지를, 그것도 함께 충족시켜야 한다. 국가의 정치적 합의는 여러 개인적 변수의 조합에서, 곧 시민들이 내리는 일련의 선택들과 이들에게 닥치는 좋고 나쁜 운의 조합에서 나오는 부를 분배한다. 이런 정치적 합의는 공동체의 통치권 아래에 있는 모든 사람을 동등한 관심을 갖고 대해야 하며, 또 이들의 개인적 책임도 존중해야 한다. 따라서 정당한 조세 이론은 동등한 관심이라는 개념을 최선으로 해석했을 때 어떤 정책을 펼쳐야 하는가에 대한 이론을 포함하고 있어야 하며, 뿐만 아니라 개인적 책임의 진정한 결과에 대한 개념도 들어가 있어야 한다. 또한 하나의 구조 안에서 이 두 가지 요구조건을 모두 충족시킬 방법을 찾아야 한다.

부시의 조세 정책의 정의나 정당성에 대해 상식적으로 논하려면, 보수주의자든 자유주의자든 먼저 이 두 조건을 충족시키고 자신의 입장을 뒷받침하는 공정한 세금이 어떤 것인가 하는 이론을 구축하려고 해야 한다. 이 장에서 나는 자유주의자들의 입장을 뒷받침하고 그 진정한 힘을 보여주는 이론을 구축해 주장하려고 한다. 그다음에는 내 주장에 보수주의자들이 어떤 반론을 제기할 수 있는가를 생각해보고 그 반론에 응답하려고 시도하겠다. 보수주의자들은 이 두 원칙에 대한 자기들 나름의 이해에 기반을 두어 조세 정책을 평가하는 다른 이론을 구축해야 한다. 현재 미국의 저세율 정책을 정당화하는 충분히 타당한 이론을 펼칠 수 있다면, 설령 그 이론에 강력한 설득력은 없다고 하더라도 현재 조세 정책이 정의뿐 아니라 정당성 면에서도 실패했다는 내 생각을 반박할 수는 있을 것이다. 그렇게 하지 못한다면 내 생각이 더욱 공고해질 것이고.

이런 논리 진행에 대해서 한 가지 반론이 있을 수 있다. 내가 사회정의 문제에서 세금 문제를 따로 분리하는 것이 잘못이라는 반론이다. 어떤 다른 종류의 정치적 합의들은 존엄의 두 원칙을 충족시키면서 재분배적 조세 제도에 그다지 의존하지 않을 수도 있다. 그런데도 정의나 정당성을 확보하기 위해 특정 조세 제도가 반드시 필요하다고 말할 수 있느냐는 것이다.* 예를 들어 사회주의 국가는 직업을 할당하고 임금을 결정하고 주택, 보건 등의 복지를 제공함으로써 모든 사람이 거의 비슷한 삶의 수준을 누리게 할 수 있다. 그러면 과세나 부의 재분배를 중요한 무기로 삼지 않고도 동등한 관심이라는 요구 조건을 충족시킨다고 볼 수 있다.

---

* 이 주장은 리엄 머피와 토머스 네이젤의 *The Myth of Ownership: Taxes and Justice*(Oxford University Press, 2002)에서 강하게 제기되었다.

그러나 사회주의 경제체제는 집단적 결정에 크게 좌우되기 때문에 개인적 책임을 존중한다는 요구사항을 충족시킬 수 없다. 시민들이 직업, 여가, 투자, 소비 등에 대해 대체로 스스로 결정을 내릴 수 있어야만, 그리고 가격과 임금이 대체로 시장에 의해 결정되어야만 이 요구조건을 충족시킨다고 볼 수 있다. (이런 주장은 다른 곳에서 상세히 설명했다.)* 그러나 개인의 선택이 가격, 임금 등의 경제적 요소를 정하는 데 결정적 역할을 하는 사회라면, 그에 따라 부가 너무 편중되어 모든 구성원에게 동등한 관심을 갖는 정부로서 어떻게든 부를 재분배해야 한다면 조세 제도에 의존하지 않을 수가 없는 것이다. 따라서 우리의 질문은 동등한 관심을 보이는 동시에 개인적 자유를 존중하는 사회에는 어떤 조세 제도가 있어야 하느냐는 것으로 정리할 수 있겠다.

사후 평등과 사전 평등

내가 지금 구체적인 조세 제도를 제안할 수는 없다. 관련 있는 사실 가운데 내가 모르는 게 너무 많고 그 사실도 곧 달라질 것이다. 그래서 구체적인 조세 제도가 아니라 조세 이론을 제시하겠다고 했다. 그렇지만 요즘 세금을 둘러싼 대립에 쓰이는 무력한 수사들을 개선할 수는 있을 것이다. 나는 정의뿐 아니라 정당성 문제도 염두에 두고 있기 때문에 어떤 수준, 어떤 종류의 조세 제도가 최적인가라는 질문뿐 아니라 가난한 사람들을 동등한 관심을 갖고 대하려는 시도라고 보기조차 어

---

* *Sovereign Virtue*, 제2장과 제3장.

려울 정도로 낮은 수준은 어느 정도인가 하는 질문도 던져보려고 한다. 또 누가 세금을 얼마나 지불해야 하는가에 대한 문제에 집중하되, 마찬가지로 중요한 질문이지만 이렇게 거둔 세금을 어떻게 써야 하느냐의 문제는 미뤄두려고 한다. 그저 세금이 실업수당, 식품 구입권 배급 등으로 돈이나 생필품을 전달하거나, 공공주택이나 공공의료 제공 등 더 집단적인 현물 지급 복지 프로그램을 통해 공동체의 실질적 불평등을 해소하는 방식으로 쓰이리라고 가정하겠다. 물론 세금 지출의 문제는 아주 복잡하고 중요한 문제이지만, 지금은 지출보다 과세 쪽에 집중하겠다.

방금 강조한 내용을 반복하자면, 개인 책임의 원칙은 주로 자유시장 경제 체제를 요구한다. 그래야 정부가 아니라 사람들 개개인이 자기가 사려는 여러 물건의 가격이나 제공하려는 노동의 비용 등 자기가 살아가는 경제문화의 주요 구성 요소를 결정할 수 있기 때문이다. 이럴 때에만 사람이 생산 및 소비하는 것이 다른 사람에게 얼마만큼의 가치를 갖느냐에 따라 그 가격이 결정되기 때문에, 사람들이 자기 삶에서 가치를 확인하고 실현할 책임을 행사할 수 있다. 큰 경제 규모의 시장만이 이런 개인 책임의 요구를 충족시킨다.

하지만 시장에서는 엄청난 불평등이 만들어진다. 이는 얼마나 일하고 무엇을 소비할까에 대한 각자의 선택에 따른 것이기도 하지만, 그보다 누군가는 다른 사람들이 가치 있게 여기는 것을 생산하는 데 더 나은 능력을 지니고 있고 또 누군가는 투자나 사고, 건강 등에서 더 운이 좋기 때문에 이런 큰 차이가 발생한다. 모든 시민에게 동등한 관심을 갖는 사회는 후자의 변수, 곧 능력과 운을 단순히 무시할 수 없다. 불평등 정도를 훨씬 적게 하여 분배하는 완전히 다른 정치적 합의를 택할 수도 있기 때문이다. 설사 국가의 계획이 이를 통해 물질적 혜택을 받지 못하는 사람들을 포함한 유권자 전체의 큰 지지를 받는다고 할지라도 만족하지 못하는 사람은 있을 것이다. 따라서 이들에게 정부가 선택한 시스템 때문에 열악한 상황에 처하게 된 사람이 있긴 하지만, 그래도 그 시스템이 모든 사람에게 동등한 관심을 보인다고 할 수 있는 근거가 무엇인지를 입증할 수 있어야 한다. 과세와 지출 정책을 통한 재분배가 이 문제의 명백한 해결책으로 보인다. 과세는 사람들이 이미 선택한 뒤에 이루어지는 것이므로, 강제적 경제체제보다 가격과 선택에 영향을 덜 미친다.

따라서 우리는 어떤 공동체의 경제체제가 시민들에게 자신의 가치에 따라 삶을 기획할 진정으로 동등한 기회를 제공해야 그 공동체가 시민들에게 동등한 관심을 보인다고 할 수 있다는 가정 아래 조세 이론을 세워보려고 해야 한다. 시민들의 부나 자원이 부모나 능력 같은 타고난 운에 좌우되기보다는 각자가 선택한 것의 가치와 비용에 달려 있다면, 동등한 기회를 지닌다고 말할 수 있겠다. 물론 이런 이상을 완벽히 실현할 수는 없고 그 까닭은 다른 곳에서 설명한 바 있다.* 하지만 이것을 이상적 기준으로 삼아, 최적의 공정한 조세 제도와 정당성을 갖춘 최소로 재분배적인 조세 제도 둘 다를 정의하는 데 쓸 수 있다. 여기에서 아주 중요한 하나의 구분이 필요하다. 정부가 시민들을 동등하게 만들려는 목표를 세울 때, 삶의 어느 시점에서 동등하게 만들 것인가 하는 선택이 아주 중요하다. 경제학에서 쓰는 기술적 구분인 **사후** 평등과 **사전** 평등이라는 개념이 설명에 도움이 된다.

----

* 같은 책, 제2장.

시민들의 부의 격차가 얼마나 일할지, 얼마나 저축하고 소비할지에 대한 결정에 따라 완전히 설명될 수 있다면, 곧 시민들의 부가 이런 선택에만 좌우되고 능력이나 투자 운, 건강 운과는 전혀 무관하다면 그 공동체는 완전한 사후 평등을 이루었다고 할 수 있다. 따라서 어떤 사람이 고소득 직종에서 일할 능력을 갖추지 못했기 때문에, 혹은 병에 걸려 일할 수 없기 때문에, 혹은 자기 잘못 없이 엄청난 의료 비용을 지불해야 하기 때문에 다른 사람들보다 가난해졌다면, 사후 평등을 추구하는 정부는 가능한 한 최대로 그 사람이 이런 장애나 사고가 없었을 경우 얻을 수 있었을 지위로 돌려놓으려고 해야 한다. 반면 사전 평등을 추구하는 정부는 사람들이 불평등해질 수 있는 운의 부침 이전에, 곧 좋은 운이나 나쁜 운이라고 할 수 있는 사건이나 상황이 발생하기 전에 사람들을 동등한 위치에 놓으려고 최선을 다한다. 예를 들면 모든 시민이 낮은 생산력이나 나쁜 운에 대비하는 적절한 보험을 같은 조건으로 구입할 기회를 줌으로써 사전 평등을 확대할 수 있다.

언뜻 보면 동등한 관심이 요구하는 바는 바로 사후 평등으로 보인다. 무엇보다도 누군가가 심하게 다치거나 장애를 갖게 되었는데 보상으로 보험금만 받는다면 여전히 다치지 않았을 때보다는 상황이 좋지 않을 터이니 말이다. 만약 공동체가 그 사람에게 더 많은 것을 제공하는 것이 가능하다면, 동등한 관심을 보이기 위해서 더 많이 베풀어야 한다는 주장에 무게가 실린다. 평등주의자들 가운데는 사후 평등만을 일반적인 정치 이상으로 삼아야 한다고 주장하는 사람이 많다.

나는 그렇게 생각하지 않는다. 사후 평등이 옹호 가능한 합리적 목표가 아니라고 주장하는 보수주의자들의 의견이 옳다고 본다. 사후 평등에는 여러 약점이 있으므로 사전 평등이 정치적 이상으로 더 낫다고 볼 수밖에 없다. 먼저, 인간의 삶에서 운이 만드는 차이의 상당 부분은 투자 운에서 비롯된다. 여러분과 내가 주식시장을 똑같이 열심히 연구하고 똑같이 합리적이지만, 다른 선택을 했다고 해보자. 여러분이 산 주식은 값이 오르고 내 것은 떨어진다. 여러분은 부자가 되고 나는 가난해진다. 이건 오로지 여러분의 운이 내 것보다 나았기 때문이다. 그런데 공동체가 나를 여러분과 동등한 상태로 회복시키려면 경제적 투자 제도 전체와 경제 자체까지 폐기하지 않으면 안 된다. 투자 선택을 통해 누구도 결국 얻거나 잃는 게 없다면, 선택은 무의미해지고 더 이상 아무도 선택을 하지 않을 것이다. 그러면 모든 사람의 부가 감소할 뿐 아니라 우리의 개인적 책임도 침해된다. 이 장 앞부분에서 정의에 대한 극단적 평등 이론을 거부하면서 설명한 내용과 마찬가지 원리다. 우리가 살면서 내리는 중요한 결정 대부분은 투자에 대한 결정이고 그 결과는 운에 상당히 의존한다. 예를 들어 어떤 직업훈련을 받거나 어떤 직업을 택하겠다는 결정의 성패는 여러 우연에 달려 있다. 그 분야에 필요한 재능이 있는지, 기술적 변화가 그 훈련을 쓸모없는 것으로 만들지는 않는지 등. 만약 공동체가 이런 투자 도박이 어떤 결과를 낳든 아무 상관없이 우리 운명을 보장해준다면, 곧 우리가 선택한 직업이 우리 취향이나 능력에 맞든 안 맞든 같은 수입을 보장해준다면, 결국 스스로의 선택에 대한 책임이 심각하게 줄어들 것이다. 따라서 사후 평등이라는 목표가 합당하려면, 투자 운과 다른 종류의 운 사이에 뚜렷한 구분을 짓고 투자 운에 따른 불평등은 재분배 대상에서 제외해야 한다.

둘째로, 사후 평등을 투자와 상관없는 운에 한정한다고 하더라도 일반적인 정치 이상으로는 불합리하다고 할 수 있다. 예를 들어 어떤 공동체가 사고로 장애를 갖게 된 사람의 지위를 향상시키기 위해 가능한 한 모든 돈을 지출하려고 한다고 해보자. 그러면 다른 것에 쓸 돈은 하나도 남지 않을 것이고, 따라서 다른 모든 시민의 삶이 비참해질 것이다. 공동체에서 장애인을 지원하기 위해 장비나 보조 인력 등에 얼마나 많은 돈을 쓰건 간에, 그 사람은 사고가 일어나기 전보다 상황이 안 좋을 것이고 공동체에서는 계속해서 더 많은 돈을 써야 할 것이기 때문이다.* 이런 정책에 대해 사람들이 실제로 우선시하는 것을 반영했다고 할 수는 없다. 심한 부상을 입은 당사자도 마찬가지다. 만약 그런 선택의 기회가 있었다고 하더라도, 사고가 일어나기 전에 최상의 재해보험에 가입하기 위해 온 재산을 바치지는 않았을 것이다. 확률을 고려해 보았을 때 가장 비싼 보험에 들기 위해 삶의 다른 모든 면을 희생하는 것이 합리적이라고 생각하지는 않았을 테니 말이다. 따라서 사후 평등은 비합리적이다.

일부 극단적 평등주의자들은 사후 평등에 반대하는 이 논증에 문제가 있다고 할지 모르겠다. 그렇다면 사후 평등이라는 목표를 극단적으로 추구하지 않고 합리적 수준에서 추구하면 되지 않느냐고 반박할 수 있다. 투자 제도를 무너뜨리거나 사고 희생자들에게 보상하는 데 공동체의 자산을 지나치게 많이 소비하지 않는 수준 정도로 말이다. 그러나 이렇게 느슨한 목표를 설정한다는 것은 자유주의자들에게는 정치적 재앙이 될 것이다. 세금을 둘러싼 논쟁이 체계적으로 발전하지 못하고 독단적이고 주관적인 상태에 머무르기 때문이다. 사후 평등의 합리적 수준이 어느 정도인지에 대한 기준을 제시할 수 없으므로, 감세를 주

---

* 같은 책, 제8장과 제9장의 논의를 보라.

장하는 사람들이 현 수준의 보상 제도에 들어가는 쩨쩨한 비용마저도 경제에 큰 타격을 입히므로 지나치다고 주장하더라도 반박할 도리가 없다. '합리적인' 사후 평등이란 위선과 자기기만을 막지 못하는 제멋 대로의 기준이며, 이대로라면 사후 평등을 열렬하게 받아들이는 사회 에서라도 빈곤층을 거의 보호하지 못하게 될 것이다.

여하튼 간에 우리는 완전히 공정한 국가의 최적의 조세 제도를 찾으 려 하고 있을 뿐 아니라 정치적 정당성을 지녔다고 할 수 있는 최저 수 준이 어느 정도인지도 찾으려 하고 있다. 따라서 사전 평등이 완전한 사후 평등보다 덜 관대하기는 해도 소외받는 계층에게 동등한 관심을 보인다고 옹호할 수만 있다면 사전 평등을 최저 목표로 삼을 수 있다. 그러나 우선 사전 평등이 어떤 의미인지 좀더 구체적으로 설명해야겠 다. 사전 평등이 넓은 전선에 걸쳐 사회적 노력을 기울이는 것임은 분 명하다. 만약 어떤 노동자들이 다른 노동자들보다 중대한 사고를 당할 위험이 더 크다고 해보자. 이럴 경우 사전 평등을 증가시키려면 이런 위험성에서 오는 불평등을 약화시키기 위해 작업장 안전 프로그램을 마련해야 한다. 그러나 나는 조세 제도를 통해 더 쉽게 해결할 수 있는 불평등에 집중하려고 한다. 어떤 형태의 보험을 통해 미리 위험으로부 터 스스로를 보호할 수 있는 능력의 불평등이다.

정의의 이미지들

거시적 정치철학은 거의 늘 은유와 이미지에 의존한다. 사람들이 정 치적·사회적 삶을 대하는 태도를 생생하게 표현하여 사회정의 이론에

역동성을 부여해야 하기 때문이다. 경제정의론은 두 가지 이미지가 주로 지배해왔다. 부자에게서 가난한 사람에게로 재분배하는 상상적 사회계약의 은유와 모든 사회 구성원이 보험료를 내고 거기에서 가난한 사람들이 혜택을 받는 보험 풀의 은유다. 정치철학에서는 사회계약 이미지가 더 많이 쓰였다. 17세기에 토머스 홉스는 극도로 자기중심적인 개인들이 기업처럼 자신의 장기적 이득을 보호하고 최대화하기 위해 서로 계약을 맺는 공동체를 설명하고자 사회계약을 떠올렸다. 존 롤스도 계약이라는 비유를 썼는데 효과는 아주 달랐다. 롤스는 사람들이 그가 '무지의 베일'이라고 부른 것 뒤에서 계약을 맺기 때문에 자신의 고유한 이익이 어디에 있는지 모르는 상황을 상상했다. 이런 구도는 상호 존중에 기반을 두어 서로 협력하기 위한 공정한 조건을 구축하려는 가상적 욕망을 표현한다고 롤스는 설명한다. 롤스의 계약은 부의 사후적 분배를 이룬다. 계약 당사자들 사이에서 공동체의 최빈층이 결국 최대한 부유해져야 한다는 것에 대한 합의가 이루어진다.

보험 은유는 계약 은유에 비해 정치철학에서 훨씬 드물게 사용되었지만, 현실 정치에서는 훨씬 큰 역할을 했다. 영국 페이비언 운동, 미국 루스벨트 대통령의 뉴딜 정책에서나, 세계대전 후 유럽 사회민주주의 정당들이나 사회보장 제도, 노동재해 보상, 빈곤 구제 프로그램 등 정치가들이 지지하는 재분배 정책은 사고, 질병, 실직 등의 불운에 대비하는 광범위한 보험 장치로 이해될 수 있다고 했다. 이런 프로그램에 돈을 대기 위해 사람들이 내는 세금은 보험료이고, 사람들이 아프거나 실직했거나 기타 이유로 곤궁할 때 받는 혜택은 보험금으로 이해해야 한다고 했다. 정치가들은 이런 식으로 이 프로그램의 사전 평등적 장점을 주장했다. 사회계약 이미지는 사후 평등을 옹호하고, 보험

이미지는 사전 평등을 중시한다.

사회계약 은유는 지배정치 질서에 대한 모든 신민의 가상적 혹은 가정된 동의에서 사회정의의 근거를 찾는다는, 역사가 깊지만 실패한 이상에서 나온 것이다. 보험 은유는 실제로 세금을 보험금 납부로 볼 수 있기 때문에 더 현실적이고, 앞으로 살펴볼 테지만 과세 정도와 구조를 실제 보험 시장에 따라 설계할 수 있으므로 더 유용하다. 그 밖에도 여러 매력적인 면이 있어 정치적으로도 계약 은유보다 더 설득력이 있다. 이를테면 재분배적 사회 프로그램을 보험으로 설명하면 사회적 연대감이 느껴진다. 각각의 정치공동체 구성원이 실제로 직면한 위험을 한데 모음으로써 집단적 정체성을 확인하게 한다. 예측하지 못한 위험에 대비해 자신과 가족을 보호할 보험에 드는 것은 책임감 있는 행동이므로, 보험 은유로 바라본 재분배 제도 또한 개인의 신중함과 책임감이라는 분위기를 띠게 된다. 또 재분배적 정치제도를 자비심을 베풀어 혜택을 나눠주는 자선단체가 아니라 자격을 부여하는 방식으로 인식하게 만든다. 미리 낸 돈으로 보장을 함으로써 보험 약관에 따라 돈을 받을 자격이 있게 되는 것이다. 재분배 프로그램이 국가 재정을 잘 관리하며 이루어지고 있음을 공동체에 확신시키기도 한다. 잘 설계된 보험 제도의 보험료와 보험 혜택 구조는 안정성을 유지할 수 있으므로, 탄탄한 보험회사는 재정적으로 건전하기 때문이다. 마지막으로, 공동체 전체에 경제적 합리성을 약속한다. 여러 단계의 보험을 선택할 수 있는 보험 제도에서 사람들은 자기 자산의 얼마만큼을 위험 관리에 투자하고, 나머지 삶에는 얼마만큼을 투자할지에 대해 현명하게 결정할 수 있기 때문이다.

그러니 정치가들이 보험 은유로 자기네 정책을 멋지게 포장할 수 있다고 생각하는 것은 당연하다. 이 은유가 설득력이 있다는 것은 또 한편 사전 평등을 정치적 목표로 삼는 것의 타당성을 확인시켜준다. 그렇지만 이제 이 은유를 이렇게 쓰는 것이 사기성은 아닌지 생각해봐야겠다. 지금까지 설명한 효율적인 보험 제도의 여러 장점은 모두 인위적인 상황에서만 실현되므로, 이 사회 제도가 작동하는 실제 상황과는 아주 다르다. 대략 비슷한 부와 약점을 지닌 사람들이 공동체를 구성하고, 그 안에서 모든 개인에게 같은 보험료를 받고 같은 혜택을 제공하는 자유롭고 효율적인 보험 시장에서 자발적으로 보험을 든다고 해보자. 그럴 경우 공평하고 재정적으로 효율적인 사전 평등이 개인의 결정에 의해, 자기 삶에 대한 스스로의 책임을 행사하여 이루어진다. 그러나 익숙한 사회보장 제도를 보험 개념으로 다룰 때에는 여러 측면에서 이러한 이상적 개념과는 차이가 있다는 사실을 받아들이지 않을 수 없다.

첫째로, 재분배 제도는 대개 자발적이지 않고 강제적이다. 사업장에서 노동자들에게 임금을 덜 주는 대신 다양한 보험에 들어야 하는 것처럼 누구나 특정 수준으로 보험을 들게 강제하는 법률이나, 또는 모든 사람이 내야 하는 세금으로 재정이 마련된다. 둘째로, 실제 정치사회의 시민들은 부와 취약성이 서로 비슷하지 않다. 어떤 사람들은 더 가난하고, 어떤 사람들은 강제 보험 제도가 보상하는 불운을 겪을 가능성이 더 크다. 어떤 사람들은 장애를 갖고 태어나거나 시장에서 중시하는 능력을 지니지 못하고 태어나는 등 이미 불운을 갖고 있는 사람도 있다. 실제 보험 시장에서는 위험에 취약한 사람들이 상대적으로 더 높은 보험료를 낸다. 이미 불운을 겪은 사람들은 뒤늦게 해당 보험에 가입할 수 없으며, 보험회사에서는 가난한 사람이라고 해서 보험료를 더 적게 청구하지 않는다. 그러나 일반적 재분배 프로그램에서는 위험에 취약한 사람이라고 더 많은 돈을 내지 않고, 보험 제도가 생기기 전에 불운을 겪은 사람들도 보장이 되며, 부자들이 이 프로그램의 재정이 되는 세금을 가난한 사람들보다 더 높은 비율로 낸다.

따라서 이런 제도를 보험 제도로 부르고 일반 보험 시장만큼의 효율성과 공정성을 지닌다고 주장하는 것이 사실을 오도하는 것은 아닌가 하는 질문을 던져보아야 한다. 나는 그렇지 않다고 주장한다. 오히려 보험 은유를 체계적이고 구체적으로 파고들면 설득력 있는 재분배적 조세 제도의 구조를 만들어낼 수 있다. 이 은유를 통해 왜 재분배적 과세가 사람들을 동등하게 대하는 것의 핵심이라고 하는지에 대한 가장 중요한 근거가 드러나기 때문이다. 보험과 평등을 연관 짓는 일반적 직관은 아주 중요한 열쇠다.

가상적 보험

까닭은 간단히 설명할 수 있다. 내가 방금 말했듯이 충분한 정보력이 있고 의료적·경제적 불이익에 대비해 보험을 들 능력도 똑같고, 효율적인 보험 시장에서 원하는 대로 자유로이 보험을 선택할 수 있다면, 살아가면서 남들보다 더 심한 불운을 겪는다고 하더라도 사전 평등이 보장될 것이다. 따라서 일반 시장에서는 적절한 수준의 사전 평등을 이룩할 수 없다. 사람들마다 보험을 들 능력이 같지 **않다**는 중대한 이유 때문이다. 되풀이하자면, 어떤 사람들이 다른 이들보다 보험을 들기에 불리한 세 가지 중대한 까닭이 있다. 첫째, 어떤 사람들은 돈이 적어서 보험을 적게 들 수밖에 없다. 둘째로, 어떤 사람들은 보험회사에서 파악할 수 있는 이유 때문에 특정 불운을 겪을 가능성이 높다. 예를 들면 혈압이 높은 사람은 심장발작을 일으킬 가능성이 높고, 따라서 보험회사에서는 보험료를 높게 물리거나 보험 가입 자체를 거부할 수 있다. 셋째로 (두번째 이유를 다른 관점에서 본 것이라고도 할 수 있다) 사람들이 대비하기도 전에 보험에 들고 싶었을 만한 사건이 이미 일어났을 수 있다. 노동 시장에서 비싼 값에 팔리는 재능을 갖고 태어나지 못했다거나 하는 것을 예로 들 수 있다. 이런 능력 부족들이 상호 작용해서 한 가지 장애를 갖고 있는 사람은 다른 장애도 가질 가능성이 높다. 그러나 이런 사전 불평등은 사후 평등을 위한 프로그램처럼 반자유주의적이고 비합리적이고 실행 불가능한 결과를 낳지 않고 시정이 가능하다.

불평등을 시정하기 위한 한 가지 방법으로 이런 질문을 던져볼 수 있다. 공동체의 부가 똑같이 분배되었을 때, 그리고 사람들에게 닥칠 불운에 대한 전체적 확률에 대해서는 알고 있으나 어떤 사람도 자기가 그 불운을 이미 겪었다거나 다른 사람보다 불운을 겪을 확률이 높거나 낮다고 생각할 이유가 없을 때, 여러 종류의 보험을 어느 수준으로 책정해야 합리적인 사람들이 그 보험을 구매하리라고 무리 없이 가정할 수 있는가 하는 질문이다. 나는 이 질문이 어느 정치공동체에서나 재분배적 세금의 최적률을 정하는 데 결정적인 질문이라고 생각한다. 사람들의 취향, 두려움, 질병이나 무능력을 얼마만큼의 비용을 들여 어떤 방식으로 해소할 수 있는가에 대한 지식에 근거해, 이런 가상적 상황에서 거의 모든 사람이 숙고를 거쳐 최소한 어느 정도의 재해, 질병, 실업, 저임금 대비 보험은 구입하리라고 확신할 수 있다면(대부분의 사람이 그 정도의 보험도 들지 않는 것은 비합리적이라고 보리라고 확신한다면), 우리 사회의 가난하고 불운한 사람들이 그 정도로도 보험을 들지 **않는** 까닭은 내가 설명한 것과 같은 이유들로 사전 평등이 저해되었기 때문이라고 가정해도 무리가 아니다.[●]

모든 사회 구성원이 그 정도 수준의 보험을 구매했다면 총 보험료가 얼마일지를 생각해보고, 이 가상적 보험료 총액과 같은 양으로 연간 총세수를 결정하면, 받아들일 수 없는 불평등을 시정하는 조세 제도를 설계할 수 있다. 가정에 따라, 이 보험료 총액은 모든 사람이 그 수준의 보험을 구매했을 때 불운을 겪은 사람이 받을 수 있는 만큼의 보상을 제공하기에 충분한 수입이 될 것이다. 보상은 의료비 변제나 실업 급여 같은 직접 지불의 형태를 띨 수도 있고, 전 국민 건강보험을 통해 사람들이 보험으로 보장할 정도의 혜택을 제공하는 공공지출의 형태를 띨 수도 있다.

이것이 우리 정치사회에서 공정한 과세 수준을 논하기 위해 내가 제안하는 기본 틀이다.^{●●} 내가 상상한 가상적인 공평한 상황에서(사람들

● 아주 소수의 사람은 그 정도 수준으로도 보험을 들지 않을 가능성을 배제할 수는 없다. 그러나 어떤 사람이 그렇게 하지 않을지는 알 수 없고 특정한 누군가가 그 정도 수준으로 보험을 들 가능성이 압도적으로 높다고 한다면 다른 사람들도 모두 그렇게 하리라는 가정에 기반을 두고 생각하는 게 공평하다.

●● 더 엄밀히 말하자면 공평함이 과세 제도에 요구하는 바를 반영한 구조라고 할 수 있다. 세금은 재분배와 무관한 공공재의 비용을 대는 데도 쓰이며, 사회정의뿐 아니라 재정 정책 또한 염두에 두어야 한다. 감세와 증세는 전체 경제를 활성화해야 할지 긴축해야 할지를 염두에 두고 시행해야 한다. 정부에 시기 조정의 재량권을 주는 것은 빈곤층을 포함해 모든 사람에게 이득이 된다. 그러나 재정 정책에 따라 감세가 필요할 때라도 재분배 문제는 여전히 남아 있고, 부유한 납세자가 지는 부담을 부시 행정부에서처럼 줄이기보다는 늘리는 편이 공정하면서도 더 효율적인 방법이다. 사실상 부시 행정부의 감세로 재정적 이득이 있었다고 하더라도 그것은 훨씬 큰 폭으로 감세한 부유층에서 온 것이 아니라 중간층과 빈곤층의 중간 수준의 감세에서 나온 것이다.

의 부가 대체로 비슷하고 보험으로 대비코자 할 위험에 대한 취약성도 비슷할 때) 보험 시장은 어떠할까를 좀더 깊이 고찰하여 이 구조를 구체화할 수 있겠다. 한 가지 예를 들면, 이런 시장에서 사람들이 지불하는 보험료는 앞으로의 소득과 상관이 있다는 점은 분명하다. 돈을 더 많이 버는 사람은 같은 보험 보장에 대해 더 많은 돈을 지불할 것이다. 경제학자들은 이것을 '기대 후생'이라고 부르는데, 이 용어를 쓰면 이해에 도움이 될 것이다. 기대 후생은 삶이 다른 길로 접어들었을 때 이후 삶이 더 나아지거나 더 나빠지는 정도를 가정하여, 이런 상황에서 평균 복지가 어느 정도인지를 결정하고 각각의 가능성을 고려하여 계산할 수 있다. 사람들은 자신의 기대 후생을 따져보고 보험에 든다. 나쁜 일이 일어났을 때 지나치게 가난해지지 않기를 바라고, 나쁜 일이 일어나지 않았을 때에는 보험료를 지불하지 않았을 때보다 많이 가난해지지 않기를 바란다.

사람들은 생산능력이 낮다는 게 드러났을 때, 취업 운이 나쁠 때, 심각한 질병이나 사고를 당했을 때 생활을 보호하기 위해 보험을 든다고 상상한다. 이런 보험은 돈이 많이 들고, 따라서 구매자들은 보험료의 실제 비용, 곧 보험료 지불이 자신의 기대 후생에 미치는 영향을 최대한 적게 하려고 한다. 부유한 사람들보다 가난한 사람들에게는 1달러가 훨씬 더 절박하기 때문에 (경제학자들은 돈의 한계효용이 체감한다고 말한다) 보험료율을 실제 소득에 비례해 책정하면 효율적이다. 소득이 높으면 소득에서 보험료가 차지하는 비율을 높이고, 소득이 적은 사람은 모든 사람이 같은 비율로 낼 때보다 더 적은 보험료를 내는 것이다. 우리의 조세 제도를 가상적 보험 시나리오에 따라 짠다면, 소득이 많은 사람은 더 큰 비율로 세금을 내는 상당히 가파른 누진세 제도가 될 것이다. 일률 과세는 사전 평등이라는 이상에 저해가 된다.

주된 세수원이 계속해서 소득세여야 할까? 아니면 몇몇 경제학자가 주장하는 대로 저축을 장려하는 소비세여야 할까? 만약 세수에서 소비세가 차지하는 비율을 올리면서도, 가상적 보험 시나리오가 요구하는 정도로 세수 총액을 유지하고 누진세율도 그 정도로 유지하려면 엄청난 노력이 요구된다. 모든 사람이 구매에 대해 똑같은 세금을 지불하게 하는 역진세율은 정당성이 없다. 또 어느 나라에나 조세 제도에서 중요한 역할을 하는 유산세나 상속세의 문제가 있다. 그러나 공화당에서는 유산세와 상속세를 죽음에 물리는 세금이라고 부르면서 한 세대 동안 반대해왔다. 유산세를 통째로 폐지하고자 하는 야심이야말로 경제적 계급제에 대한 보수적인 믿음을 가장 상징적으로 보여주는 것이다.

그러나 보수주의자들의 유산세 반대 논리에도 귀 기울일 만한 구석이 있다. 유산을 받는 사람의 수가 몇 명이건, 그 사람이 얼마나 부자이건 상관없이 유산에 똑같은 세율을 부과하는 것은 원칙이 없어 보인다. 뿐만 아니라 사전 평등을 강조하는 가상적 보험 모델에서는 유산에 대한 세금을 정당화하기 힘들다. 유산을 포함해 어떤 형태든 상당한 규모의 증여는 일반 세금의 적용을 받는 소득으로 보는 편이 더 공정하고 사전 평등과도 잘 맞을 것이다.* 만약 그 세율이 적절히 누진적이라면, 유산 등의 일회적이고 반복되지 않는 소득은 특정 규정에 따라 수혜자가 여러 해에 걸쳐 분할 지급받을 수 있게 해야 한다.

---

* 머피와 네이젤, *The Myth of Ownership*을 보라. 또한 저스틴 벌리 편, *Dworkin and His Critics* (Blackwells, 2004), p. 353 참고.

정당성과 반대 주장

다른 곳에서 가상적 보험 접근의 중대한 논점과 실제 구체적 조세 제도에서 어떤 의미를 지니는지에 대해 논한 적이 있다.* 여기에서 자세히 되풀이하지는 않겠지만, 대신 핵심 결론은 강조하고 싶다. 조세 제도는 앞에서 설명한 것처럼 사전 평등을 지닌 상태에서 신중한 사람이 스스로에게 보장하리라고 가정할 수 있는 만큼은 적어도 제공해야만 공정하다. 물론 이러한 복잡한 조건법적 질문에 최선의 해답이 무엇일지에 대해서는 경제학자들 사이에서도 생각이 엇갈릴 것이다. 가상의 상황에서 사람들이 어떤 종류의 보험을 얼마어치나 구매하리라고 보는 게 무리가 없을지에 대해 저마다 생각이 다를 수 있고, 소급적으로 사전 평등을 제공하기 위해 어느 정도의 과세가 필요한지에 대해서도 마찬가지다. 그러나 그 누구도 미국의 현재 조세 정책이 이 기준을 충족시킨다고는 말할 수 없을 것이다. 아주 많은 미국인이 심각한 병에 걸렸을 때 최소한의 치료조차 받지 못한다. 직업이 없는 많은 미국인이 자기 자신이나 가족에게 최소한의 주거나 영양조차 제공하지 못한다. 이런 미국인들이 이보다 더 나은 삶을 누릴 여건을 마련하고자 더 부유하고 운 좋은 다른 시민들과 마찬가지로 보험에 들 기회가 있었음에도 보장을 해놓지 않았으리라고 주장하기는 어렵다.

이 장 앞부분에서 정의의 문제를 정당성의 문제와 구분했다. 현재 미국이 가난한 시민들의 운명에 보이는 무관심 정도를 비추어보았을

---

* *Sovereign Virtue*, 특히 제2장과 제9장 참고.

때, 정부의 재정 정책에 정의가 있는지의 여부뿐 아니라 그 정당성까지 의심하게 하는 것은 아닌지 물었다. 이 질문에 대한 답은 정부의 정책이 동등한 관심이 요구하는 바가 무엇인가에 대한 어느 정도 합리적인 설명에 근거해, 가난한 사람들에게 동등한 관심을 보이고 있다고 이해할 수 있느냐에 달려 있다. 나는 동등한 관심을 보이려는 정부는 시민들 사이의 사전 평등을 이루려고 노력해야 하며, 사전 평등이 요구하는 바를 가상적 보험이라는 기준이 가장 잘 충족하고, 이 기준에 따르면 현재 우리의 재정 정책은 사전 평등을 제공한다고 볼 수 없다는 것을 논증했다. 따라서 이제 미국 정부의 경제 정책을 옹호하는 사람들은 내 주장에 어떻게 응수할 것인지, 모든 사람에 대한 동등한 관심을 다른 입장에서 타당하게 파악하여 이루어진 공정한 조세 제도를 제시할 수 있는가 하는 질문을 던져보아야 한다.

번영. 부시 행정부는 낮은 세금이 경제 전체에 이롭다고 주장한다. 앞서 말했듯이 여러 저명한 경제학자가 반박한 의심스러운 주장이다. 클린턴 행정부 때보다 부자들이 내는 세금은 훨씬 낮은데 사람들 대부분의 경제적 지위는 더 나빠졌다. 이 주장이 기반을 두고 있는 주된 가정, 곧 부유한 사람들은 세금이 낮을 때 더 열심히 일하고 생산성이 더 높아진다는 가정은 직관에도 어긋나고 실제로 입증되지도 않았다.[*] 어쨌거

---

[*] 예를 들면 제프 매드릭, "Health for Sale," *The New York Review of Books*, 2003년 12월 18일 자를 보라. "전직 레이건 대통령 경제 고문 마틴 펠드스타인을 비롯한 유명한 경제인들이 주장한, 높은 세금이 열심히 일하고 더 많이 투자하려는 사람들의 사기를 꺾는다는 주장은 근거가 없다. 클린턴이 1992년 세금을 올렸을 때 펠드스타인을 비롯한 사람들은 노동과 투자 의욕이 저하된다고 반발했으나, 증세가 1990년대 후반의 경제 부흥에 도움이 되면 됐지 방해가 되지는 않았다." 자타공인 우파 논평가인 브루스 바틀릿도 "What Bush Boom?"에서 비슷한 견

나 논의를 위해서, 다른 조건이 동등할 때 세금이 낮으면 경제 전반이 번영한다고 일단 가정해보자. 그렇더라도 공평함에 대한 언급이 없기 때문에 그 가정만으로는 지금 논의와 큰 상관이 없다. 세금을 낮추어 경제를 번창시키는 국가는 내가 앞서 예로 든 바 있는 막내의 방은 좁아터져 찬장 정도 크기밖에 안 되더라도 평균 방 크기가 가장 큰 방을 사려는 가족과 다름없다. 정당성은 사람들에게 동등한 관심을 쏟는 문제이지 추상적 통계 수치와는 상관이 없다.

경제 전반이 좋아지면 일자리가 늘어나고 상층의 부가 아래로 '흘러내리기' 때문에 장기적으로는 모든 사람에게 득이 된다고 주장하기도 한다. 그러나 이런 주장은 거짓이라고 생각되는 것이, 클린턴 행정부 때처럼 국가 경제가 상당히 번창할 때에도 가난한 사람들의 상황은 별반 나아지지 않았다. 부시의 감세로 인해 중산층으로 불리는 사람들조차 혜택을 받았는지 분명하지 않고, 가난한 사람들이 혜택을 받지 못한 것은 분명하다. 확실하게 득을 본 측은 이미 부유한 사람들뿐이다. 아주 먼 앞날을 생각한다고 말할 수도 있다. 몇 년 안에 얻을 수 있는 혜택이 아니라 다음 세대를 생각해야 한다고 말이다. 그러나 기간을 길게 잡으면 이 가정은 의미가 없어진다. 존 메이너드 케인스가 말했듯이 먼 앞날에는 우리 모두 죽고 없을 테니 말이다. 동등한 관심은 추측상의 후손에게가 아니라 지금 살아 있는 사람에게 베풀어야 한다. 후손들의 지위도 결국에는 지금 우리가 가난한 사람들에게 얼마나 공평하게 대하느냐에 달려 있으니 말이다.

해를 냈다. http://economistsview.typepad.com/economistsview/2006/03/what_bush_boom.html.

사회안전망. 따라서 이번에는 번영이 아니라 공평함을 표방하는 보수주의자들의 주장을 구성해보겠다. 보수주의자들이 내 주장에 토대부터 반대할 수도 있다. 동등한 관심을 보이기 위해서 반드시 사전 평등이 필요한 것은 아니고, 공동체에서 일종의 사회안전망을 제공하는 것으로 충분하다고 말할 수 있다. 실질적 평등을 보장하지 않고도 모든 사람에게 어느 정도 괜찮은 삶을 제공하는 것이다. 현재 미국의 정치적 합의는 그러한 안전망조차 제공하지 않는다고만 해도 충분한 대답이 될 것 같다. 많은 미국인들이 누구라도 받아들이기 힘든 위험한 불행이라고 여겨지는 상황에 빠지지만 막을 도리가 없다. 어쨌거나 이런 반대는 아주 기초적인 것이라서 그 전제를 검토해볼 필요가 있다. 정부가 시민들의 가장 기본적인 욕구만 충족시키면, 시민들 사이의 경제적 평등을 목표로 삼을 필요는 없다는 전제가 그것이다.

사실 자유주의적 입장을 가진 사람을 포함해 많은 저명한 철학자가 평등이 온당한 정치적 목표인가 하는 질문을 던졌다. 이들은 모든 사람의 생활수준을 똑같게 한다는 목표가 아니라, 모두에게 최소 수준의 삶을 보장하는 것을 목표로 해야 한다고 말한다. 그러나 이 문구에서 알 수 있듯이 이들이 쓰는 평등이라는 말은 사후 평등을 가리킨다. 나도 이 사람들이나 보수주의자들과 마찬가지로 사후 평등은 매우 비현실적이라고 생각하고 또 불공평한 목표라고 본다. 문제는 보험 장치 등으로 강화되는 사전 평등과 동등한 관심으로 대하기 위해 필요한 최소 생계 기준 보장 가운데 어느 것에 더 중점을 두느냐이다. 어쨌거나 가상적 보험 시나리오가 정당화하는 것보다 더 낮은 사회안전망을 받아들일 수 있는 근거를 논리적으로 제시하지 못한다면 이 둘을 비교하거나 둘 사이에서 선택을 내릴 수가 없을 터인데, 지금까지 어떤 논증도 나오지 않았다. 보험 장치가 바로 안전망이다. 바닥을 정하기 때문이다. 그러나 이 안전망에는 원칙이 있다. 동등한 관심이 무엇을 요구하느냐에 대해 정당하게 해석함으로써 옹호할 수 있다. 이보다 더 낮은 보호 장치를 설정해 정당화할 수 있는 논거는 어디에 있는가?

보험 장치. 보수주의자들이 이보다는 덜 근본적인 층위에서 반론을 제기할 수 있다. 사전 평등을 이상으로 받아들이되, 가상적 보험 장치가 이 이상을 실현하는 데 적합하지 않다고 말이다. 이런 주장이 나올 법한데, 그렇다면 공평한 과세를 둘러싼 진정한 토론에 기여하므로 반가운 일이다. 그런데 어떤 형태로 펼쳐질지 모르니 예측이 불가능하다. 혹은 보수주의자들이 가상적 보험이라는 검증 기준은 받아들이되 실제로 가상적 상황에서 사람들이 구입할 보험은 훨씬 적다고 주장하거나, 내가 말한 누진적 보험료율을 받아들이지 않을 것이라고 할 수도 있다. 이런 논증 역시 환영하지만, 내가 미리 예측할 수는 없다.

그럴 만한 돈이 없다. 사실은 보수주의자들이 이런 주장을 할 가능성이 더 높다. 가상적 보험이 세금을 설계하는 공평한 방법이라는 데에는 동의하지만, 가난한 사람에게 그렇게 많은 돈을 쓰면 공동체가 파산할 것이기 때문에 그만큼 공평을 추구할 수는 없다고 말이다. 혹은 보험 모델에서 제시한 만큼 부자들한테서 돈을 많이 거둬가면 모든 사람이 똑같이 가난해지는 하향평준화가 이루어진다고 주장할 수 있다. 그러나 이런 반론은 부적절하다. 보험 장치의 사전 평등 개념을 제대로 이해하지 못한 것이다. 사후 평등은, 만약 정치적으로 실현이 가능하다면, 실제로 공동체를 파산시키고 모두를 가난하게 만들 것이다. 그러나 가상적 보험 장치는 애초에 그에 따른 평등의 비용을 감당할 만한 수준으로 설계하는 것이다.

보험 장치는 앞날의 비극이나 좌절에 대비해 같은 부를 가진 사람들이 얼마만큼을 내놓을 것인가 하는 질문을 던지는데, 합리적인 사람이라면 우연한 불운이 일어나지 않았을 때 평탄한 삶을 살 수 없을 정도로 많은 돈을 보험에 집어넣지는 않을 것이다. 이는 가난한 사람이나 부유한 사람이나 마찬가지다. 나는 사람들이 부의 정도에 따라 보험금을 낼 것이라고 가정했다. 그러나 경제적으로 성공했는데도 보험금 때문에 가난해질 정도로 무리하지는 않을 것이다. 세금을 많이 부과할 경우 경제의 세계화 덕에 세금을 적게 무는 곳을 찾아 자본이 다른 나라로 이동할 수 있으며, 이 때문에 미국의 일자리가 줄어들 테니 고세율 정책을 쓰면 안 된다고 주장하기도 한다. 이것은 역으로 자본 이동을 어렵게 만드는 세금을 부과해야 한다는 주장이 될 수는 있겠다. 예를 들어 미국 시민들은 전 세계에서 벌어들인 소득에 대해 세금을 물어야 하는데, 사업이 아니라 개인 소득이나 소비에 세금을 물리면 해외로 진출해 사업을 하고자 하는 의지를 꺾을 수 있으니 말이다.* 여하튼 간에 가상적 보험 제도는 이런 요소들을 모두 고려한다. 예를 들어 일정 수준의 실업보장급여에 필요한 보험료를 계산할 경우, 모든 사람이 그 수준으로 보험을 들었을 때 경제활동에 미치는 영향이 어떠할지

---

* 그러나 기업에서는 높은 세금을 물더라도, 대신 높은 세금 때문에 가능한 교육 제도를 통해 교육을 잘 받은 인력을 쓰는 편을 선호한다는 증거도 있다. 폴 크루그먼이 도요타 자동차가 미국 남부 대신 캐나다 온타리오에 새 공장을 세우기로 한 결정에 대해 언급했다. "Toyota, Moving North," *New York Times*, 2005년 7월 25일, 섹션 A, p. 19.

를 고려한다. 나는 가상적 상황에서 사람들이 보험에 들리라고 가정할 수 있는 최고 수준으로 세금을 물어야 한다고 주장하는 게 아니다. 설령 그렇다 해도 이런 반론은 부적절한 것이, 가정에 따라 그만큼의 세금은 감당할 수 있기 때문이다. 내가 주장하는 것은 사람들이 그 정도로 대비하지 않으리라고 가정하는 게 전혀 타당하지 않을 정도의 최소 수준으로는 보장을 해야 한다는 것이다. 이런 온건한 주장에 대고 공평함을 추구할 여유가 없다고 반발하는 것은 더욱 어리석은 주장이다.

자유. 특히 전쟁 등으로 지출이 계속 늘고 있을 때 세금을 계속 줄인다면, 연방정부에서 환경보호, 작업장 안전, 소득 보조금, 노인 의료 보험, 저소득층 의료 보호 등 다른 여러 프로그램에 쓸 돈은 더 줄어들 것이다. 자유주의자들은 이런 근거로 감세에 반대하지만, 보수주의자들도 자기 입장을 옹호하는 데 같은 이유를 든다. 보수주의자들은 이런 프로그램이 개인의 자유를 위협하므로 낮은 세금이야말로 자유를 보호하기 위한 좋은 전략이라고 주장한다. 이런 전략을 슬로건으로 표현하기도 한다. "짐승을 굶겨야 한다. 짐승의 압제로부터 자유로워지려면." 짐승은 연방정부를 가리킨다. 이런 말은 정치적 가치로서의 자유를 잘못 이해한 것이다. 제3장에서 이미 언급했듯이 실업급여, 식품 구입권 지급, 저소득층 의료 보호 등의 프로그램이 자유를 침해한다고 보는 자유 개념은 논리적으로 옹호할 수 없다.

일부 보수주의자들은 중앙정부의 권력에 대항하는 각 주의 권리에 대한 열망에서 비롯한 반대 결론을 내놓는다. 여기에서 미국 주정부와 중앙정부가 재분배 세금의 부담을 어떻게 나누어야 할지를 논할 일은 아니다. 나의 관심은 어떻게 해야 정부 전체의 구조가 정당성을 가질 수 있느냐 하는 문제다. 그러나 연방정부라는 짐승을 굶기고 싶은 대부분의 사람들은 마찬가지로 지역 단위에서도 돈 드는 복지나 재분배 프로그램을 지지하지 않을 것이다. 큰 짐승이나 작은 짐승이나 자기에게서 돈을 거둬가는 짐승은 모두 굶기고 싶을 테니 말이다. 이런 반론에 대해 내가 아는 것 이상이 있을 테지만, 나에게 명시적으로 보여주어야 응수할 수 있을 것이다.

사전 소유권: 이건 내 돈이다. 보수주의자들이 낮은 세금을 옹호할 때 쓰는 감정적으로 가장 강력한 주장이지만, 심한 착각에서 비롯된 것이기도 하다.* 이 주장은 인간에게 투자나 월급이나 상속 등으로 번 돈을 자기가 원하는 대로 쓸 도덕적 자격이 있다는 가정에서 출발한다. 자신들의 돈이니 정부에서는 그 돈을 가져가 다른 사람에게 줄 권리가 없다는 것으로, 이 주장은 내 논증을 가장 밑바닥부터 공격한다. 이런 주장을 받아들이는 사람은 정부가 모든 시민에게 동등한 관심을 보여야 하고 사전 불평등을 감소시키려고 노력해야 한다는 것을 받아들이면서도, 그것을 정부의 자원으로 해결해야지 부유한 시민 것을 훔쳐다 가난한 사람에게 나눠주는 로빈 후드를 자처해서는 안 된다고 말할 수 있기 때문이다. 이런 주장을 하는 사람들은 부유한 사람들에게는 자선을 베풀 도덕적 의무가 있다는 것에도 동의할 수 있다. 다만 자발적으로 불우한 사람과 가진 것을 나눠야 한다고 말한다. 정부가 그것을 강요할 수는 없다. 그건 폭정이다. 보수주의자들은 자기 돈을 어떻게 쓸

---

* 머피와 네이젤, *The Myth of Ownership*. 내가 쓴 글 "Do Liberty and Equality Conflict"도 참고하라. Paul Barker 편, *Living as Equals*(Oxford University Press, 1996).

지에 대해서는 본인들이 더 잘 알고 있으니, 중앙정부도 그 결정을 존중해야 한다고 말한다.

　이런 주장을 받아들이는 사람도 정부에 일정한 책임이 있다는 것은 인정한다. 범죄와 테러리스트 등 국외의 적으로부터 시민을 보호해야 하고, 이런 일을 하는 데도 많은 돈이 든다. 따라서 정부는 치안을 유지하고 경제학자들이 공공재(부자와 가난한 사람 모두에게 똑같이 이득이 되는 재화)라고 부르는 혜택을 제공하기 위해 세금을 거둬야 한다. 그러나 보수주의자들은 이와 다른 종류의 복지 지원, 곧 모든 사람에게 똑같은 혜택이 돌아가지 않는 복지를 위해 모든 사람에게서 세금을 걷는 것은 정당하지 않다고 주장한다. 모든 사람이 똑같이 누리는 공공재라고 하더라도 부자라고 해서 더 많은 비용을 부담하게 하는 것은 정당화되지 않는다. 모든 사람이 소득이나 재산에 대해 같은 비율로 세금을 내게 해 부유한 사람이 더 많은 총액을 부담하는 일률 과세가, 대처 영국 전 총리가 옹호하는 모든 사람이 같은 비용을 부담하는 인두세보다는 더 설득력이 있을 것이다. 일률 과세는 부유한 사람이 국내외 적으로부터 보호해야 할 자산이 더 많으므로, 같은 비율로 세금을 내되 두당 세금은 더 많이 내야 한다는 원칙을 따른 것이다. 그렇지만 그런 치안 비용을 더 높은 세율로 내게 해 불평등이 심화되는 것을 합리화할 근거는 없다.

　이것이 일률 과세에 대한 도덕적 옹호의 핵심이다. 정부에서 걷어가는 것이 내 돈이고, 내 동의 없이 가져가므로 내가 입는 혜택만큼만 지불해야 한다는 생각이다. 그러나 내가 월급이나 배당금이나 유산으로 받은 돈을 가질 수 있다는 도덕적 근거는 과연 무엇인가 하는 질문을 던져야 한다. 내 노력이나 재능으로 돈을 벌었거나 혹은 누군가가 나에게 돈을 주기로 결정했기 때문에 가질 자격이 있다고 말할 수 있겠다. 그러나 노력이나 재능, 투자 운 등을 통해 돈을 벌 수 있었던 것은 전적으로 정치적 합의에 의한 결정에서 비롯된 것이므로, 내가 특정 정치적 합의(이를테면 내 세금을 낮춰주는 것 등)를 누릴 자격이 있느냐는 질문이 제기된다. 그 정치적 합의가 내가 벌거나 받은 것을 더 잘 지켜주기 때문이다. 이런 정치적 합의의 내용이 바뀌면 내가 벌거나 상속받는 돈이 늘어나거나 줄어들 수 있다. 같은 이유에서, 내가 경제에 기여하는 정도가 내 연봉에 반영되어 있으므로 기여에 대한 보상으로 그 수입을 가질 자격이 있다는 주장도 거부해야 한다. 내 연봉이 나타내는 기여도는 특정 정치적 합의를 배경으로 할 때만 유효하다. 배경이 되는 합의가 달라진다면 기여도라는 부분도 달라질 것이다. 따라서 내가 현재 나의 봉급을 '벌었으므로' 정부가 그 돈을 가져갈 수 없다는 주장에도 의문이 제기된다. 조세 제도를 비롯한 정치적 합의가 조금이라도 달라지면 봉급이 달라지기 때문이다.

따라서 세전 소득이 '내' 돈이라는 주장은 논리적으로 박약하다. 그나마 논리적인 주장은 최초 소유한 사람에게 도덕적 권리가 있다고 보는 것이다. 미연방 소득세 제도는 과세 시점을 여러 방법으로 미룬다. 대부분의 사람은 세금을 제한 채로 급료를 받지만, 급여 명세서에는 더 큰 액수에서 세금이 공제된 것처럼 나타난다. 부유한 사람들은 세금 일부의 납부를 연기할 수 있다. 4월 15일 최종 납부일까지 추정 세액을 분기에 한 번씩 분할 납부할 수 있다. 이렇게 하면 자기 은행 계좌에 들어 있거나 투자 상담가의 보고서에 있는 것으로 신고된 돈으로 세금을 낼 수 있다. 그러나 이런 일은 세무 회계를 효율적으로 하려다 우연히 일어나는 일일 뿐이다. 세금은 미리 신고된 재산이 아닌 다른 방식으로 지불되기도 한다. 원천징수로 세금을 납부하거나, 고용주가 지불 급여세의 형태로 낼 수도 있다. 후자의 방법을 택하면, 고용인의 세전 봉급이 더 큰 액수로 명기되지 않고 고용주가 지불하는 봉급은 낮아진다. 단순한 최초 소유라는 특권은 있을 수 없고, 부유한 사람이 나중에 세금으로 낼 돈을 일시적으로 가지고 있었다고 해서 그 사람에게 그 돈을 소유할 도덕적 자격이 있다고 주장할 수는 없다.

도전

미국의 부유층과 빈곤층 사이의 격차는 옹호하기 어려운 수준이다. 가난한 사람들은 제대로 된 의료 혜택을 받지 못한다. 의료 혜택을 전혀 받지 못하는 사람도 아주 많다. 제대로 된 주거도 없고 영양 상태는 끔찍하다. 그들의 자녀들은 앞으로의 삶에 대한 암울한 기대를 안고 태어난다. 상식적인 사람이 이런 불행의 위험을 무릅쓰리라고 생각하기는 불가능하다. 내 전체 논지가 옳다면, 우리 정치사회의 정당성이 위협받고 있다고 할 수밖에 없다.

보수적 조세 정책을 옹호하는 사람이 이런 정책도 가난한 사람에 대한 동등한 관심을 보이는 것이라고 이해될 수 있음을 입증하는 반대 논변을 펼칠 수 있어야만 이런 의혹을 해소할 수 있을 것이다. 이들이 어떤 주장을 펼칠지 예측해보려고 했다. 그러나 이제는 그들의 차례다. 국가가 가난한 사람들에게 지금까지 한 행동의 정당성을 어떻게 주장할 수 있을까? 정치적 정당성이 동등한 관심을 요구하지 않는가? 사후 평등보다 사전 평등이 동등한 관심이라는 요구에 더 잘 들어맞는가?

아니라면 어떤 조치가 적절한가? 사전 평등을 추구해야 한다면 가상적 보험 전략으로 사전 평등을 효과적으로 실현할 수 있지 않은가? 이 전략이 재분배 프로그램을 위해 부유층이 지불해야 하는 세금을 큰 폭으로 증가시키지는 않는가? 우리 정치에 대해 진정한 논쟁을 벌이려면 보수주의자들이 이런 질문에 답해야 한다. 누가 먼저 시작하겠는가?

제5장

민주주의는 가능한가?

미국은 민주적인가?

나는 이 책에서 주로 두 가지를 주장했다. 첫째로, 미국이 인권, 종교, 세금 등의 문제에서 두 정치문화로 갈라져 날카롭게 대립하고 있는 것처럼 보이는데도 이런 쟁점들에 대해 제대로 된 토론을 시작할 틀조차 마련하지 못했다고 했다. 둘째로, 철학적 층위까지 죽 거슬러 올라가서 대부분의 사람이 받아들이는 인간 존엄의 두 원칙을 공통 기반으로 삼아 논의를 구성해나갈 수 있다고 제안했다. 그러나 우리가 이런 진정한 토론을 펼칠 정치적 체제를 갖추고 있는가?

어떤 국가의 정치도 철학 세미나처럼 운영될 수는 없다. 민주주의 체제는 누가 이 체제를 이끌 것인가에 대한 최종 평결을 경제, 철학, 외교 정책, 환경과학 등에 대한 지식이 없고 이런 분야에 대해 자질을 갖출 만한 시간도 능력도 모자란 수천만의 사람에게 맡겨야 한다. 그

러나 우리 정치는 똘똘한 중학교 학생들의 토론 수준에도 미치지 못한
다. 후보자들이 말을 시작하려고 헛기침을 할 때면 우리는 당혹스럽고
창피한 생각마저 든다. 후보자들을 코치하는 자문들은 스타일이 중요
하지 내용은 전혀 중요하지 않고, 중요한 집단을 움직이도록 은근히
의도된 슬쩍 끼워 넣은 암호로만 말하고 다른 말은 최소로 해야 하며,
저녁 뉴스에 인용되는 간략하고 효과적인 한마디는 정치적 금이지만
실제 논쟁과 조금이라도 비슷한 것은 죽음이라고 말한다.

그러니 미국인들은 가장 중요한 쟁점들에 대해 섬뜩할 정도로 잘못
알고 있고 무지하다. 브루스 애커만과 제임스 피시킨은 『숙고의 날』이
라는 흥미로운 책에서 우리 머리끝을 쭈뼛하게 만들 만한 말을 했다.[*]
여론조사 결과에 따르면, 2004년 대선 직전에 미국인 가운데 절반이
9·11 항공기 납치범 가운데 이라크인이 있었다고 생각했다. 냉전이 정
점에 달했을 때 미국인 대다수는 소련이 나토 회원국인지 아닌지조차
몰랐다. 1996년 여론조사기관에서 그해 대선에 중요한 영향을 미친다
고 생각하는 현안에 대한 긴 질문 목록을 만들었다. 조사 대상 중 이
질문 가운데 40퍼센트 이상에 응답할 수 있었던 사람은 절반이 채 안
되었다. 무지의 수준이 이 정도임을 고려해보면, 정치가들이 TV 드라
마 기준에 따라 서로 경쟁한다는 건 어쩔 수 없는 일일지도 모른다. 누
가 더 자신감 있고 차분해 보이는가? 누가 익숙한 말투로 말하는가?
누가 데이트 상대로 더 매력적으로 보이는가?

악순환이 계속되며 상황은 점점 더 악화된다. 정치 자문들이 정치가
들에게 우리를 무지한 군중으로 다루라고 이야기하니 우리는 계속 무

---

[*] 브루스 애커만과 제임스 피시킨, *Deliberation Day*(Yale University Press, 2004).

지한 상태로 남아 있을 것이고, 우리가 무지한 이상 자문들은 계속 정치가들에게 우리를 그런 식으로 대하라고 조언할 것이다. 어떤 후보도 이런 순환을 감히 끊을 수 없다. 대중이 싸구려 정치에 너무 익숙해져 있어 삼단논법으로 그 물을 흐리려고 하는 사람은 벌을 받을 것이라고 겁낸다. 진실이 황금률이라는 생각은 이미 낡은 것이다. 정치가들은 자기 이력이나 상대방의 입장을 이야기할 때 절대 정확성을 추구하지 않는다. 최대한 왜곡하고 진실의 조그만 무화과 잎은 어딘가에 잘 안 보이는 글씨로 묻어둔다.

알다시피 돈이 우리 정치의 독이다. 후보자나 정당은 선거 유세 비용을 대기 위해 엄청난 자금을 모으고, 이런 관행이 정치와 정부를 여러모로 타락시킨다는 것은 이미 충분히 실증되었다. 정치가들이 정책이나 원칙을 고민하는 데 들이는 노력에 비하면, 돈을 모으는 데 기울이는 노력이 기이할 정도로 크다. 엄청난 재정적 이해관계가 얽힌 기부금을 받아 부유해진 정당은 표 경쟁에서 매우 유리하지만, 가난한 신생 조직은 금전적인 부분에서만도 치명적으로 불리하다. 대규모 정치자금을 기부하는 이들은 순화된 말로 공직자들에 대한 '접근 통로'라고 불리는 것을 구매한다. 사실상 접근 통로뿐 아니라 통제력도 같이 구매하는 셈이다. 큰돈은 또 다른 방식으로 정치를 오염시키는데, 이 부분은 잘 알아차리기 힘들다. 정치가와 자문들이 엄청난 돈을 손에 넣을 수 있기 때문에 많은 비용이 드는 텔레비전, 라디오 광고를 통해 현란한 말, 중상, 왜곡된 사실과 무의미한 설을 끝없이 반복할 수 있게 한다. 이런 것들이 단순무지한 정치의 필수요소가 되어버린 실정이다. 어떤 후보자도 이 추한 군무에서 벗어날 용기를 낼 수가 없다. 싸구려가 되기를 주저하면 패한다. 정치에서 돈은 공평함의 적일 뿐 아니라

진짜 토론의 적이기도 하다.

원칙적으로는 언론이 모자란 부분을 보충하는 역할을 담당해야 한다. 언론인을 가리켜 민주주의의 핵심적 존재이자 진실의 옴부즈맨이라고들 한다. 미국 수정헌법 제1조에 명시된 언론의 자유 보호에 대해 가장 흔히 드는 근거다. 현재 가장 영향력 있는 매체는 텔레비전 언론인데, (인터넷이 그 자리를 차지하기 전까지는 그럴 것이다) 텔레비전 언론이 문제를 치료해주기는커녕 그 자체가 문제다. 방송국은 손익을 우선시하는 대기업 소유이며, 뉴스는 편성표상에서 다른 프로그램들과 오락성으로 경쟁한다. 따라서 텔레비전은 정치가들이 만들어내서 끊임없이 반복하는 짤막한 방송용 어구만 주로 다룬다. 라디오는 주로 광고주들이 신뢰하는 정치단체를 미리 엄선해 전화 인터뷰를 하는 식으로 장사를 한다. 모든 사람이 네거티브 선거 유세가 효과가 없기를 바란다고는 하지만, 실제로는 효과가 있다. 네거티브 유세가 더 재미있기 때문이다. 양심의 거리낌을 모르는 당파적 신문이 황색 언론의 일부로 자리 잡은 지 오래다. 루퍼트 머독의 폭스 뉴스가 특별히 새로운 현상은 아닐지 모르지만, 규모는 확실히 전례 없이 커졌다. 폭스 TV는 극우 성향과 스포츠 경기와 「심슨 가족」으로 무장했고, 낯 뜨거울 정도로 편견이 심한 뉴스와 시사 프로그램으로 엄청나게 많은 시청자를 사로잡은 거대한 투견이다.

그 해악이 어느 정도일까? 이 질문에 대해 우리는 두 가지 견해 가운데 하나를 택할 수 있다. 정치에 만족하느냐 만족하지 않느냐는 취향의 문제이고, 이 중 매우 불만스럽다고 생각하는 사람은 지난번 대선에서 낙선한 후보를 지지했던 사람일 가능성이 높다. 물론 전에 영국에서 볼 수 있었던 것 같은 좀더 지적인 정치 논쟁을 선호하는 사람도 있을 수 있다. 그러나 미국 사람들의 기질에는 현 스타일의 정치가 더 잘 맞는다고 생각할 사람도 있다. 내가 단순무지한 정치라고 부르는 것을 통해 미국인들은 신통하게도 탁월한 지도자들을 선택할 수 있었고, 이 지도자들의 가치는 강의실의 토론 같은 데서보다는 미국인들이 발전시킨 미국식 정치에서 빛이 난다는 것이다. 논평가들은 2004년 대선 토론에서 상원의원 존 케리가 부시 대통령을 손쉽게 눌렀다고들 했다. 그러나 결국 케리가 논쟁으로 대중에게 준 인상보다 부시가 성격으로 대중에게 준 인상이 더 먹혔다. 그러니 논리가 밥 먹여주는 것도 아니고, 미국 선거에서 주로 공략하는 '감정'이 정치에서는 훨씬 더 중요한 자리를 차지한다고 볼 수 있다.

이와 같은 매우 낙관적인 견해를 택할 수도 있다. 말했듯이 최근 선거 결과에 만족하는 사람들은 이런 입장을 택하기 쉬울 것이다. 그렇지만 이와 아주 다른 견해도 있다. 미국 정치 수준이 너무 낮아져서 진정한 민주주의의 입지조차 위협하고 있으며, 미국 정치 질서의 정당성마저 흔들리기 시작했다는 것이다. 지나친 생각인가? 정부 형태가 반드시 민주주의여야 한다는 것은 누구나 공감하는 공통 기반이다. 어떤 사람들은 부시 대통령이 말하듯이 세계 나머지 나라에도 민주정을 촉구하는 것이 미국의 사명인가에 대해서는 의문을 가질 수 있겠지만, 미국에서 민주정이 다른 어떤 정체보다 낫다는 것에 의문을 제기할 사람은 없다. 적어도 미국민들에게는 민주정부만이 유일하게 정당한 정부 형태이며, 다른 형태라면 우리에게 충성을 요구할 도덕적 자격이 없다고 누구든 생각한다.

그러나 이런 광범위한 동의는 착각을 일으킬 수도 있는데, 미국인들 사이에서도 (흔히 말하는 붉은/파란 문화 어디에 속하느냐에 따라) 민주주의가 무엇인가에 대한 생각이 크게 다르기 때문이다. 우리가 민주정치에 만족하느냐에 관한 대답은 실제로 민주주의가 어떤 것이라고 생각하느냐에 따라 다를 수 있다. 이제 민주주의의 두 개념에 대해 설명해보겠다. 그중 첫번째 개념을 받아들인다면, 미국이야말로 민주사회의 모범이며 다른 국가들도 이 방향으로 이끌 자격이 있다고 생각할 수 있다. 두번째 개념을 받아들인다면, 미국이 진정한 민주주의에 미치지 못하며 그렇게 되는 것이 불가능할 수도 있다는 결론을 내릴 수밖에 없다. 민주주의에 대한 두 개념 가운데 어떤 것이 옳은가? 각각을 받아들이는 사람이 다른 편에게 자기 입장을 어떻게 설득할 수 있을까?

민주주의란 무엇인가?

민주주의에 대한 서로 대립하는 두 가지 견해는 다음과 같다. **다수결주의** 견해에서 민주주의란 다수의 뜻에 의한 정치다. 곧 보편참정권을 보장하는 선거를 통해 표현된 가장 많은 사람의 의지에 따라 이루어지는 정치다. 다수가 공정한 결정을 내릴 것이라는 보장은 없다. 시스템상 다수가 소수의 이해를 묵살하게 되므로 소수에게는 불공평한 결정일 수 있다. 그렇다면 민주주의는 불공정하긴 하지만, 불공정하다고 해서 민주적이지 않은 것은 아니다. 그러나 이와 대립하는 **동반자** 견해에서는 민주주의란 집단적 정치 과업에서 서로를 완전한 동반자로 여기며 스스로를 다스리는 것이며, 따라서 다수결에 따른 결정은 완전한 동반자로서 각 시민의 지위와 이해를 보호한다는 조건이 충족되었을 때에만 민주적이다. 동반자 견해에 따르면, 소수자나 다른 집단의 이해를 계속 무시하는 공동체는 설사 완벽한 다수결주의에 따른 방식으로 공직자를 선출한다고 할지라도 민주적이라고 할 수 없다. 사실 이것은 동반자 견해를 아주 간략하게 진술한 것에 불과하다. 우리에게 더 익숙한 다수결주의 개념이 만족스럽지 않다면, 동반자 견해를 더 자세히 전개해보아야 할 것이다.

미국은 분명히 다수결주의 견해를 따르는 민주주의의 순수한 예는 아니다. 헌법 입안자들도 그렇게 만들려는 의도가 없었다. 왜냐하면 정치적 다수의 권력을 여러 방식으로 제한해놓았으니 말이다. 표현 자유권 같은 개인의 헌법적 권리들에 다수의 권력을 넘어서는 힘을 부여했다. 예를 들어 대법원에서 낙태에 대해 내린 결정을 다수 시민이 반대한다고 해서, 자동으로 그 결정에 반대 근거가 성립한다고 볼 수는 없다. 그러나 헌법이 구체화하는 바대로 개인의 권리를 보호하는 이런 제한이 있긴 해도, 기본적으로는 미국이 다수결주의 민주주의를 이루어야 한다고 생각할 수도 있다. 그렇다면 현재 미국 정치의 피폐한 상태도 민주적 열망의 패배라고 볼 수는 없다. 다수결주의 개념에는 현재 미국에 부족한 정치 토론 문화가 반드시 필요하다는 내용은 포함되어 있지 않기 때문이다.

무엇보다 사람들이 딱히 더 수준 높은 정치 논쟁을 열망하지도 않는다. 다들 바쁘고, 재미를 느껴서 나쁠 것은 없고, 대부분의 사람은 어쨌든 자기 생각이 뭔지 안다. 사람들이 논쟁을 하는 게 중요하다고 생각한다면, 정치가들이 논쟁을 벌이려고 최소한 노력이라도 했을 것이다. 원한다면 더 많은 사람이 공영방송이나 의회 회의를 중계하는 C-스팬 채널을 볼 수 있고 『뉴욕 타임스』나 『월스트리트 저널』의 시사 면을 볼 수도 있다. 폭스 뉴스를 보더라도 선거권을 어떻게 행사할 것인가에 대해 스스로 결정할 민주적 권리를 행사하는 것일 뿐이다. 대중이 틀림없이 따분해할 것을 정부가 보라고 강요하는 것은 아주 큰 잘못이다. 그런 강요를 한다는 것은 유권자 개개인에게 다른 유권자들이 동의하는 주장을 듣고 이해하려고 노력할 민주적 책임이 있다고 전제한다는 뜻이다. 이와 같은 전제는 다수결주의 개념에는 전혀 들어 있지 않다. 이런 책임을 일부 받아들이는 사람도 있겠지만, 대부분의 사람이 받아들이지 않는다고 하더라도 민주적 결정이 정당성을 잃는 것은 아니다. 다수결주의 개념에서 민주주의는 정치적 의견이 공동체 안에서 어떻게 분포되어 있느냐의 문제일 뿐, 이 의견이 어떻게 형성되었는가와는 무관하기 때문이다. 따라서 다수결주의 견해를 채택한다면, 미국 정치 상황에 대한 낙관적 시각이 전적으로 납득이 가게 된다.

반면 동반자 민주주의를 목표로 한다면, 정치 논쟁의 부재는 민주주의에 심각한 결함이 있다는 뜻이 된다. 동반자 관계의 핵심은 상호 관심과 존중이기 때문이다. 우리가 다른 생각의 강점을 이해하려고 하거나 그 생각에 응하여 자기 생각을 발전시키려는 노력을 하지 않는다면, 상대방을 동반자로 취급한다고 할 수 없고 적 혹은 좋게 봐도 걸림돌로 대하는 셈이 된다. 이른바 두 문화로 나뉜 미국인들이 과연 어떻게 서로를 상호 존중과 관심으로 대할 수 있을지 떠올리기 힘든 실정이니, 이런 동반자 모델을 실현하기가 어렵게 느껴진다. 그렇기 때문에 동반자 개념만이 민주주의에 대한 설명으로 적절하다고 한다면, 미국에서 진정한 민주주의가 가능한가에 대한 의문을 갖게 된다. 그러나 동반자 민주주의는 충분히 이룰 수 있는 목표다. 원한다면, 내가 제안하려는 방식으로 그것에 가까이 다가가려고 노력할 수 있다.

민주주의에 대한 두 개념 가운데 선택을 내리는 것이 중요한 까닭은 여럿 있다. 민주주의 제도가 앞선 세 장에서 내가 현재 미국 정부에 대해 제기한 비판에 응수하는 근거가 된다고 보여지기도 한다. 예를 들어 제4장에서 나는 다른 시민들을 암울하고 절망적이고 위험한 삶에서 구해낼 수 있을 만큼의 세금을 물기를 거부한다면, 우리 사회의 정당성이 위기에 처한다고 말했다. 우리가 민주주의에 대한 다수결주의 견해를 받아들인다면, 내 주장에 강력하게 응수할 방법이 있다. 미국민이 부시의 재선에 찬성함으로써(표차가 얼마든 간에) 내가 의문시하는 조세 정책에 대한 지지를 보였으니, 민주주의 원칙에 따라 내가 비난하는 정책이 정당화된다고 말이다. 의회가 갑자기 고세금 지지 논지에 설득되어 훌륭한 재분배 프로그램의 자원으로 쓰일 대규모 증세를 채택했다고 해보자. 의회의 행동은 여러 면에서 존경할 만하다. 하지만 여전히 낮은 세금을 원하는 다수 국민을 먼저 설득하지 않았다면, 적어도 한 가지 면에서 잘못된 일이 된다. 정의는 의회의 행동에 미소를 보내지만, 다수결주의 개념이 옳다면 민주주의는 얼굴을 찌푸릴 것이다.

우리가 다수결주의 개념을 받아들일 때에만 내 비난에 대해 이런 응수가 가능하다는 것이다. 반면 동반자 견해에서는 다수가 낮은 세금을 원하므로 그렇게 한다고 응답한다면 중대한 의문이 제기된다. 민주주의에 대한 옳은 이론에 따라 다수가 소수를 무시할 권리를 부여받았느냐 하는 문제다. 이런 대비를 통해 민주주의의 두 개념 사이의 중대한 차이가 드러난다. 다수결주의 개념은 순전히 절차적인 것을 지칭하므로 정치적 도덕성의 다른 차원에 의존하지 않는다. 따라서 내가 암시했듯 결정이 매우 불공정할 때에도 민주적이었다고 말할 수 있게 된다. 그러나 동반자 개념에서는 민주주의가 다른 정치적 도덕성에 의존할 수밖에 없다. 동반자 개념에서는 어떤 것이 민주적 결정인지 아닌지를 판가름하기 위해 동등한 동반자 관계에 대한 이론을 세워야 하고, 이런 이론을 구성하려면 정의, 평등, 자유에 대한 개념에 기대야 한다. 따라서 동반자 개념에서 민주주의는 단순히 절차적인 이상이 아니라 실질적인 이상이 된다. 제3장에서 나는 다른 정치적 가치에 기대지 않고서는 자유 이론을 제대로 정의하고 구축할 수 없다고 말했다. 동반자 개념의 민주주의도 마찬가지다.

이런 차이를 생각해보면 다수결주의가 더 우월해 보일 수 있다. 다수결주의는 뚜렷이 구분되는 정치 조직의 절차적 가치를 판가름할 수 있게 하기 때문이다. 특정 정치적 결정이 (예를 들면 감세라든가) 적어도 민주적 정당성을 가지고 있다고 일단 말한 다음에, 독립적 질문으로 그 결정이 민주적 정당성이 있음에도 불구하고 결함이 있는가 하는 질문을 던질 수 있다. 다수결주의 개념은 동반자 개념에서는 섞일 수 있는 서로 다른 가치들을 분리하는 이점이 있는 것으로 보인다. 그러나 이런 이점은 다수가 어떤 정책을 선호한다는 한 가지 사실만으로 그 정책을 선호할 근거가 될 때에만 존재한다. 만약 다수가 지지한다는 사실만으로는 어떤 공동체가 그 정책을 받아들일 근거가 전혀 발생하지 않고, 다른 입장에서 생각해보면 뒤집힐 약한 근거조차 제공하지 않는다면, 다수결주의 개념의 이점은 도리어 큰 약점이 된다. 아무 가치도 찾을 수 없는 곳에서 어떤 구분되는 가치를 찾는다고 주장하는 것이 되기 때문이다.

따라서 우리는 다수의 지지만으로 어떤 형태의 도덕적 근거가 제공된다고 할 수 있는가 하는 질문을 던지며, 두 개념 사이에서 선택을 내려야 한다. 이 복잡한 질문은 잠시 뒤에 다룰 것이다. 먼저 미국의 두 정치문화, 즉 붉은 문화와 파란 문화가 현재 두 개념 사이에서 나뉜 양상은 얼마나 조용한가에 주목할 필요가 있다. 종교, 세금, 테러 용의자의 인권 등 내가 논했던 다른 쟁점에 대한 분열은 뚜렷하고 요란했지만, 이 분열은 그렇지 않다. 민주주의가 다수결이냐 동반자냐를 소리 높여 외치는 현수막은 없다. 진정한 민주주의가 무엇인지에 대한 사람들 대부분의 결정은 어떤 성격의 민주주의가 자기들이 선호하는 실질적인 정치적 결정을 내놓을 가능성이 더 높은가에 달려 있기 때문이다. 지금 보수주의자들은 다수결주의 수사에 더 많이 호소하고, 자유주의자들은 동반자 수사를 더 많이 쓴다. 하지만 과거에는 그 반대로 뒤집힌 적이 종종 있었고, 앞으로 또 바뀔 가능성이 있다. 예를 들면 소수자에게 정치적 권력을 더 많이 주기 위해 선거구를 개편하는 것에 반대하는 보수주의자들은 다수결주의 개념에 호소한다. 무작위로 혹은 인종을 고려하지 않고 선거구를 정했을 때보다 특정 집단에 인구당 권력을 더 많이 주려는 선거구 개편은 민주주의에 저해가 된다고 주장한다. 반면 인종에 따른 선거구 획정을 지지하는 자유주의자들은 동반자 개념이 역사적으로 차별을 겪어온 소수자를 온전한 민주주의의 동반자 지위로 격상시킬 수 있기 때문에 선호한다.

최근 몇십 년 동안 민주주의의 본질에 대한 주된 논쟁은 정부의 여러 행위를 위헌이라고 선언하는 대법원의 권위를 두고 벌어졌다. 미국 헌법은 정치적 다수가 침해할 수 없는 개인의 헌법적 권리를 인정하여 다수의 권력을 제한한다. 보수주의자들은 판사들이 새로운 권리를 만들어내고 헌법을 재해석하여 다수의 가치관을 밀어내고 판사들의 개인적 가치관을 들이댄다고 비난한다. 제3장에서 보수주의자들이 특히 싫어하는 과거의 판결 몇 가지를 이야기했었다. 공립학교에서의 기도, 낙태, 동성애자의 권리에 대한 대법원 판결 같은 것이 그렇다. 보수주의자들은 판사들에게 이런 근본적인 결정을 내리게 하는 것은, 다수의 시민들이 근본적인 도덕적 문제에 대해 스스로 결정을 내릴 권리와 권한을 빼앗는 것이기 때문에 비민주적이라고 말한다. 반면 자유주의자들은 지난 반세기 동안 '활동가 판사'라고 불리는 사람들의 역할과 결정에 대체로 박수를 보내왔다. 자유주의자들이야 보수주의자들의 분노를 자아내는 판결을 높이 사니 말이다. 자유주의자들은 개인의 권리를 확장시킨 법원 판결들이 민주주의를 공격한 게 아니라 오히려 강화했다고 보는데, 이런 견해는 동반자 개념을 전제로 하는 것이다. 자유주의자들은 이런 판결을 내리는 판사들을 자리에서 끌어내릴 수 없다고 해도 문제가 된다고 보지 않는다. 동반자 개념에 따르면 동반자 관계의 조건이 충분히 충족되었을 때에만 다수가 자기 의지를 실현할 권리를 갖는다고 보는데, 논란을 일으키는 대법원 결정이 이런 조건을 충족시키는 데 도움이 된다고 생각하기 때문이다.

판사들이 보수주의자들의 분노를 자아내는 것은 이런 경우만이 아니다. 제3장에서 이야기한 테리 샤이보 사건에서도 뚜렷이 드러났다. 샤이보의 남편의 탄원에 따라 15년 동안 식물인간 상태였던 샤이보에게서 플로리다 주법원이 생명연장장치를 제거할 것을 명령했던 경우다. 보수가 우세한 의회에서 연방법원 판사들에게 이 결정을 재검토할 권한을 부여하고, 최종 결정이 내려지기 전까지 영양공급 튜브를 다시 연결해놓도록 하는 긴급법안을 통과시켰다. 추첨을 통해 이 사건을 맡은 연방법원 판사는 튜브를 다시 연결하라는 명령을 내리거나 플로리다 법원 판결을 기각하기를 거부했다. 일반적으로 매우 보수적이라고 여겨지는 법원인 제4순회항소법원도 신속히 연방법원 판사의 판결을 지지했고, 대법원도 마찬가지로 신속하게 개입 거부 의사를 밝혔다. 그러자 저명한 공화당 의원들이 판사들의 명령불복이라며 분노를 표했다. 의회의 의지를 분명히 했으니 그 의지를 실행하는 것이 판사들의 임무라고 했다. 의회는 다수 국민이 선출했고 다수 국민을 대표하니 말이다. 당시 하원 다수당 원내대표였던 톰 덜레이는 불복종한 판사들을 탄핵해야 한다고 선언했다. 이런 선동적 언사에는 거리를 두긴 했지만 다른 공화당 의원들도 의회를 통해 표출된 사람들의 의지가 최우선이니 사법부가 반대한다는 것은 있을 수 없다고 생각하는 것은 명백했다. 한편 자유주의자들은 공화당 의원들의 반응에 분개했다. 공화당이 사법부의 독립과 법치주의를 거부한다고 비난했다. 민주주의의 본질에 대한 불일치가 이런 대립에서도 확연히 드러났다. 보수주의자들은 민주주의의 다수결주의 개념을 전제로 삼아 입법부가 사법부보다 더 큰 민주적 정당성을 지닌다고 가정한 반면, 자유주의자들은 이를 부인했다.

최근에 또 판사들이 중요한 헌법 관련 논란의 중심이 되었는데, 이번에는 임명된 뒤의 권한이 아니라 임명 방식이 도마에 올랐다. 공화당이 상원 다수당이지만 의사진행방해(필리버스터filibuster)를 막기에, 다시 말해 쟁점에 대한 논쟁을 차단하는 데 필요한 투표수인 60명은 충족시키지 못했다. 부시 대통령 첫번째 임기 때 상원 민주당 지도부는 인사청문회에서 불편한 싸움을 피하기 위해 판사 임명 전에 민주당과 의논할 것을 조언했지만, 대통령은 무시했다. 부시는 사전 논의 없이 오로지 자신의 극우익 권력 기반을 만족시킬 극우파 판사 일군을 지명했다. 상원 민주당 의원들은 의사진행방해를 이용해 특히 자격미달이라고 생각하는 지명자 일부를 막아내는 데 성공했다. 그러자 공화당 지도부는 상원 의사규칙을 개정해 판사 임명 인준 과정의 의사진행방해 가능성을 봉쇄하겠다고 맞섰다. 다수당인 공화당이 아무리 보수적이건 아무리 자격미달이건 간에 거부당한 판사 지명자 전부를 인준할 수 있도록 하기 위해서였다. 결국 양당에서 7명씩 모두 14명의 영향력 있는 상원의원이, 민주당이 부시가 지명한 일부 판사 인준을 방해하지 않기로 하고 일단은 그 계획을 보류하기로 합의했다. 그러나 애매한 문구로 이루어진 합의는 언제라도 무너질 수 있다.

공화당 지도부는 의사진행방해가 비민주적이라고 비난했다. 소수당인 41명의 상원의원이 인준 최종 표결을 거부함으로써 다수당의 의지를 방해할 수 있기 때문이다. 이런 주장은 민주주의의 다수결주의 개념에 호소한다. 사실 이 개념을 받아들이더라도 주장의 근거는 약하다. 상원은 다수결주의 기구가 아니기 때문이다. 인구 비례가 많건 적건 모든 주에서 두 명의 상원의원을 선출한다. 그때 수적으로는 공화당 의원보다 민주당 의원이 더 적었지만, 사실은 더 많은 국민을 대표하고 있었다. 그렇지만 공화당은 다수결주의 개념을 염두에 두고 의사진행방해가 비민주적이라고 말한다. 의사진행방해를 옹호하는 민주당 의원들이나, 이 방식을 없앤다면 언젠가 소수당이 되었을 때 곤란하리라고 생각하는 온건 공화당 의원들은 자기 입장을 옹호하기 위해 동반자 개념에 호소한다. 이들은 상원은 심사숙고를 위한 곳이며, 성급한 다수결 입법으로부터 소수를 보호하기 위해 고안된 것이고, 의사진행방해는 소수당이 꼭 보호해야 한다고 믿는 근본적 이익을 다수당이 무시하고 마구 나아가지 못하게 하므로 이런 목적에 유용하게 쓰여왔다고 주장한다.

말했듯이 민주주의의 본질에 대한 의견은 사람들이 정치적 목표를 실현하는 최상의 수단이 무엇이라고 생각하느냐에 따라 결정된다. 20세

기 초반에 경제적으로 보수적인 대법원에서 진보적인 사회입법이 위헌
이라고 선언했을 때에는 사람들이 사법적극주의*에 대해 표하는 정치
적 열광이 지금과 전혀 다른 양상이었다. 그때 보수주의자들은 동반자
개념 비슷한 것에 호소하여 진정한 민주주의를 위해 사유재산에 대한
존중은 반드시 필요하다고 주장했고, 자유주의자들은 다수결주의 개념
에 기대어 사법부가 사회진보를 방해하는 것을 비난했다. 최근에도 보
수적 판사들과 대법관들이 또 한 차례 적극적으로 의회에서 통과된 법
안을 무너뜨렸다. 주정부가 공립학교 근처에서 권총을 합법적으로 판
매할 수 있느냐 따위의 문제에 대해 스스로 결정을 내릴 수 있도록 주
정부 권한을 강화하는 방향의 판결이었다. 그래서 자유주의자들이 민
주주의의 다수결주의 개념의 장점을 재발견하기 시작한 상황이다. 20
세기 중반 남부 민주당원들이 인권 입법을 좌절시키려고 의사진행방해
를 했을 때에는 자유주의자들이 의사진행방해를 싫어했다. 미국 정치
판도가 또 달라져 이들이 다시 권력을 잡게 되면 또다시 싫어하게 될지
모른다. 그러나 정치 판도가 어떻게 달라지건 간에 민주주의의 두 개
념 사이에서 무엇을 선택할 것인가 하는 문제는 여전히 아주 중요하다.
이 장 첫머리에서 내가 제기한 질문, 즉 미국 정치 담론의 굴욕적인 상
태가 민주주의라는 자격을 무너뜨리느냐 하는 질문의 답이 어떤 민주
주의를 선택하느냐에 따라 달려 있기 때문이다.

---

* (옮긴이) judicial activism. 사법행동주의라고도 하며 기존 법률보다는 개인적·정치적 고려
를 따랐다고 생각되는 판결. 선례에 얽매이기보다는 시대 변화에 맞게 법을 탄력적·적극적으
로 해석하는 것이 바람직하다는 입장을 가리키기도 한다.

다수결 원칙에 가치가 있는가?

다수결 원칙만큼 친숙한 것도 없다. 함께 어떤 과업을 수행하는 집단이 의견이 갈리는 문제에 대해 집단적 결정을 내려야 할 때, 모든 구성원이 한 표씩을 행사하여 가장 많은 표를 받은 쪽으로 결정하는 게 온당한 절차라고들 생각한다. 이런 생각이 널리 받아들여지는 근거는 그러나 불분명하다. 다수결 원칙이 모든 상황을 결정하는 데 적용 가능한 근본적·본질적으로 공정한 방식이라면, 민주주의의 다수결주의 개념에 무게가 실리게 된다. 그럼에도 이와 다른 형태의 민주적 절차를 택한다면 어떤 중요한 쟁점에 대해 다수자 입장에 있는 사람들이 마땅히 받을 자격이 있는 것을 그들에게서 빼앗는 셈이 된다. 그러나 만약 다수결 원칙이 어떤 선결 조건이 충족되었을 때에만 공정하다면, 자유주의자들이 (적어도 지금은) 선호하는 동반자 개념 쪽으로 기울게 된다.

사실 어떤 집단에서 구성원들이 무엇을 선택해야 할까에 대해 의견이 나뉠 때, 언제나 다수결이 집단적 결정을 내리는 적절한 방법이라고 생각하는 것은 심각한 오해다. 파도가 높은 바다 위에서 사람들이 구명정 안에 갇혀 있는데, 한 사람이 배에서 내리지 않으면 배가 가라앉는다고 해보자. 누구를 희생할 것인지를 어떻게 결정해야 하나? 제비를 뽑는다거나 해서 운명의 선택에 맡기는 것이 공평해 보인다. 그러면 모든 사람이 살아남을 가능성을 똑같이 부여받는다. 투표로 결정한다면 가족관계, 친구관계, 적대관계, 질투 등등 이 일과 상관이 없어야 할 요소들이 결정적 영향을 미치기 때문에 아주 나쁜 방법이다. 우리는 운명적인 정치적 결정을 할 때도 추첨을 사용한다. 징병을 할 때에는 누구를 징집할 것인가를 두고 국민투표를 하지 않는다. 추첨으로 뽑는다. 정치에서도 운을 더 많이 사용해야 할지도 모르겠다. 고대 아테네에서는 추첨으로 지도자를 선출했고, 우리도 같은 방법을 쓴다고 해서 의원들의 자질이 확실히 더 나빠질지 아닐지는 모르는 일이다.

또 다른 상황에서는 구성원들이 어떻게 행동해야 하느냐를 두고 의견이 나뉠 뿐 아니라, 쟁점이 되는 문제가 과연 집단적 결정을 내릴 필요가 있는 문제인지 자체에 대해서도 의견이 다를 수 있다. 예를 들어 합의에 따른 혼외 성관계가 부도덕한가 하는 질문을 떠올려보자. 어떤 사람들은 집단적 결정을 내려서 다수의 의견을 무시하는 사람은 어떤 방식으로든 처벌받게 하는 게 바람직하다고 생각할 수 있다. 다른 사람들은 그것은 스스로 결정해야 할 문제이지 집단적으로 결정하는 것은 부적절하다고 주장할 수 있다. 후자의 견해에 대해서, 그러면 집단적 결정을 내리는 것이 적절한지를 결정하는 투표를 하면 되지 않느냐고 말할 수도 있겠다. 그렇지만 후자의 견해가 옳다면, 다수에게 그런 결정을 맡기는 것도 불공평한 일이다.

그러니 다수결 원칙은 언제나 적절한 의사 결정 절차가 될 수 없다. 이제 아주 다른 제안을 생각해보자. 다수결 원칙이 유일무이한 공평한 방식이라서가 아니라 더 현명하고 나은 정부를 낳는다는 효용이 있으므로 적절하다는 제안이다. 위대한 수학자 콩도르세˚가 이 주장을 형식 논증 형태로 전개한 유서 깊은 논증이 있다. 콩도르세는 한 집단의 각 구성원이 어떤 질문에 대해 옳은 답을 할 가능성이 50퍼센트를 넘을

• (옮긴이) Nicolas de Condorcet(1743~1794) : 프랑스 철학자, 수학가. 콩도르세 역설을 주창한 초기 정치과학자.

때, 가장 많은 표를 받은 답을 채택하면 그 집단이 옳은 답에 도달할 가능성을 높일 수 있다고 했다. 그러나 쟁점이 근본적인 도덕적 문제일 때는 그런 가정을 할 권리가 있을 수 없다. 오히려 도덕적 문제에서는 예나 지금이나 전 세계를 통틀어 다수가 옳을 가능성보다 그를 가능성이 높다고 믿는다. 미국인들이 다른 사람들에 비해 옳을 가능성이 더 높다고 생각하는 것은 용인할 수 없는 오만이다. 미국인들이 이렇듯 비슷한 비율로 나뉘어 날카롭게 대립하는 상황에서는 더더군다나 그렇다.

다수결 원칙에 대해 그만큼 수학적이지는 않지만 더 그럴듯한 현실적 주장도 있다. 지도자와 정책을 다수결로 선택해야 하는 이유는 지도자가 사익보다는 공동선을 추구하기를 바라기 때문이며, 어떤 정책이 공동선에 이바지하느냐는 얼마나 많은 사람이 그 정책으로 인해 이득을 보느냐에 달려 있기 때문이라는 것이다. 예를 들어 농구 코트를 더 많이 지을 것이냐 음악당을 더 많이 지을 것이냐에 대한 결정에서 공동선은 어떤 것을 원하는 사람이 더 많으냐에 달려 있다. 따라서 입법자들이 공동선을 인지하고 추구하게 하는 최선의 방법은 각 지역구마다 다수가 원하는 대표자를 선택하도록 하는 방식이다. 이것은 다수결에 따른 정부가 효율적이라는 아주 대중적인 주장이다. 만약 모든 정치적 쟁점이 농구 코트와 음악당 사이의 선택과 비슷하다면, 이는 아주 강력한 주장이 될 것이다. 그러나 물론 그렇지 않다. 이 책에서 우리가 논했던 질문들은 가장 많은 사람을 만족시키는 전략이 무엇이냐가 아니라 아주 심오한 도덕적 쟁점에 관한 것이었다.

따라서 다수결이 사람들의 의견이 나뉠 때마다 집단적 결정에 도달하기 위한 유일하게 공평한 방법이라거나 언제나 가장 정확하고 효율적인 결정 방법이라고 가정할 수는 없다. 그렇지만 적어도 이렇게는 말할 수 있는가? 집단적인 정치적 결정을 내려야만 하고 이 결정을 운에 맡기는 것이 불합리하다고 보일 때, 다수결이 유일하면서도 공평한 결정 방법이라고? 그럴 때에는 모든 사람이 자기에게 영향을 미치는 이런 결정에 다른 사람들과 똑같은 영향력을 행사할 수 있기 때문에 매우 공평하다고 말할 수도 있을 것이다. 만약 정부가 주민회의나 전자 투표에 의해 전부 운용된다면 말이 되는 생각이기도 하다. 그러나 대의제 정부에서 정치적 결정에 대해 개개인이 미치는 영향은 무수히 많은 이유 때문에 결코 동등할 수 없다. 사실 충격적일 정도로 불평등하다. 선출이나 지명으로 공직에 선임된 수천 명의 사람들이 있는데, 이 가운데 가장 낮은 지위에 있는 사람이라고 할지라도 공직에 있지 않은 대부분의 다른 시민들보다 훨씬 큰 권력을 가진다. 그럼에도 대통령도 다음 선거에서 딱 한 표밖에는 행사할 수 없으니 누구나 결국은 대통령과 같은 영향력을 갖는다는 말은 어불성설이다. 대통령과 대통령이 임명한 사람들은 몇 년 동안 엄청난 권력을 부여받고, 여러분이나 나 같은 사람들은 그들을 제지할 힘이 거의 없으니 사실 터무니없는 말이다. 보수주의자들은 미국 대법원의 위헌 심사 제도가 비민주적이라고 주장한다. 대법관 다섯 명의 권한이 다수 국민을 넘어서니 말이다. 그러나 부시의 첫번째 임기가 극명하게 보여주었듯이 대통령 한 사람이 임기 한 번 동안에 해온 일 대부분은 되돌릴 수 없고, 아마도 대법관들이 미국 역사를 통틀어 한 일을 합한 것보다 (좋든 나쁘든) 더 큰 영향을 미칠 것이다.

명목상 투표권은 동등하더라도, 대의제 정부는 우리들 가운데 극히 일부에게 나머지 사람들보다 훨씬 광대한 정치적 권력을 갖게 하는 여러 방식 가운데에서 가장 극적인 방식일 뿐이다. 정치권력의 차이는 그 밖에도 여러 이유로 발생할 수 있다. 어떤 사람은 다른 사람보다 훨씬 더 부유하기 때문에, 혹은 토론에서 더 설득을 잘해서, 혹은 친구나 친족이 많아서, 혹은 다른 주에 비해 양당의 세력이 비슷한 주에 살고 있어 한 표가 미치는 영향력이 조금 더 크기 때문일 수도 있다. 동등한 정치권력이라는 생각이 왜 허상인지는 이런 흔한 예들로 납득할 수 있다. 사실 동등한 정치권력이라는 허상이 그리 멋지게 보이지도 않는다. 예를 들어 우리는 마틴 루터 킹 목사가 여러분이나 나 정도의 정치적 영향력만 갖기를 바라지는 않기 때문이다. 사실 정치적 결정이 이루어지는 과정에서 대부분의 사람이 행사하는 정치권력은 있는 듯 마는 듯 사라진다는 것을 생각해보면, 이런 극미한 권력에서 수적 평등의 문제는 전혀 중요하지 않은 것처럼 여겨진다.

다른 곳에서 특정인의 정치권력을 가늠하는 측정 방법을 제시한 적이 있다.* 어떤 정치적 논란에 대해 다른 사람의 의견을 전혀 모르다가 투표할 때가 되어 그 사람의 의견과 어디에 투표할지를 알게 된다고 해보자. 이 정보가 그 사람의 의견이 받아들여질 가능성을 (철학자들은 주관적 확률이라고 부른다) 얼마나 높이는가? 이 쟁점이 전국적인 것이라면 (예를 들어 상속세를 줄여야 하는가의 문제) 이 증가된 주관적 확률을 표현하기 위해 소수점 뒤에 0을 엄청나게 많이 적어야 할 것이다. 만약 이 쟁점이 동성애를 범죄로 취급해야 하는지의 문제이고 대법원에서 이에 대한 결정을 내린다고 해보자. 이 경우에도 누군가의 의견이 알려지면 주관적 확률이 달라지는데, 임명된 대법관의 결정에도 대중의 의견이 어느 정도 영향을 미치기 때문이다. 이 경우에도 확률 변

---

* *Sovereign Virtue*, 제4장.

화는 극미한데, 여기에서 중요한 것은 법원이 결정하는 후자의 경우에 미치는 영향이 다수결주의 정치에 맡기는 전자의 경우보다 더 작은지를 미리 알 수 있는 방법이 없다는 사실이다. 민주주의의 다수결주의 개념에 따라 이런 쟁점을 사법부에 맡기는 것을 비난하지만, 사실상 그런 입장을 정당화하기 위해 동등한 정치권력이라는 원칙에 기댈 수는 없다.

따라서 다수결 원칙이 독보적으로 공평한 의사 결정 절차라는 익숙한 생각을 버려야 한다. 정치에서도 마찬가지다. 구명정 상황이나 징집에서처럼 어떤 상황에서는 다수결 원칙이 극히 불공평하게 여겨지고, 어떤 쟁점에 대해 과연 집단적 결정을 내려야 하느냐 하는 의문이 제기될 때에도 문제가 된다. 다수결 원칙은 진리에 도달하는 특별히 바람직한 방법이 아닐뿐더러 대의제 정치 제도를 채택한 대규모 정치 공동체에서 정치권력의 평등성을 확보하는 데에도 한참 모자라는 방식이다. 따라서 중대한 결론에 도달하게 된다. 민주주의의 다수결 개념은 그것만으로 민주주의의 장점을 설명할 수 없으므로 한계가 있다. 단지 수적 무게만으로는 정치적 결정에 아무런 가치도 부여하지 못한다. 다수결 원칙이 적절한 방식이 되려면, 정치공동체에서 어떤 조건을 충족시키고 보호해야 하는가를 뒷받침하는 더 깊이 있고 정교한 설명이 필요하다.

동반자 민주주의―약술

이를 위해 이 책 전체에서 인용하고 드높인 인간 존엄의 개념으로 돌아가야겠다. 앞선 세 장에서 존엄의 두 원칙이 인권 정책, 정치에서 종교의 역할, 과세 문제에서 어떤 중대한 의미를 지니느냐에 대한 내 생각을 펼쳤다. 자유주의적 입장을 현대적으로 재진술하는 근간으로 이 의견들을 제안한 것이다. 물론 이 두 원칙을 추상적으로 받아들이는 사람이라도 내 생각에 동의하지 않을 수 있고 다른 의견을 가질 수 있다. 따라서 의견 차이가 계속될 때 집단적 결정에 도달하는 옳은 절차가 무엇인지에 대해서도 생각해보아야 한다. 그러니까 두 원칙의 내용적인 면뿐만 아니라 절차적인 면도 고려할 필요가 있다는 말이다. 이 원칙들을 따른다면, 정치제도와 이 제도를 운용할 공직자를 선출하는 구조는 어떠해야 하는가?

동등한 관심. 대부분의 사람은 존엄의 첫번째 원칙에 따라 정치공동체는 그 경계 안에 사는 모든 사람의 삶에 대해 동등한 관심을 보여야 한다는 명제를 받아들인다. 따라서 공직자들이 일부에만 특별한 관심을 보일 게 아니라 모든 사람에게 동등한 관심을 보이게끔 만들기 위해 최선을 다해야 하고, 그러기 위해서는 보편적이고 대략적으로 평등한 투표권을 보장하는 것이 가장 좋은 방법이다. 폭넓은 지지를 받아 선출된 공직자는 몇몇 사람의 손으로 선출된 공직자보다 특권층과 압제로부터 약자를 보호하는 일을 더 잘해낼 것이라고 여겨진다. 그렇지만 보편참정권을 이렇게 결과적으로 정당화시키더라도 모든 사람의 표가 동등한 효과를 갖도록 수학적 정확성을 추구하는 데 집착할 만한 근거는 없다. 오히려 손을 보고 변화를 주어야 더욱 효율적인 대표제가 될 수 있고, 모든 사람에 대한 동등한 관심을 최종 입법 결과에 반영할 가능성을 높일 수 있다. 예를 들면 정치적으로 소외된 소수집단의 힘을 결집시킨다든가 하는 식이다. 보편참정권은 또한 동등한 관심을 보장하기 위해 설계된 헌법을 다수가 원할 때면 언제라도 바꿀 수 있게 허락할 근거도 되지 않는다. 선출된 대표자가 아니라 판사들이 해석하는 헌법에 특정 개인적 권리를 보장해놓은 다음, 압도적 다수에 따라서만 헌법을 수정할 수 있게 함으로써 동등한 관심을 더 잘 이루어낼 수 있을 것이다.

이렇게 미국의 헌법 구조가 결과적으로 정당화될 수 있지만, 이에 따르면 절차적 공정성과 실질적 공정성은 깊고 확연하게 구분되지 않는다. 다수결주의 옹호자들처럼 정치권력의 분배에서 평등을 존중하는 정치 질서와, 자원과 기회의 분배에서 평등을 존중하는 법안 사이에 본질적 갈등이 있을 수 있다고 보지 않는다. 헌법 구조가 정당하다면, 오히려 정치 질서가 사람들의 삶에 대한 관심에서 실질적 평등을 중시하는 정책을 낳느냐의 여부가 그 질서가 진정한 절차적 평등을 보이고 있느냐를 검증하는 바른 기준이 된다. 그렇지만 이런 결과적 정당화로 설명할 수 없는 한 가지 중요한 원칙 하나를 강조해야겠다. 선거구 조절이나 의사진행방해, 크든 작든 각 주에 상원의원을 두 명씩 배치하는 대표제 등은 동등한 관심을 더 잘 보장할 수 있게 하기 위한 것이다. 그러나 어떤 시민에게서라도 그 사람을 멸시하거나 그 사람의 운명을 무시하고 평등한 투표권을 박탈하여 정치권력을 축소할 수는 없다. 이것은 인간 존엄의 민주적 개념에 대한 가장 노골적이고 천만부당한 상징적 위반이 될 것이다.

자치. 이제 존엄의 두번째 원칙의 결과를 생각해보아야겠다. 정치 질서는 인간이 자기 삶에서 가치를 확인한다는 개인적 책임을 존중해야

192

한다. 방금 다수가 소수에게 의지를 강요할 일반적·자동적 권리가 없다고 주장했다. 어떤 상황에서 그런 권리를 갖게 될까? 제4장에서, 또 그리고 조금 전에도 동등한 관심이 정치적 정당성의 필요조건이라고 말했다. 그러나 그것만으로 충분조건은 될 수 없는데, 상대방의 이익을 위해서라고 할지라도 다른 사람에게 강제적 권위를 행사할 수 있다고 가정할 도덕적 권리가 없기 때문이다. 그러한 행위는 존엄의 두번째 원칙을 대놓고 위반하는 것이다. 그렇다면 그 해답으로 민주주의가 효과적이라고 할 수 있다. 민주주의는 **자치**를 의미하기 때문이다. 곧 사람들이 스스로를 통치하는 정부 형태를 말한다. 다른 사람들이 결정을 내릴 때 내가 개입할 수 없다면 다른 사람의 권위에 굴복하는 것이므로 나의 존엄이 손상되지만, 다른 사람의 결정에 내가 동등한 동반자로서 참여한다면 존엄이 손상되지 않는다고 가정한다는 것이다.

이것은 아주 중요한 가정이다. 왜 민주정부가 정당한지를 설명할 수 있기 때문이다. 동반자 개념 민주주의의 중추이기도 하다. 이 개념을 구성하려면, 개인이 다수 시민의 의지에 따르는 것이 존엄을 해하는 일이 되지 않기 위해 개인에게 어떤 권리가 보장되어야 하느냐는 질문을 던져야 한다. 투표나 공직담임을 통해 정치적 결정에 참여할 권리가 반드시 필요한 것은 명백하다. 여러 차례 살펴보았듯이 개인의 운명에 대한 다수의 동등한 관심도 필수적이다. 제3장에서 또 한 가지 핵심적인 조건을 논했다. 종교적·윤리적 가치가 삶에서 어떤 역할을 해야 하는지에 대한 결정을 다른 사람의 강제적 권위에 맡기는 것은 개인의 존엄을 지키지 못하는 일이므로, 동반자 개념에서는 이런 문제에 대해 다수의 의지를 강요하지 못하도록 보장해야 한다. 따라서 동반자 개념에서 스스로 윤리적 선택을 내릴 개인의 자유를 헌법적 권리로 보호하는 것은 민주주의를 위협하는 것이 아니라 보장하기 위한 것이다.

동반자 개념에 대한 이런 약술은 미국 헌법 제도의 기본 구조에 잘 들어맞는다. 이와 대립하는 다수결 개념보다 더 잘 맞다고 할 수 있는데, 앞서 두 개념을 구분하며 설명했듯이 미국 정부는 온전한 다수결주의도 아니고 그렇게 만들려는 생각도 없었기 때문이다. 미국 정부는 대의제 정부이고 준-보편 성인 참정권을 보장하며, 적절히 잦은 선거를 치른다. 그러나 이런 투표에 미치는 영향의 수학적 평등만을 고집하지는 않으며, 상원제나 의사진행방해 같은 몇몇 입법 제도는 다수결 원칙을 강화한다기보다 제한한다. 그 누구의 투표권도 개인의 동등한 중요성과 삶에 대한 책임을 거부하며 박탈하거나 제한할 수 없다. 헌법에서 근본적 자유를 보장하고, 판사들에게 다수의 의지에 반하는 한이 있더라도 이런 권리를 강제할 권한을 준다. 그럼으로써 주요 정치 기구가 정치적 의지만 있다면 완전한 동반자 민주주의를 이뤄낼 수 있는 틀을 제공한다.

그렇지만 지금은 동반자 민주주의가 실현되고 있지 못하다. 제4장에서 나는 우리 법이 가난한 사람들에 대한 동등한 관심을 보이고 있지 않다고 주장했다. 이런 상황이 너무 명백하여 민주적 정당성이 있다고 주장하기조차 어려울 정도다. 다른 측면에서도 완전한 동반자 민주주의에 못 미친다. 흑인이나 소수민족들은 여전히 편견과 고정관념 때문에 권리를 박탈당한 이등 시민으로 살아간다. 하지만 이 장의 주제는 이런 실질적 실패가 아니다. 미국의 선거 절차, 공직자를 선출하는 과정조차도 진정한 민주주의의 기본 요구조건을 충족시키지 못하고 있음을 이야기하는 것이다. 공공 정치 담론에는 의견은 다르나 상호 존중하는 동반자들 사이의 제대로 된 논쟁이 필요하다. 미국의 질 낮은 정치는 굴욕적이고 실망스러울 뿐 아니라 민주적이지도 못하다. 정치의 질이 높아진다면 다른 면에서도 더욱 나아질 것을 기대할 수 있기 때문에 이 실패는 아주 중대한 실패다.

무엇을 할 것인가? 첫째로 교육

앞선 세 장에서 나는 인간 존엄의 원칙을 이에 대한 자유주의적 해석을 반영하는 구체적 제안을 살피며 예시하려고 했다. 제2장에서는 인권에 대한 새로운 개념을 토대로 테러 용의자 구금에 대한 입장을 제시했다. 제3장에서는 관용적 세속 사회가 시민들의 종교적 표현의 욕구와 필요를 어떻게 대해야 할 것인가를 설명했다. 제4장에서는 공동체의 모든 구성원에게 동등한 관심을 보이는 재분배적 과세 제도의 모델을 구성했다. 물론 이런 제안들은 사례일 뿐이며 완전한 정치 프로그램을 제공하려는 것은 아니었다. 지금도 마찬가지로 이 장에서 주장했던 절차의 예가 되는 몇 가지 제안을 하려고 한다.

학자들이나 논평가들은 미국의 정치 상황이 얼마나 나쁜지를 인식하고 이를 개선하고자 매우 다양하고 사려 깊은 제안들을 했다. 예를 들면 전국선거가 있을 때마다 직전에 '숙고의 날'이라고 불리는 공휴일을 지정하자고 말한 애커만과 피시킨의 책을 앞에서 언급했다. 유권자들이 원한다면 선거에 대해 토론하는 모임에 참석할 수 있는 날이다. 얼마나 많은 사람이 그런 일을 하면서 새로 생긴 공휴일을 보내고 싶어 할지에 대해서는 회의적이지만, 어떤 제안이라도 검토해보아야 한다. 나는 좀더 급진적인 제안들을 하려고 한다. 머지않은 시기에 실현될 가능성은 더 낮지만, 적어도 최대한 빨리 정치적 토론의 가장자리까지는 가져오는 게 좋을 것이다. 이런 제안을 읽다 보면 뉴잉글랜드 농부에게 농장에서 보스턴까지 어떻게 가야 하느냐고 물었던 나그네들 이야기가 떠오를지 모르겠다. 농부는 이렇게 대답했다. "만약 내가 거기 가려고 한다면, 여기에서 출발하지는 않겠소." 그렇지만 안타깝게도 우리는 여기에 있고, 더 나은 곳으로 갈 희망을 버려서는 안 된다.

무엇보다도 세 가지 중요한 변화를 고려해보아야 한다. 교육, 선거 방식, 그리고 헌법 해석 방식이다. 교육 분야의 변화는 이루어낼 수만 있다면 가장 효과적이며 전통을 무너뜨리지도 않을 것이다. 그렇지만 어려움이 많다는 것도 잘 알려져 있다. 2004년 대선 직전에 한 의료 기사가 내 책상 위에 놓인 『뉴욕 리뷰 오브 북스』를 보고서는, 그걸 보니 내가 케리한테 투표할 것 같다고 말한 적이 있다. 그 사람은 자기는 부시에게 투표할 것이라며 그 까닭을 설명했다. 그는 논란이 많다는 것을 안다고 했다. 여러 지식인이 관타나모 등지의 수감자 처우가 매우 부당했다고 생각하며, 부시의 감세 정책도 경제적으로 현명하지 않았다고 이야기한다는 사실을 안다고 했다. 그렇지만 전문가를 자처하는 사람들 가운데 그와 반대로 생각하는 사람들도 있다는 걸 아는 이상, 자기는 누구 말이 옳은지 스스로 판단할 능력이 없다고 했다. 그래서 그는 부시가 자기처럼 신앙심이 깊다는 걸 알기 때문에 부시에게 투표할 것이라고 했다. 그는 나에게 이렇게 반문했다. 달리 내가 어떻게 할 수 있겠어요?

이렇듯 사려 깊은 유권자들이 어찌할 바를 모르는 비민주적인 입장에 빠지게 하는 중등교육을 이대로 두고 보아서는 안 된다. 가장 부담스러운 일이긴 하지만, 가장 급박한 책무는 모든 고등학교 교육과정에

'현대 정치'라는 과목을 넣는 것이다. 정부 구조를 배우는 사회 수업이나 미국 역사를 칭송하는 역사 수업을 말하는 것이 아니다. 현재 가장 논란이 많은 정치적 쟁점, 즉 이 책에서 다룬 것과 같은 첨예한 쟁점들에 대해 이야기하는 수업을 말한다. 수업의 주된 목표는 이 쟁점들의 복잡다단함을 학생들이 주지하고, 가족이나 친구들의 입장과는 다른 입장을 이해하고, 이런 쟁점을 둘러싼 양심적이며 상대를 존중하는 논쟁은 어떤 것인가 하는 개념을 갖게 하는 것이다. 또한 학생들이 받아들일 만한 원칙을 다양한 관점으로 해석함으로써 어떻게 이런 의견 차이가 발생하는지 밝히려는 시도를 하는 것이 주된 수업 전략이 되어야 한다. 이를테면 내가 미국의 공통 기반이라고 믿는 인간 존엄의 두 원칙 같은 것이다. 이 수업에서 서구 정치철학의 고전을 보수주의와 자유주의 전통 양쪽에서 골라 간략히 살펴보는 것도 좋을 것이다. 예를 들면 아퀴나스, 로크, 칸트, 롤스, 하이에크의 사상을 필요할 경우 2차 문헌을 통해서 이해할 수 있을 것이다. 물론 교재와 수업 내용을 고등학생들의 능력에 맞추어야 하겠지만, 학생들의 수준은 과대평가하기보다 과소평가하기가 쉽다. 인터넷 P2P 파일 공유라는 복잡한 체계를 마스터할 수 있는 사람들이 정언명령을 이해하지 못할 까닭이 없다. 사실 후자를 공부하면 전자가 온당한 것인가를 판단하는 데에도 도움이 될 것이다.

현대 정치라는 교과목은 매우 가르치기 힘들 것이다. 어떻게 가르쳐야 할지에 대해 교사들과 학교 사이에서 넓은 공감대가 형성되기 전에는 특히 어려운 일이다. 온건하고 빤한 소리와 사상 주입 사이에서 길을 찾아야 할 것이고, 후자만큼이나 전자도 위험하다는 점을 인식해야 할 것이다. 그렇지만 학생들이 고등학교를 마칠 때 신앙심이 깊은 사람이라도 관용적 종교 국가보다 관용적 세속 국가를 선호할 수 있는 까닭이라거나 대다수 국민이 종교를 가지고 있는 나라에서 무신론자가 공적으로 종교적 행사를 하는 게 별 문제없다고 생각할 수 있는 까닭들을 이해하고 있다면, 정치가 얼마나 개선될지 생각해보라. 혹은 학생들이 국가에는 모든 시민에게 동등한 관심을 보일 의무가 있는가, 그런 의무가 있다면 그것이 재분배적 과세 및 사회복지 제도와 어떤 관계가 있는가 하는 질문을 던져보았다면 어떻겠는가. 국가가 시민과 외국인을 다르게 대한다고 할 때 어떤 차이는 도덕적으로 용인 가능할지 생각해보았다면. 혹은 동성결혼에 대한 매사추세츠 주 마셜 대법관의 판결을 실제로 읽고 논쟁을 벌여보았다면, 또 마셜 대법관의 의견에 반대하는 경우 그 근거를 말해보게 했다면. 혹은 이론이 과학적이려면 어떠해야 하는가, 창조에 대한 '지적 설계' 이론이 과학으로 분류될 수 있는 기준을 충족시키는지를 생각해보게 했다면.

　물론 이런 제안을 이루기까지 도저히 넘어서기 힘든 정치적 난관이 수두룩하리라는 것을 안다. 교과서 선택도 뜨거운 논란을 일으킬 것이고 지역 정치나 종교집단의 조종을 당할 위험도 매우 크다. 이런 일을 아예 시도하지 않는 편이 교육위원회건 교장들이건 교사들이건 훨씬 편할 것이다. 그렇지만 아무것도 시도하지 않는다는 건 부끄러운 일이다. 미국이 계속 민주적인 척 가장하며 나아가도록 내버려둔다면, 아이들을 속이는 일이 된다는 사실에는 변명의 여지가 없다. 공교육이 민주주의의 학교라는 생각은 새로울 것이 없다. 이는 엄청난 영향을 미친 존 듀이의 교육철학의 핵심이기도 하다. 내용과 야심만이 새로울 뿐이다. 그리고 그 유일한 동력은 진정한 민주주의가 필요로 하는 것은 무엇인가, 또 그것을 제공하지 못할 때 얼마나 정당성을 잃게 되는

가에 대한 한층 더 현실적인 생각이다.

선거

지도자를 선출하는 방식도 바꾸어야 한다. 정치자금 모금, 선거 유세, 대표제, 투표 절차 등을 규정하는 선거법은 법 이론에서도 아주 복잡하고 점점 더 확장되고 있는 분야다. 나는 이 법이 극단적으로 어떤 방향으로 갈 수 있는가에 대해 예를 들어보려 한다. 아주 구체적인 제안을 내놓거나 그것을 실행하는 데 장애가 될 만한 실질적·정치적 장벽을 고민해보지는 않았다. 이들 장벽은 이미 충분히 빤하다. 또 각 제안에 따른 구체적인 문제들, 예를 들면 제3당이나 소수당 후보의 처우 문제 등을 다루려고 하지도 않았다. 이렇게 대략적인 형태로 제안을 내놓은 것은 이 제안들이 일으키는 자연스러운 반대가 타당한지를 살펴보기 위해서다. 새로운 방향으로 나아가는 데 가장 큰 장애물은 심리적 저항이다. 이제 내가 제안하는 예들을 생각해보자.

공영 선거 채널. 의회에서 대선 기간 동안 선거 관련 방송을 지속적으로 내보내는 특별 공영방송 채널 두 개를 만들고 자금을 대야 한다. 이 방송은 평등한 시간 할당, 공정성 유지 등의 엄격한 제한을 따라야 하지만 뉴스 프로그램, 속보 보도, 토크쇼, 분석 프로그램 등을 자유롭게 개발할 수 있어야 한다. 대통령 후보자들은 이 방송국에서 기획해 내보내는 기자간담회에 정기적으로 참석해야 하고, 이런 간담회에서는 추가 질문 시간이 충분히 주어진다. 공영방송에서 대선 토론을 주최하여 방송하고, 토론 규칙은 후보 간 합의에 따라 달라지지 않도록 법규로 규정한다. 저명한 언론대학 학장들을 직권 위원으로 위촉해 선거 채널위원회를 구성한 다음, 이들에게 방송국 임원들을 임명하고 공정성과 시간 안배 기준을 감독할 폭넓은 권한을 부여한다.

민영 방송망과 계열사 규제. 각 후보가 텔레비전, 라디오 방송에 들이는 총비용은 자금원과 무관하게 철저하게 제한해야 한다. 흔히 보는 정치 광고는 다음과 같은 규정을 따르지 않는 한 방송에서 금지해야 한다. 광고 시간이 최소 3분은 되어야 하고, 그 가운데 2분 이상은 공직 후보자나 광고비를 받은 조직 당직자가 카메라를 직접 보고 말하는 내용으로 채워져야 한다.

논평의 권리. 대선 선거운동 기간 동안 주요 지상파와 케이블 방송은 한 주 동안 이 방송사가 내보낸 보도와 정견 내용 가운데 오류나 편견이라고 보는 것을 주요 정당에서 시정할 수 있도록 시간을 마련하여 황금시간대에 매주 30분씩 편성해야 한다. 각 당에서는 미리 방송 내용을 제출해야 하고 방송사에서는 그 내용을 가감없이 송출해야 한다. 다만 원한다면 반론을 준비해 방송하는 것이 허락된다.

법률가들은 이런 제안들에 한 가지 공통점이 있다고 할 것이다. 수정헌법 제1조에서 보장하는 표현의 자유를 위반하기 때문에 위헌이라는 것이다. 그러나 적어도 이 가운데 일부는 위헌이 아니라는 것이 나의 법적 의견이다. 수정헌법 제1조를 선거법에 적용한 대법원의 판결 일부, 예를 들어 선거 비용 제한이 위헌이라고 결정한 유명하고도 특히 유감스러운 판결은 판결 당시나 지금이나 잘못되었다고 본다.* 그러나 내가 관심을 갖는 것은 헌법이 아니라 정치적 원칙이다. 표현의 자유는 단순히 헌법 조문에 들어가 있는 하나의 문구에 지나지 않는 것이 아니라 전 세계 여러 국내외 문서에 명시되어 있는 중대한 인권이다. 수정헌법 제1조의 바탕이 되는 도덕적·정치적 원칙, 이 특정 자유에 헌법적 지위를 부여하는 것을 정당화하는 원칙이 내가 제안하는 선거 연설 제한 때문에 침해되는가?

이제 표현 자유권에 대해서, 이와 짝이 되는 종교 자유권에 대해 제3장에서 제기한 질문을 던져야겠다. 표현의 자유를 특별히 보호하는 것을 정당화하는 더 근본적인 원칙이나 정책은 어떤 것인가? 이 문제에 몰두하는 헌법학자나 정치철학자들이 내놓은 광대한 문헌이 있고, 그 가운데 상당수는 하나의 정답이 없다는 점을 강조한다. 표현의 자유는 여러 중요한 원칙과 정책에 기여한다. 그 가운데에서도 현재 우리의 논쟁과 밀접한 관련이 있는 것은 두 가지다. 첫째, 표현 자유는 두번째 존엄 원칙에 따른 개인적 책임, 곧 삶에서 가치를 확인하고 추구할 책임을 보호하기 위해 인간이 반드시 가져야 하는 권리에서 핵심적인 부분을 차지한다. 둘째, 이 자유는 타당한 개념의 민주주의를 실현하는 데 결정적으로 중요한 조건이다. 특히 우리가 선호해야 한다고 말한 동반자 개념의 민주주의에 필수적임은 명백하다. 따라서 우리는 내가 제안한 선거법의 대폭 개정이 표현의 자유를 보호하는 이 두 근본적 전제 중에서 어떤 하나라도 위태롭게 하느냐는 질문을 던져야 한다.

---

* 버클리 대 발레호, 424 U.S. 1(1974)의 선거 자금에 관한 결정. *Sovereign Virtue*, 제10장에서 이 판결의 오류를 지적했다.

자기 양심과 신념을 다른 사람에게 말하지 못하게 하는 것은 특히 막중한 손상을 입히는 일이다. 사람들은 윤리적·도덕적 인격을 다른 사람과의 대화와 의견 교환을 통해 효과적으로 발달시킨다. 자기가 믿는 것을 터놓고 말하는 것, 증언을 하는 것은 어떤 상황에서나 믿는다는 행위의 중요한 부분을 차지한다. 신념이라는 총체적 현상에서 떼놓을 수 없는 일부인 것이다. 다른 사람 앞에서 스스로를 특정 믿음이나 신념을 지닌 사람으로 밝히는 것은 자신의 정체성을 형성하는 일이기도 하며, 개인적 책임의 핵심에 있는 자아 형성 과정이기도 하다. 정치적 발화를 금지하는 것은 자치의 온전한 동반자로서의 역할을 부인하는 중대한 모욕이다. 따라서 정치적 발화를 규제하는 것의 위험에 대해서는 특히 주의를 기울여야 한다.

그렇지만 그런 위험 때문에 손발이 묶여서는 안 된다. 내가 제안한 규제가 미치는 영향을 좀더 면밀히 살펴보아야 한다. 공직 후보자가 선거기간 동안 텔레비전에 배우를 대신 내보내는 게 아니라 직접 나와 발언하고, CM송을 틀어놓고 미소만 짓는 대신 자기 신념을 설명하고 변호하게 한다고 해서 그 사람의 인격에 위협이 된다거나 자기 신념을 다른 사람에게 드러내는 데 저해가 될 리는 없다. 이런 제약이 후보자의 진정성이나 진실성을 약화하기보다는, 오히려 왜곡하거나 회피하지 못하게 하니 더욱 강화하는 셈이 된다. 방송망을 통해 선거에 관해 방송사의 의견이 아니라 다른 사람의 논평을 방영할 수 있게 한다고 해서, 방송사의 최고경영자나 사장, 주주의 윤리성, 도덕성을 지키지 못하게 되는 것도 아니다. 이런 규정 때문에 많은 비용이 들 수는 있다. 정치 광고를 포기하거나 정치적 반론을 하는 데 황금시간대를 내주어야 함으로써 방송사가 손해 보는 비용은 상당할 테니 공공보조금으로 이런 손해를 보전해주는 것이 적절하다. 그러나 이것은 다른 차원의 문제로, 표현의 자유와는 무관한 일이다. 텔레비전에서 담배나 술 광고를 금지하는 법이나 의약품 광고의 정확성을 미리 심사받도록 하는 법 때문에 누군가의 진실성이나 인격이 위협받는다고 생각할 사람은 아무도 없을 것이다. 현재 우리 정치가 민주주의에 가하는 피해는 이런 광고가 건강에 미치는 해악만큼이나 심각하다.

표현의 자유를 보호해야 하는 두번째 이유도 마찬가지로 중요하다. 현명한 결정을 내리는 데 필요한 정보를 얻지 못하거나 공직자들의 경력을 효과적으로 판단하는 데 필요한 비판 내용이 왜곡되었다면, 사람들은 스스로를 통치하지 못하게 된다. 그렇지만 내가 제안하는 규제는 그런 결과를 가져오지 않는다. 반대로 덜 왜곡되고 더 명료한, 즉 더욱 유용한 형태로 대중이 정보를 제공받을 수 있게 하기 위해 고안된 규제다. 사실 이런 규제로 만들어지는 텔레비전 정치가 취향에 맞지 않는다고 느낄 사람이 많을 것이다. 아무 생각 없는 인신공격과 귀에 쏙쏙 들어오는 CM송을 3분짜리 정치경제 논쟁보다 더 좋아할 수도 있다. 우리가 다수결주의 개념의 민주주의로 간다면, 이런 반발이 아주 중요한 의미를 가질 수 있다. 정치가 제시되는 방식에 대해 사람들에게 최대한 많은 선택권을 부여해야 한다고 생각할 수도 있다. 그러나 동반자 개념의 민주주의에서는 그럴 경우 너무 많은 것이 위험에 처한다. 선거의 공정성이 투표 이전의 논쟁의 성격에 달려 있다면, 정치를 오락물로 포장하게 요구할 민주적 권리는 있을 수 없다.

헌법과 최고통수권자

이 장에서는 민주주의의 절차를 다루고 있다. 나는 일반적인 민주주의의 개념인 다수결주의를 거부해야 한다고 주장했다. 다수결주의는 절차를 내용과 분리하여, 내용 면에서는 의견이 불일치하는 사람들도 결국은 공정하게 차이를 통합할 수 있다는 점에 주목하기 때문에 유용하게 여겨진다. 그러나 이런 장점은 다수결주의 자체에는 공정함이라는 가치가 없으며, 특정한 조건들이 먼저 확인되고 충족되었을 때에만 공정하다고 할 수 있다는 점을 깨닫고 나면 사라지고 만다. 철학자들은 오래전부터 정치적 공정성을 순수하게 절차적으로 보장하고자 했으나 아직까지 해내지 못했다.

그래서 나는 이 책에서 줄곧 민주주의에 대해 이야기해왔다. 제1장에서 설명한 인간 존엄의 기본적인 윤리적 원칙이 민주적 가치의 원천이다. 제3장 종교와 국가에 대한 논쟁에서 확인한 자유는 민주주의를 위해서 반드시 수호해야 한다. 제4장에서 논한 동등한 관심도 마찬가지다. 이런 실질적 쟁점을 민주주의의 절차 문제와 확고히 분리한다면 더 깔끔해지겠지만, 정치적 가치는 결국 다수가 아니라 하나다. 이 장 앞부분에서, 내가 앞서 제기한 비판에 대해 다음과 같은 반응이 나올 수 있다고 했었다. 미국 사람들이 (아주 근소한 차이라고 하더라도) 정부의 통치 방식에 찬성하지 않느냐고 내 비판을 반박할 수 있다는 것이다. 지금 살펴보았지만 전혀 의미가 없는 말이다. 부시 행정부의 통치가 내가 공격한 바와 같이 잘못되었다면 대중의 동의가 있다고 해서 구제될 수 없다.

책 전체에서 나는 헌법이나 국제법보다는 정치 원칙에 초점을 맞췄다. 그러나 헌법을 거론하면서 책을 마무리하려고 한다. 헌법은 미국의 위대한 정치적 이점 가운데 하나이고, 다른 많은 나라 또한 따르려고 하는 것이기 때문이다. 헌법은 개인의 권리를 보호할 뿐 아니라 매우 추상적인 용어로 그렇게 하기 때문에 법률가나 일반인들이 이 원칙을 어떻게 해석하는 것이 최선인가에 대해 계속 논쟁을 벌일 수 있게 했다. 매 장마다 헌법의 추상적 어휘가 등장했다. 정당한 법 절차, 법의 평등한 보호, 표현의 자유, 종교 실천의 자유, 국교 수립 금지 등. 좋건 싫건 오래전부터 이어져 내려온 이런 문구가 법 이론과 정치철학이 펼쳐지는 장이 되었다. 이 문구들이 완벽한 보호가 되어주지는 못한다. 문구들은 어쨌거나 오래되었고 현대의 문제들을 염두에 두고 작성된 것이 아니다. 이 문구들을 어떻게 해석해야 하느냐에 대해 대법원에서 최종 결정을 내리는데, 역사상 판결 기록은 심각한 오류로 얼룩져 있다. 붉은 문화나 파란 문화나 마찬가지로 대법원이 앞으로 어느 방향으로 나아갈까에 대해 우려한다. 현재 가장 안타깝게 여겨지는 과거의 결정 가운데 대부분은 대법원이 행정부나 입법부의 불법적인 결정을 뒤집기를 거부했던 경우임에 주목할 필요가 있긴 하지만, 그러지 말아야 했을 때 정부 다른 기관의 결정을 기각 처리한 반대의 실수도 많았다.

어쨌거나 헌법이 있기 때문에 논쟁이 가능하다. 헌법은 우리에게 반드시 필요한 논쟁을 법적·정치적 원칙이라는 절제된 언어로 표현하게 하는 중요한 역할을 한다. 지금까지 논한 여러 쟁점이 이런 방식으로 토론되었다. 예를 들어 우리가 정치와 공적 생활에서 종교의 역할을 두고 벌인 것과 같은 논쟁이 법정을 주요 무대로 벌어졌다. 그러나 법률 전문가들 사이에서뿐 아니라 신문이나 대중잡지를 통해 대중적으로도 토론이 이루어졌다. 제2장에서 제기한 쟁점, 테러리즘의 공격으로부터 자국민을 보호하기 위해서 인간 존엄에 필수적이라고 여겨왔던 개인의 보호를 저버릴 수 있는가, 그럴 수 있다면 어느 정도까지 가능한가에 대한 헌법적 논쟁은 이제 막 시작되었다. 그렇지만 지금까지 있었던 어떤 논쟁보다 더 중요한 것이 될 수 있다. 부시 행정부는 국방을 위해 필요하다면 여러 법적 제재에 구애받지 않고 자유롭게 행동할 수 있다는 선례 없는 권위를 주장한다. 법이 고문을 분명히 금지하는데도 수감자들을 고문할 권한, 이들을 고문할 것이 명백한 다른 국가로의 '인도'를 명령할 권한을 주장했다. 대통령이나 수사관들이 안보를 위해 필요하다고 생각할 때면 언제나 영장이나 의회의 감독 없이 외국인들 사이의 통화뿐 아니라 내국인들의 통화도 도청할 수 있는 권한을 주장했다. 부시 대통령은 헌법이 대통령을 최고통수권자로 선언했기 때문에 이렇듯 법을 넘어서는 지위를 가질 수 있다고 말한다. 또 전시에는 정부의 어떤 부서도 대통령의 권위를 제한하거나 의문시할 헌법적 권리를 갖지 못한다고 말한다. 문제의 '전쟁'이 과연 끝날지도 알 수 없고 수십 년은 족히 계속되리라는 것을 생각하면 더욱 무시무시한 일이다. 단 한 기관, 대법원만이 미국적 가치와 자유에 대한 이런 심각한 위협을 제지할 실질적 권한을 갖는다.

내가 정치도덕에 대한 중요한 문제에서 헌법 재판관들에 대한 신뢰와 열정을 저버리지 않는다고 놀랄지 모르겠다. 미국 법대의 동료 교수들 대부분이 이런 열정을 함께 지녔던 때가 있었다. 그들은 주로 파란 문화에 속해 있었고, 제2차 세계대전 이후 대법원이 꾸준히 개인의 자유를 지켜왔기 때문에 그런 열정을 유지할 수 있었다. 사법부에 대한 이런 믿음은 현재 반대 방향으로 나아간 우익 행동주의의 찬비에 의해 꺾였다. 매우 보수적인 판사 앤터닌 스캘리아와 클래런스 토머스에 이어 부시의 지명으로 새로 대법관이 된 대법원장 존 로버츠와 새뮤얼 앨리토 대법관이 합세했다. 이 두 사람도 방금 말한 강경파 판사들과 비슷한 신념을 지녔다고 한다. 앞으로 적어도 한 세대 동안은 보수주의자들에 의해 지배될 대법원이 개인의 권리를 앞세운 법률을 폐지하고, 더 나아가 정부 기관 사이의 권력의 균형에 대한 혁명적 변화라고밖에 생각할 수 없는 것을 이루는 데 착수할 것이라는 걱정스러운 기미가 엿보인다. 의회의 권력을 주의회로 이양하고, 부시 행정부가 주장하는 전례 없는 최고 권위를 거부하지 않고 재가하리라는 것이다.

대법원이 급격히 우편향할 가능성이 (확고하다고는 할 수 없지만 그래도) 농후하게 여겨지는 이 상황이 안타깝다. 그러나 민주주의의 다수결주의 개념이 불충분하므로 그 대신 동반자 개념을 받아들여야 한다고 믿는다면, 대법원 같은 권력을 지닌 사법기관이 동반자 개념이라는 이상에 기여할 수 있음을 잊지 말아야 한다. 연방대법원의 판결에 동의할 수 없을 때마다 대법원의 위헌 심사권이 비민주적이라고 비난해서는 안 된다. 그러나 편향적인 정부가 젊고 편향적인 판사들을 임명하는 것은 우려가 된다. 지금까지 늘 그랬던 것처럼 미국이 가운데로 다시 돌아온다고 하더라도 대법관 임기는 평생이므로 이들은 계속 그 자리에 있을 것이기 때문이다. 대법관 임명은 점점 더 정치적이 되고, 대통령들은 특정 정치 기반에 영향을 미치기 위해 임명권을 전략적으로 사용한다. 대통령들은 또 전임자들처럼 뒤통수 맞는 일을 사전에 방지하고자 신중에 신중을 기한다. 드와이트 아이젠하워는 임기 중에 두 가지 중대한 실수를 저질렀는데, 둘 다 대법원에 관한 것이라고 말한 바 있다. 얼 워런 대법원장과 윌리엄 브레넌 대법관의 임명을 두고 한 말이었는데, 두 사람 다 대법원에 들어가자 기대와 달리 매우 자유주의적인 판사가 되었다. 이제는 대통령들이 훨씬 신중해져서 이런 실수를 저지를 가능성이 낮아졌다. 완전히 막을 수는 없지만 말이다.

나는 이런 변화를 권하고 싶다. 헌법을 수정하여 대법관 임기를 15년을 최대로 한다거나 하는 식으로 제한을 두어야 한다. 물론 위대한 판사들 가운데 이보다 훨씬 더 오랜 기간 복무한 사람도 있고, 여러 분야에서 그렇듯이 판결을 내리는 데도 경험이 중요하고 꾸준히 연마하면 완벽에 가까워질 수 있다는 것도 안다. 또한 퇴임이 정해져 있으면 소송 당사자들이 언제 법원에 소를 낼까에 대해 전략적 판단을 하게 된다는 것도 안다. 그렇지만 편향적인 판사들이 수십 년에 걸쳐 재임함으로써 발생하는 위험을 그대로 내버려두기에는 그 영향력이 너무 지대해 보인다. 대법관의 임기를 정한다면 그 제한은 물론 법 개정 뒤에 지명된 판사들에게만 해당될 것이다. 그리고 이들이 대법관에서 퇴임한 뒤에 어떤 역할을 할 수 있을지도 생각해보아야 한다. 이들 가운데 일부는 자서전을 쓸 나이가 안 되어서 퇴임하게 될 터이니 말이다. 기업체나 법률회사에 들어가거나 공직 선거에 출마할 수 있게 해서는 안 된다. 판사직에 있을 동안 부패할 가능성이 생겨 매우 위험하다. 그렇지만 하급 법원에 임명될 수도 있고, 너무 굴욕적으로 느끼지만 않는다면 로스쿨에서 교직을 맡을 수도 있을 것이다. 로스쿨에서 부패해보았자 고작 수업시간에 자신이 낸 의견을 칭찬하는 것 이상은 할 게 없을 테니 말이다.

에필로그

나는 논쟁을 촉발하고 싶다고 말했고, 그러기 위해 최선을 다했다. 여러분이 붉은 나라에 속하든 파란 나라에 속하든 내가 한 말에서 환호하거나 증오할 거리뿐 아니라 논쟁거리를 찾았기를 바란다. 책의 첫머리에 인간 존엄의 두 기본 원칙을 내놓았는데, 이제 뒤에 덧붙여진 내용으로 더욱 정제된 형태로 다시 진술할 수 있겠다. 이 원칙들은 첫째 개인의 삶은 본질적으로 동등한 가치가 있고, 둘째 각 개인은 자기 삶에서 가치를 확인하고 실현할, 즉 박탈할 수 없는 개인적 책임을 가진다는 것이다. 대부분의 미국인, 그리고 비슷한 정치문화를 가진 다른 국가의 시민 대부분이 이 두 원칙을 받아들일 수 있으며, 둘 중 하나라도 완전히 거부한다는 것은 그들이 소중히 여기는 윤리적·종교적 신념을 저버리는 일이 되리라고 주장했다. 이 원칙들이 정치에서 깊은 간극을 두고 갈라진 미국인들이 부끄럽게도 갖추지 못한 것, 곧 진정한 정치적 논쟁을 이룰 공통 기반이 될 수 있다고 주장했다.

구체적인 예가 없는 추상적 원칙은 쓸모가 없다. 나는 이 두 원칙이 현재 특히 과열된 정치적 논란을 일으키는 네 가지 쟁점과 어떤 관계가 있는지를 보여줌으로써 내 주장을 뒷받침하려고 했다. 인권과 테러리즘, 공적 생활과 종교, 과세와 경제적 자원의 재분배, 민주주의의 성격과 절차가 그것이다. 몇 년 뒤에는 전혀 다른 쟁점에 묶여 있을지 모른다. 허리케인 카트리나, 대체 최저한세(AMT),* 동성결혼에 대한 논쟁은 수그러들고 유전공학, 지구온난화, 멀리 있는 나라의 극빈민들에 대한 책임 등에 심각하게 몰두할 수도 있다. 그러나 존엄의 두 기본 개념은 계속 남을 것이고 여전히 존중되어야 한다. 이 원칙들 자체는 정치적이지 않다. 그러나 이를 받아들이는 사람이라면, 정부가 통치권 아래에 있는 모든 사람에게 동등한 관심을 보이지 않거나 자기 삶에 대한 개인적 책임을 실행하는 데 필요한 권리를 보호하지 않을 경우 정당성을 잃게 된다는 사실 또한 받아들일 수밖에 없기 때문에 막중한 정치적 의미를 띠게 된다.

나는 오늘날 자유주의에 대한 최선의 이해라고 믿는 정치적 입장을 옹호하기 위해 이 존엄의 원칙에 기댔다. 나는 여러 주장을 했지만, 특히 인권에 대한 타당한 이론에 따르면 법과 전통에서 금지한 자국민에게 해를 입히는 방식으로 다른 누구에게도 해를 입혀서는 안 된다고 했다. 관용적 세속 국가가 윤리적 가치에 대한 시민 개인의 책임을 존중한다고도 했다. 또 정당성을 갖춘 국가는 단체 보험 풀이라는 오래된 정치적 이상에서 나온 조세 제도를 통해 사전 평등을 추구해야 한다고

---

* (옮긴이) alternative minimum tax. 고소득자가 최소한 어느 정도의 세금을 내도록 고안된 미국 연방세제. 보통 계산법에 따른 세금을 초과할 때에만 대체 부과된다.

했다. 또 민주주의는 헐벗은 다수결 원칙보다는 정치적 논쟁과 존중의 문화를 필요로 한다고 했다. 논쟁의 각 단계에서 내가 옹호하는 자유주의에 (왼쪽에서나 오른쪽에서나) 반대하는 사람들에게 두 원칙에 대한 다른 해석에서 출발해 다른 결론을 낳는 논증을 구축해보라고 했다.

나는 이런 반대 논증이 나아갈 수 있는 방향도 제시해보려고 애썼다. 많은 사람이 개인의 사생활, 시민의 자유, 법적 보호책에 대한 관심을 늦추는 것이 부당한 일이 아니라 그저 우리 안전이 맞닥뜨린 끔찍한 위협에 대한 상식적 대처일 뿐이라고 생각한다. 또 미국 정치와 정부에서 종교를 강조하는 것도 대부분의 미국인이 신을 믿고 종교를 강조하기를 바라니 온당한 일이라고 말한다. 성취를 보상하는 조세 정책이 공평할 뿐 아니라 효율적이기도 하다고 말한다. 또 생각하는 민주주의를 주장하는 일부 지식인들이 좀더 지적인 정치를 선호한다고 하더라도, 미국인들에게는 자기들 정서에 가장 잘 맞는 정치를 누릴 자격이 있다고 말한다. 내가 제시한 자유주의적 원칙이나 더 보수적인 대안 가운데에서, 즉 극단적으로 다른 두 정치적 입장 가운데에서 어느 쪽이 존엄의 두 원칙에 깊이 연관된 심오한 가치를 더 잘 구현하고 표현하는지 토론할 것을 제안한다. 내 주장은 제시했다. 이에 반대하는 사람들이 나보다 더 강력한 반대 논리를 구축할 수 있기를 바란다.

이 도전을 받아들이는 이들 가운데 다른 전략을 선호할 사람이 있을지도 모르겠다. 그들이 선호하는 정치적 입장이 두 원칙 가운데 하나 혹은 둘 다와 상충한다고 느낀다면, 자신의 정치적 입장을 바꾸기보다 원칙을 저버리려고 할 수도 있다. 그것이 받아들일 수 없는 전략은 아니다. 원칙이 현실에 미치는 영향을 고찰해본 다음, 그런 영향을 받아들일 수 없다면 원칙을 저버림으로써 때로 원칙을 검증하기도 한다. 그렇지만 이 경우에는 이런 전략이 치명적일 것이다. 내가 말한 원칙은 대다수 사람의 가치 체계 전체를 떠받치는 너무나 심오한 전제라서 실질적으로 저버릴 수 없기 때문이다. 그럴 경우 매우 거짓된 삶을 살게 되리라고 말할 수밖에 없다. 우리가 어떻게 사느냐가 정말 중요하다는 생각이나, 우리가 어떻게 사는지가 결국 우리 책임이라는 생각을 저버릴 수는 없다.

어떤 독자들은 이 도전을 다른 방법으로 처리하고 싶을지도 모르겠다. 통째로 무시하는 방법 말이다. 자기의 정치적 성향을 두고 철학적 논쟁을 벌이는 데 아무 관심이 없는 사람이 많다. 자기 정치 성향을 삶과 존엄에 대한 거부할 수 없는 원칙과 조화시킬 수 있는가 하는 질문을 던지고 싶지 않을 수 있다. 이들은 정치를 합리적 결정이 아니라 팬이 야구팀을 대하듯이 충성의 문제로 생각한다. 원숭이처럼 그려진 부시 대통령의 손이 땅에 끌리는 만화를 보면 좋아하고, 『자유주의자와 대화하는 법(반드시 그래야만 한다면)』˚과 같은 제목을 단 책을 좋아한다. 진정한 논쟁이나 내적 성찰 같은 것에는 전혀 관심이 없다. 이들은 고집스러운 지적 칸 나누기를 통해 이런 정신 상태를 갖게 된다. 가치와 존엄에 대한 개인적 이상을 자기 인격의 골방에 가둬두고 정치와는 전혀 엮이지 않으려 한다. 삶의 중요성에 대한 인도주의적 생각은 열렬히 받아들이면서, 사회복지 프로그램의 삭감을 약속하는 정치가에게 투표한다. 신앙에 대한 개인적 책임을 강조하면서도, 기독교 국가를 만들겠다는 정치가들에게 박수를 보낸다.

이런 칸 나누기는 도덕적으로 무책임하다. 대부분의 사람에게 정치

˚ 앤 쿨터, *How to Talk to a Liberal(If You Must)* (Crown Forum, 2004).

는 우리 삶의 주된 윤리적 장이다. 투표나 로비 등에서 우리가 하는 선택은 엄청난 영향을 미치므로 개인의 온전한 진정성을 동원하지 않고서 이런 선택에 임한다는 것은 부당한 일이다. 제1장에서 나는 우리가 다른 사람의 존엄에 대해, 그들의 삶의 중요성과 삶에 대한 책임에 대해 적절한 관심을 갖지 않는다는 것은 우리 자신에 대한 경멸이기도 하다고 말했다. 스스로 그 사실에 대해 인식하지 못한다면 자기 경멸은 더욱 심화될 것이다. 머릿속 칸 나누기는 심각한 도덕적 실패일 뿐 아니라 인간 존엄의 훼손이기도 하다. 이 책의 전제는 충분히 많은 사람이 스스로를 존중하기 때문에 변화를 이룰 수가 있다는 것이다.

미국에서 진정한 민주주의를 이루는 것이 가능한가? 그렇지 않다고 볼 만한 이유를 잔뜩 들었고, 내가 제안한 상당수의 변화가 정치적으로 실현 가능성이 낮으므로 비관주의를 더욱 강화한다고 생각할지 모르겠다. 그러나 책을 마무리하며 나는 어쩌면 괴팍한 낙관주의를 여전히 버리지 않는다는 말을 해야겠다. 우리에게는 선량함과 현명함이 너무나 많기 때문이다. 지금 우리는 역사상 특히 절망적이고 위험한 시기에 처해 있다고 본다. 그러나 더 긴 시각을 취하면 내 희망의 일부를 함께 느낄 수 있을 것이다. 미국인의 선의, 지성, 야망이 지난 2세기 동안 세계에 많은 영향을 미쳤다.

우선 전 세계에 종교적 반대자와 무신론자를 포함한 소수자의 권위를 보호하는 헌법이라는 개념을 제시했다. 많은 나라에서 부러워하고 많은 나라에 영향을 미친 헌법이다. 또한 제2차 세계대전 뒤 국가의 관용이라는 교훈을 주었고 세계 지도자들에게 국제조직과 국제법에 대한 열정을 불어넣었다. 또한 사회정의가 사회주의만의 전유물이 아니라는 생각으로 20세기 중반 유럽에 충격을 주었다. 평등주의적 자본주의라는 개념을 제시했고 뉴딜 정책을 실시해 평등주의적 자본주의를 향해 한계가 있긴 했으나 진지한 한 걸음을 내디뎠다. 이것들은 세계 다른 나라의 많은 사람이 이제 미국에서 저버렸다고 생각하는 개념이고 이상이다. 그러나 지금까지 미국을 이끌어온 국민성에 깃든, 존엄에 대한 사랑이라는 뿌리는 아직 완전히 시들지 않았다. 내가 이 책에서 논쟁을 촉구해놓고 결국 이제 와서 믿음에 호소하고 있다고 생각할지 모르겠다. 그럴지도 모른다. 그러나 논쟁하는 상대에 대한 믿음 없는 논쟁은 아무 의미가 없다.

옮긴이의 말

　이 책을 번역하는 동안, 지난해 무상급식 주민투표에서 올해 두 차례의 선거까지 이어지는 과정을 지켜보며 첨예한 대립과 적개심은 있으나 논쟁과 원칙은 점점 찾아보기 힘들어진다는 생각을 했다. 여론 주도 매체가 텔레비전에서 인터넷 언론, SNS까지 폭이 넓어지면서 파급 속도는 빨라졌으되 생각과 말은 짧아지고 이미지만 강렬해진 듯한 느낌이다. 시장에서 어묵을 잘 먹는 정치가가 '친서민적'이라고 쉽게 오해되기도 하고 쿠데타가 성공했다는 이유만으로 역성혁명에 비유되는 어처구니없는 논리가 통용되기도 한다. 이미지에 호소하는 정치, 비합리적 수사가 난무하며 목소리 큰 다수가 정쟁을 주도하는 상황이 계속되면 시민들은 합리적인 판단이나 도덕적 원칙에 기초해 의견을 형성할 수 없을 뿐 아니라 정치 전반에 대해 환멸을 느끼고 쉽게 무관심으로 돌아서는 부작용까지 일어난다.

　이럴 때에 우리가 '민주주의'를 공통 기반으로 삼아 논쟁을 벌일 수 있다고 하는 로널드 드워킨의 책은 이전투구가 되어버린 듯한 정치현실에서 벗어나 더 나은 사회를 지향하는 정치에 다가갈 수 있는 이상주의의 빛을 제시한다고 느꼈다. 드워킨은 법학자답게, 정치철학이 발전하면서 심화된 민주주의 원칙과 개념을 기반으로 현실적 쟁점들에 대한 제대로 된 의견을 형성하는 논리적 과정의 전범을 보여준다. 계급, 이념, 세대에 따라 나뉘어 대립하는 정치가 아니라, 롤스가 말하는 "무지의 베일" 뒤에서, 곧 개인적 조건을 떠나 모두가 공감할 수 있는 공정한 조건을 논한다.

이 책을 번역하면서 일물일어주의라 할 만한, 한 치의 오차도 없이 정확한 언어 구사와 반대 논리까지 고려하는 빈틈없는 논리에 감탄했다. 드워킨은 개인적 의견이나 인상을 배제하고 철저하게 개념과 논리만으로 논지를 전개해나감으로써 "어느 정치적 스펙트럼에 속하는 사람이건" 간에 쉽사리 무시할 수 없는 견고한 탑을 차곡차곡 쌓아 올렸다. 그렇기 때문에 어떤 정치 상황에서나 이 책에서 이야기하는 원칙을 논쟁의 준거점으로 삼을 수 있으리라고 생각한다. 더군다나 좌우를 막론하고 정치를 우선 이미지화, 감상화하여 입장 정립이나 가치관 검증은 뒷전으로 밀리는 요즘 같은 상황에서 모두가 공유하는 기본에서부터 논쟁을 시작하자는 제안에는 반드시 귀 기울일 필요가 있다고 본다.

마지막으로 미국 정치에 대해 잘 모르는 부분이 있을 때 도움을 준 친구 Brian에게 감사드린다.

2012년 8월
홍한별

좋은 논쟁이 없다면, 민주주의도 없다

박상훈(정치학자)

1

존 롤스의 뒤를 잇는 가장 권위 있는 법철학자이자 진보적 자유주의의 관점에서 현실 문제에 대해 비중 있는 발언을 해온 실천적 지식인, 그러면서도 대중적으로도 인기 있는 저자로 잘 알려진 로널드 드워킨이 이 책에서 말하고자 하는 바는 명료하고도 강력하다. 과도한 정치적 양극화의 조건에서는 공적 관심을 이끄는 논쟁이 있을 수 없고, 그런 논쟁이 없다면 민주주의가 그 가치를 실현할 수 없다는 것이 바로 그것이다.

정치적 양극화란 공적 논쟁이 사라진 정치 혹은 과도한 파당적 경쟁만이 지배하는 정치를 가리킨다. 정치가 해당 공동체가 공유하는 가치에 기반을 둔 경쟁 혹은 그런 가치를 실현하는 방법을 둘러싼 다툼이 아니라, 상대에 대한 적나라한 공격성을 드러내는 것으로 일관된다면 민주적 제도나 절차, 규범은 사회 구성원 모두가 향유하는 공통의 자산이 될 수 없을 것이다.

정치적 양극화가 시민사회 내지 생활세계에 미치는 부정적 효과도 생각해야 할 것이다. 그것은 경쟁하는 정당들 사이에서만이 아니라 지지하는 정당이 다른 시민들 사이에도 정치 쟁점을 둘러싸고 합리적인 대화가 불가능한 상황을 만들어내기 때문이다. 부시 대통령을 인간적으로 모욕하는 일을 즐기고 그에게 투표한 사람을 어리석은 우중이나 머리가 텅 빈 인간으로 경멸하거나, 반대로 9·11 납치범 가운데 이라크인이 끼어 있다는 잘못된 믿음에 근거해 이라크 전쟁을 지지하고, 오바마 대통령이 케냐에서 태어났다거나 위장된 사회주의자라고 믿는 상황에서는 정치가 제대로 운영될 수 없을 것이다.

합리적 논쟁의 당사자가 되어야 할 상대를 정형화하고 상호 비난을 반복적으로 재생산하는 일이 정치를 지배하게 되면, 남는 것은 목소리 큰 다수의 횡포뿐이다. 저자가 강조하듯이, 이럴 경우 다수결 민주주의는 사회를 더 깊이 분열시킨다. 건설적인 대안을 찾고자 하는 경쟁이 아니라, 더 큰 목소리를 내기 위해 상대를 더 고통스럽게 만들 비난의 소재를 찾는 일로 서로가 갖고 있는 열정의 대부분을 쏟아붓게 될 것이기 때문이다. 자연히 그 결과는 정책적 쟁점보다 도덕주의적 문제나 사생활에 있어서의 인간적 하자가 논란의 소재가 되는 일이 잦아지는 것이다.

이런 정치적 악조건 속에서 그래도 민주주의가 그 가치에 가깝게 실천될 수 있는 방법은 무엇일까? 이 책에서 저자가 대면하는 문제는 바로 여기에 있는데, 오늘날의 한국 정치 역시 같은 문제로 고통받고 있다고 생각하는 독자라면 이 책이 결코 남 이야기 같지 않을 것이다.

2

상대를 인정하지 않는 정치 전쟁으로서 정치적 양극화가 단순히 행태나 스타일의 문제로 이해된다면 그것은 잘못이다. 미국에서 정치적 양극화는 1960년대를 기점으로 형성되기 시작했다. 그 출발은 '보수적 반작용'이라고 부를 수 있는 것에서 왔다. 1930년대 뉴딜과 1950년대 민권운동, 1960년대 린든 B. 존슨 대통령 시기의 '위대한 사회' 프로그램을 거치면서 노동문제와 인종문제 그리고 사회복지 문제는 미국 정치의 중심 문제가 되었다. 이 과정에서 공화당이 무기력했다는 보수파들의 불만과 위기의식이 팽배해졌다. 이는 공화당 내에서 강경 보수주의를 앞세운 골드워터Barry M. Goldwater의 도전으로 나타났고 당 밖에서는 종교와 문화, 애국주의 등을 이슈로 내건 '사회적 보수주의 운동'으로 표출되었다. 이러한 흐름은 1970년대 닉슨과 1980년대의 로널드 레이건, 1990년대의 부시로 이어지면서 결실을 맺었다.

한국의 정치적 양극화 역시 김대중, 노무현 정부로 이어지는 야당의 집권에 대한 보수적 반작용으로 시작되었다. 두 정부 모두 신자유주의적 경제 정책을 지속하는 등 정책적인 측면에서 크게 달라진 것이 없었음에도 불구하고, 보수파의 공격은 격렬했다. 사회적 보수주의 운동의 한국판이라고 할 만한 뉴라이트 운동과 보수 교단들의 대규모 대중 동원이 등장한 것도 이때다. 대통령에 대한 개인적 경멸, 이념적 비난, 비이성적 야유가 정치를 지배했고, 보수적 시민운동과 진보적 시민운동 사이의 분열과 대결 역시 심화되었다.

그러나 정치적 양극화를 보수적 반작용으로만 설명하는 것은 충분하지 않다. 미국의 경우 뉴딜연합이라고 불리는 민주당의 지지 기반이 잘 유지되었더라면 결과는 달랐을 것이다. 1960년대 후반의 시점에서 볼 때 지식인 중심의 자유주의 진보파는 전통적인 노동운동과 대립했고, 인종문제는 제대로 통합되지 않았으며, 남부는 공화당 지지 기반으로 급변하고 있었지만, 과거의 지지 기반을 재결합하거나 새로운 지지 연합을 창출하기에 민주당의 통합력은 너무 약했다. 결과적으로 1970년대 들어 공화당의 헤게모니가 강해졌고, 그에 대한 민주당의 대응 역시 정치적 양극화의 사이클을 이어가는 것으로 나타났다.

한국의 정치적 양극화 역시 이명박 정부로 대표되는 보수파의 재집권에 무기력하게 무너진 민주당의 문제와도 깊은 관련이 있다. 김대중, 노무현 정부 시기 동안 불평등이 심화됨에 따라 민주당에 대한 사회 중하층의 지지는 크게 약화되었다. 교육받은 도시 중산층 가운데 진보 내지 진보적 자유주의 성향을 가진 유권자들의 불만도 늘었고, 특히 노동운동 등 민중 부문과의 갈등은 회복하기 어려울 정도로 심화되었다. 이명박 정부에 대해 민주당이 보여준 대응은 과거 김대중, 노무현 정부 시기 보수파의 대응과 크게 다르지 않았다. 대통령에 대한 개인적 경멸과 야유는 반복되었고 공적 논쟁보다는 적대적 상호 대립이 더 일반적인 현상이 되었다. 신자유주의 경제 정책이 지속되었다는 점에서는 지금 정부나 과거 정부나 크게 다르지 않았다는 사실이, 정책 논쟁보다는 말과 태도를 문제 삼는 정치적 양극화 현상을 심화시키는 데 기여하기도 했다.

정치적 양극화는 과거 정치학의 일반적인 상식에 반하는 현상을 동반하기도 했다. 그것은 정치적 경쟁이 격화되면 정치에 대한 시민의 관심도 커지고 투표율도 높아진다는 것인데, 이러한 정치학의 통설은 여지없이 무너져버렸다. 『다운사이징 데모크라시*Downsizing Democracy*』 (2002)에서 저자인 크렌슨과 긴스버그가 강조하듯이 정치학자들을 곤혹스럽게 만든 현상은, 왜 정치 경쟁은 격렬해졌는데 시민들의 정치 참여적 열정은 사라지게 되었나 하는 데 있다. 한국 정치 역시 마찬가지라고 할 수 있다. 여야 간 정치적 갈등은 계속해서 격렬해졌는데, 투표장에 모습을 나타내지 않는 시민의 숫자는 거듭 늘어 한국을 민주화 20년 만에 세계에서 가장 낮은 투표율 국가로 만들어버렸기 때문이다. 그렇다면 무엇을 어떻게 해야 하는가?

3

이 책에서 가장 흥미로운 부분 가운데 하나는, 정치와 민주주의의 문제에 대해 자유주의 혹은 진보적 자유주의가 얼마나 적극적일 수 있는가를 보여준다는 점이다. 자유주의가 인간을 개개인의 내적 차원에서 가치문제를 판단하는 독립적 원자인 것처럼 여긴다고 비난하는 일이 많다. 하지만 이 책의 저자는 그건 말도 안 되는 생각이라고 단언하는 확고한 자유주의자다. 나아가 자유주의를 '정치의 최소화'를 지향하는 이념이라고 보는 일반의 생각과는 달리, 저자는 정치야말로 "우리 삶의 주된 윤리적 장"이라고 정의한다. 유익한 정치 토론을 이루기에 충분한 공동의 원칙 역시 발견할 수 있다고도 생각한다.

민주정치에서 논쟁은 왜 중요한가? 저자가 말하듯이, 어떤 국가의 정치도 철학 세미나처럼 운영될 수는 없을 것이다. 우리가 실천하고 있는 민주주의는 경제, 철학, 외교 정책, 환경, 과학 등에 대한 지식이 없고 이런 분야에 대한 자질을 갖출 만한 시간도 능력도 모자란 수천만의 사람들의 판단에 의존하는 체제이다. 따라서 민주주의가 시민 의견의 분포를 그러모아 다수 의지가 무엇인지를 해석하는 것으로 끝난다면, 귀족정이나 군주정에 비해 나을 것이 없을지도 모른다. 하지만 민주주의가 갖는 진정한 가치는 의견의 분포를 해석하는 차원에 있는 것이 아니라 의견을 형성해가는 차원에 있다.

노르웨이 출신 정치학자 욘 엘스테르가 강조하듯, 소비자의 선호를 주어져 있는 것으로 간주하는 '시장에서의 결정'과는 달리, '정치에서의 결정'은 시민의 선호가 공적 논쟁을 거치면서 집합적으로 형성되는 과정을 중시한다. 이 책의 저자 역시 의견이 어떻게 형성되는지, 그 과정에서 공적 논쟁이 얼마나 유익한지에 대해 적절히 답할 수 없는 민주주의는 민주주의가 아니라고 말한다. 따라서 그는 선거의 민주성은 "투표 이전에 논쟁의 성격에 달린 문제"라는 점을 끊임없이 강조하고 또 강조한다.

논쟁이 좋은 결과를 낳기 위해서는 어떤 원칙을 공유해야 할까? 저자는 인간 삶의 가치와 책임에 관한 추상적이고 철학적인 원칙이 존재할 수 있다고 믿는다. 그것은 화해할 수 없이 분열되었다고 하더라도 양 진영이 이해하려고만 하면 충분히 많은 사람을 논쟁에 받아들일 수 있는 원칙이다. 그게 가능하다면 설령 서로가 구체적인 정치적 신념에 동의하지 않는다고 하더라도 공통의 전제 위에서 각자가 왜 틀렸는지를 입증하는 방식으로 토론을 이어갈 수 있을 것이다.

저자가 제시하는 것은 임마누엘 칸트 이후 자유주의 철학자들에 의해서 개진되고 이후 민주주의가 발전하는 동안 심화된 원칙들이다. 그 가운데 모든 정치적 논쟁의 기초가 될 수 있는 규범적 기초는 모든 인간은 존엄하고, 따라서 그가 어떤 사람이고 정치적 판단을 할 능력이 있는가의 문제와 무관하게 동료 시민으로 인정되어야 한다는 데 있다. 동시에 각자는 판단과 행동에 대한 자율적 책임을 갖는다는 점도 인정되어야 할 것이다. 그것은 자기 삶에 대한 독립적 책임의 문제이면서 자기 자신이 아닌 다른 누구에게도 각자가 가진 개인적 가치를 동의 없이 강요할 수 없다는 것을 말한다.

아마도 혹자는 이런 원칙이 지나치게 추상적이고 현실에서 무슨 의미가 있을까를 반문할지 모른다. 그러나 민주주의가 지향하는 이상적인 시민의 모습은 자유롭고 평등한 개인, 공동체 문제에 적극적인 참여자, 나아가 도덕적 자기 결정과 정치적 선택의 능력을 갖춘 주권자에 있다. 현실에서 그런 시민성이 온전히 실현되기는 어렵다고 해도, 좋은 정치란 가능한 한 그에 가깝게 실천될 수 있는 조건을 성숙시키는 데 있다고 하겠다. 비록 영원히 그런 조건을 만족시킬 조건을 실현하기 어렵다고 해도 이런 원칙을 공유하면서 합리적 토론과 합의의 형성을 모색해갈 수 있을 것이고, 그 과정에서 규범화된 정치문화와 전통을 구체화해갈 수 있을 것이다.

4

이 책에서는 미국 정치를 극단적으로 분열시킨 쟁점들을 다룬다. 테러리즘과 인권을 둘러싼 쟁점, 낙태와 동성결혼을 둘러싼 쟁점, 과세와 정부의 사회경제적 책임을 둘러싼 쟁점, 민주주의의 성격과 절차를 둘러싼 쟁점이 그것이다. 저자도 밝혔듯이, 이 쟁점들을 둘러싸고 이

책이 발전시키고 있는 원칙들 모두에 대해 동의할 필요는 없다. 중요한 것은 공통의 가치 합의 위에서 이 책과 같은 진보적 자유주의자가 제시하는 원칙이 있다는 사실이고, 만약 이견이 있다면 공통의 가치 합의를 기준으로 도전하고 그것을 통해 복수의 정치적 신념 사이에 토론이 가능할 수 있는지를 따져보는 일일 것이다.

한국 정치의 경우에도 서로 화해할 수 없는 주장으로 대립해온 쟁점들이 수도 없이 많다. 한미 FTA나 제주 해군기지를 둘러싼 쟁점처럼, 전임 정부에 의해 결정되고 추진된 사안은 재론될 수 없는 것인가도 따져봐야 할 것이다. 2008년 촛불집회가 제기한 질문, 즉 선거를 통한 대표의 선출이 절차적으로 하자가 없다고 하더라도 그것이 정의롭지 못한 결과를 가져온다면, 그때의 민주주의는 어떻게 정당화될 수 있는가도 더 논의되어야 할 문제이다. 거의 모든 후보 공천에 뒤따르는 도덕성 시비에서 볼 수 있듯이, 정치가 개개인의 윤리적 책임의 범위를 어떻게 설정할 것인가도 사실상 제대로 논의된 바 없다. 그 밖에도 일일이 다 적을 수 없는 쟁점들이 수북하다.

정치 논쟁의 원칙을 공유하는 문제와 관련해 진전이 없으면, 갈등과 분열은 해결 불가능한 상태로 깊어지게 된다. 그런 상황에서는 서로 진영을 나눠 상호 도덕성 시비를 번갈아 반복하는 것이 한국 정치의 일상사가 되어버리고 만다. 정권이 바뀐다고 해서 달라질 수 있을까? 인간 존엄성이라는 보편적 원칙에 의해서든, 개인의 자유와 국가의 공적 책임을 둘러싼 철학적 논증을 통해서든, 민주적 결정 원리에 대한 정치학적 정당화를 통해서든 진전된 논의가 이어질 수 있어야 할 것이고, 이것이야말로 우리 사회 지식인들과 언론의 역할이 아닌가 싶다.

5

　필자의 이런 기대와는 달리 언론과 지식사회에서의 정치담론은 거의 대부분 반정치적이다. 그것은 정치가 좋아졌으면 하는 건설적 비판과는 달리, 정치를 경멸하고 조롱함으로써 일반 시민들이 정치에 기대를 걸지 못하게 하거나 정치의 가능성에 대한 냉소주의를 강화시키는 태도나 경향으로 나타난다. 어떤 면에서 오늘날과 같은 정치적 양극화를 앞장서 개척해온 세력을 꼽으라면, 그 가운데 지식인과 언론을 뺄 수는 없을 것이다.

　이 책을 읽으면서 다른 무엇보다도 저자에게 경의를 표하지 않을 수 없었던 것은, 정치에 대해 이 책의 저자가 보여준 진지하고도 적극적인 태도였다. 이 책 어디를 봐도 정치와 정치가를 일반화해서 폄하하는 일은 없다. 정략적이라고 비난하거나 당리당략을 조롱조로 서술하는 일도 전혀 없다. 정치의 문제를 말하면서 정치 밖의 시장경제 원리나 법의 지배 원리로 정치를 대체하려는 징후도 없다. 양극화된 정치의 문제를 말하면서도, 정치 안에서 정치의 방법으로 사태를 분석하고 해결책을 찾는 저자에게 정치는 늘 가능성의 세계다.

　현실의 정치가 아무리 만족스럽지 못하다고 해도, 민주주의에서 정치는 민중의 의지가 대표되고 실천되는 가장 중요한 세계다. 따라서 동의하지 않는 정당이나 정치가에 대한 과도한 경멸은 자칫 그 정당이나 정치가를 지지한 동료 시민의 존재를 부정하는 일이 될 수도 있다. 그렇게 한다고 자신이 지지하는 정당이나 정치가의 위세가 커질 수 있다고 생각한다면 그것이야말로 큰 오산이다. 정권 교체를 하고자 한다면, '반MB'와 '심판'을 소리 높여 외치는 일에 모든 열정을 소비하기보다, 바람직한 정치 변화의 목표와 내용을 구체화하는 일에 힘쓰는 것이 더 효과적일 수 있다. 박정희 현상을 극복하고 싶다면, '독재자의 딸'과 '반성'을 요구하는 일에 그칠 것이 아니라 민주주의의 방법으로도 경제를 더 잘 다룰 수 있다는 것을 보여줄 수 있어야 한다. 신자유주의를 넘어서고자 하다면, '반신자유주의'를 내세우는 것으로 자신의 일을 다했다고 끝내지 말고 신자유주의의 효과를 제어할 수 있는 대안을 구체화하는 노력을 해야 할 것이다.

앞서 이야기했듯, 정치적 양극화는 분명 보수적 반작용에서 출발했다. 그렇다고 해도 진보파 역시 별다르지 않은 모습으로 반응한다는 것은 안타까운 일이다. 사회의 기득 질서의 수혜자로서 보수가 늘 프리미엄을 갖는 것과는 달리, 진보는 지금의 현실이 변화되고 개혁된 미래를 행위의 기준으로 삼아야 하는 어려움이 있다. 그렇기에 진보는 자신의 실력이 늘어난 만큼 대중적 지지를 늘릴 수 있다. 혁명의 방법이 아닌 민주적 방법으로 경쟁하는 일은, 애초부터 불공정한 경쟁의 어려움을 진보파에게 가중시키는 면이 없지 않다. 그렇기에 현실 정치에 적응하는 과정에서 진보파가 보여주는 미숙함과 시행착오에 대해 좀더 인내심을 보여주었으면 좋겠다는 생각은 한다. 그러나 진보가 넘어서야 할 도전의 벽이 보수파에 비해 훨씬 높다는 바로 그 사실 때문에, 인간의 역사에서 진보파가 가져온 성취가 더 빛나고 그 효과도 오래간다는 점을 생각해야 한다. 그리고 바로 그 시점에 이르면 정치적 양극화의 악순환으로부터 우리 사회가 벗어나게 되지 않을까 싶다.

필자는 이 책을 읽는 내내, 한국 사회 진보파의 분발을 생각했다.

찾아보기

232